ちくま新書

現代思想講義

——人間の終焉と近未来社会のゆくえ

船木 亨
Funaki Toru

1334

現代思想講義——人間の終焉と近未来社会のゆくえ【目次】

まえがき

現代社会の生々しい姿と、それが近未来へと入り込みつつある様相の、首尾一貫した説明はできないだろうか。本書では、『現代思想史入門』（ちくま新書）の終章、「暴力」の章でふれた社会と人間の関係について、具体的に新たに論じようと思う。

その章では、わたしは現代の政治体制と社会秩序がどのように出来上がってきたのか、なぜひとはそれに従うようになっているのかについての捉え方を、ベンヤミンからフランクフルト学派、フーコー、ドゥルーズ／ガタリの思想から説明しておいた。

かれらの主張は必ずしも明快というわけではなかったが、それはかれらが手探りをしていたからであった。それから数十年たって、われわれはその手探りを継承しながらも、その思考をもっと身近に語ることができるようになっている。

その間《かん》、グローバリズムの展開による金融や流通の国際化と、インターネットの発展による情報の多元化とSNSの普及があって、その結果、最近は「ポスト・トゥルース（脱真理）」というようなことがいわれはじめた。

それに加えていま、AIの進歩によって知性の意義がディスカウント（価格破壊）されはじめている。知識は、だれにでも、どこでもふれられる。われわれは、もはや知識を得てみずから思考するということの必要のない種へと「進化」しつつあるのだろうか。

文明の将来を、進歩なきものとして論じたドゥルーズ／ガタリ『アンチ・オイディプス』（一九七二年）、西欧文明終焉後の社会のあり方を論じたリオタール『ポストモダンの条件』（一九七九年）、ドゥルーズ／ガタリの続篇『千のプラトー』（一九八〇年）以降、フクヤマ『歴史の終わり』（一九九二年）、ゲーノ『民主主義の終わり』（一九九三年）、アガンベン『ホモ・サケル』（一九九五年）、ウォーラーステイン『アフター・リベラリズム』（一九九五年）、ハンチントン『文明の衝突』（一九九六年）、ナンシー『無為の共同体』（一九九九年）、バウマン『リキッド・モダニティ』（二〇〇〇年）、ハート／ネグリ『〈帝国〉』（二〇〇〇年）、トッド『帝国以後』（二〇〇二年）等々の、近未来社会のあり方を説明しようとする書物が続々と現われたが、その勢いも、いまはしぼんでいる。

それらはマルクス主義の残り火ではないとすれば、国際関係論（諸国家の政治的、経済的、軍事的相互関係をボードゲームのようにしてシミュレートする国際政治学の一種）の新バージョンといった趣《おもむき》にすぎず、しかも十数年たってあまり当たっていなかったことが見えてきた。それらは、冷戦後の国際秩序のゆくえを、それぞれの文明観に従って解説しようとしていただけであった。文明の、というよりは文明観の衝突であった。

それらの国際情勢も含め、しかしなお、われわれの社会とそこでの生き方は大きな変化を起こしつつあって予断を許さない。ネットに放り込まれ、プライバシーを奪われた「裸の個人」として、われわれは社会に直接曝《さら》されるようになりつつある。

大都会の物陰の廃屋《はいおく》のような場所での、無縁社会における孤独死など、――網野善彦のいう「無縁」とは少し違うが(『無縁・公《く》界《がい》・楽』)――、新たな世界戦争や管理社会の到来を怖れる以前に、土地から切り離された自我の漂泊《ひょうはく》について、われわれは怖れなければならないであろう。だれもが孤児の時代が来るのである。だれもが時代の孤児である。

「少子高齢化」といういい方は政府の政策的課題の名称にすぎず、それで困るのは国家、というよりは国家を占有しようとしているひとたちであって、われわれではない。社会の一人ひとりであるわれわれにとっては、問題はまったく別様に現われる。社会保障や子育て支援の手当てさえしっかりしてもらえば問題が通り過ぎるというわけではない。

どんな問題があるというのか?――それは、消滅する家族、さまよう個人、沸騰するポピュリズム、流動化する国際関係、IT化されネットに接続されて人間の手を離れつつある無数の機械群、大気圏外を漂う宇宙ゴミ……、われわれはポストモダンを通して「近未来社会」へと入って行きつつあるのである。

ハワード・ラインゴールド『スマート・モブズ』(二〇〇二年)が予告していたように、すでに発想の異なるデジタル・ネイティヴの若い世代が育ってきていて、近代主義者である年寄りたちと、いたるところですれ違いあう。しかし、それでギクシャクすることもないのではないか——右翼でもサヨクでもなく、リベラルでも保守でもなく、若いひとも年寄りも、この到来しつつある近未来について共通して思考することのできる場をもつことはできないか。

そのためにふまえておいていただきたいのは、われわれは、近代のように、理性的主体としての人間から出発して、その他もろもろのことを考えるというわけにはいかなくなっているということである。「人間の終焉」とは、ミシェル・フーコーの表現で、要は「近代人という人間像の終焉」ということであるが(『言葉と物』第一〇章)、社会はもはや人間、「自由で平等な個人」から構成されているとはいえない。そうではなくて、われわれは「群れの分子」なのである——そういったところから出発した方が、ずっと分かりやすい世のなかになってきた。

しかもその流れは、統計学、優生学、生命政治、AI機械化などというように、実のところ一九世紀末からはじまっていたプロセスの延長なのであって、その反動の力によって強力な国家主義が出現してこの世界をとてつもない荒波に巻き込んだが、それは迂回路だったのであって、いまようやく人類文明の、その本来の方向性を実感できる状況が生々しく姿を現わしはじめたというところである。

本書はこの、社会が人間の群れから成るということの意味を、近代の思考と対照しながら、段階を追って解き明かしていこうとするものである。

第一章は「人間」と題して、家族が衰退していく現代の状況について、第二章は「国家」と題して、近代国家の意味とその変化について、そして第三章で「意識」として、社会問題についての意識（政治的意識）と自己意識とがどのような関係になっているのかを論じた。

第四章では「政治」として、人間経験のなかからどうやって社会という現象が生まれてくるかを考察し、第五章で、「群れ」として、現代の社会が群れによって構成される論理を解明し、第六章で「思考」と題して、群れについての統計がすべての知識の基盤となりつつあるなかでの思考のあるべき姿を提言した。以上のような議論を通して、ポストモダンの人間の生き方について考えるきっかけにしていただければ幸いである。もし途中で文脈が分からなくなったら、エピローグに全体像が述べてあるので、そちらをまず読んでいただいても差し支えない。

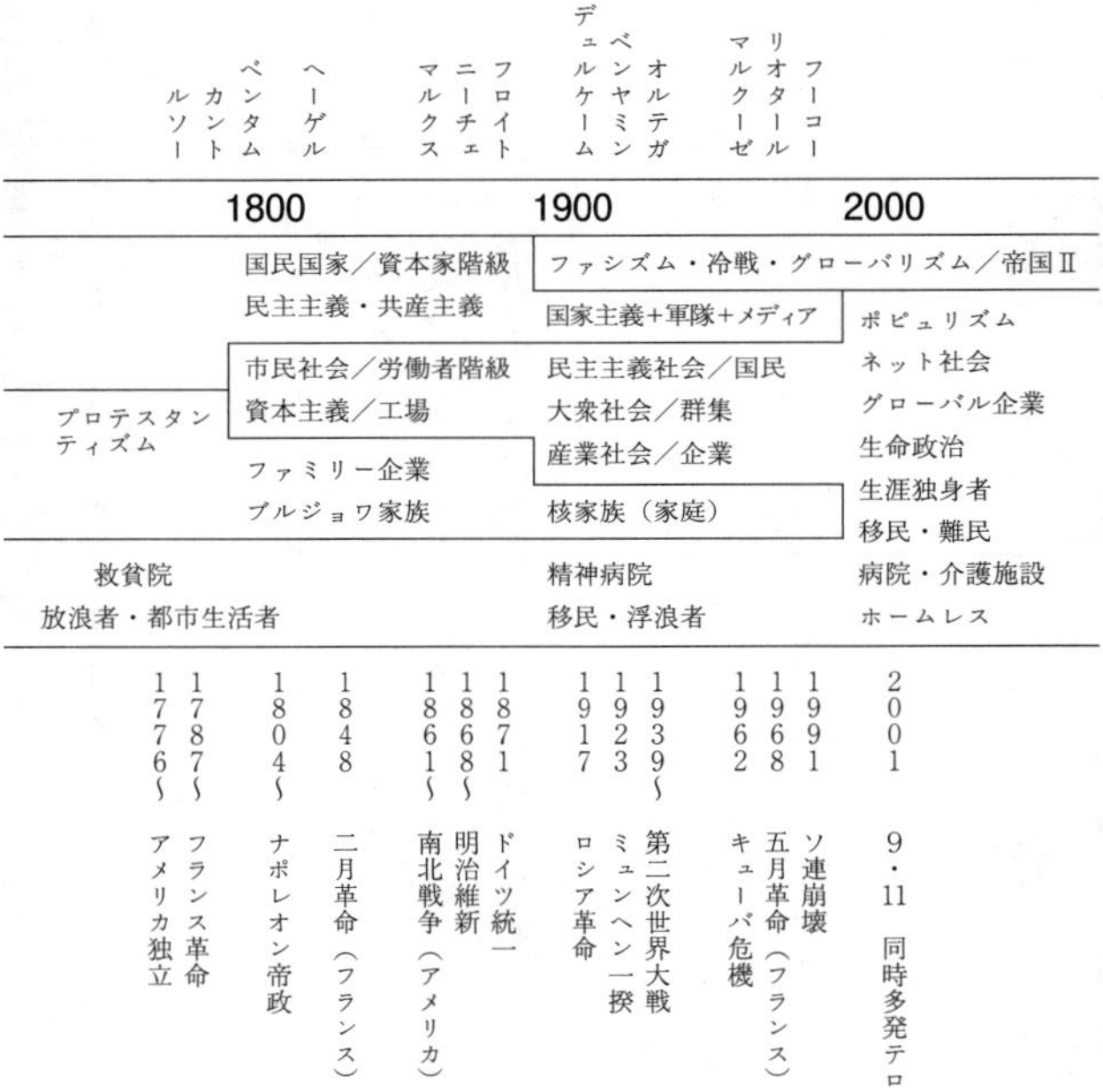
ルソー
カント
ベンタム
ヘーゲル
マルクス
ニーチェ
フロイト
デュルケーム
ベンヤミン
オルテガ
マルクーゼ
リオタール
フーコー
1800
1900
2000
国民国家／資本家階級
民主主義・共産主義
ファシズム・冷戦・グローバリズム／帝国Ⅱ
国家主義+軍隊+メディア
ポピュリズム
ネット社会
グローバル企業
生命政治
生涯独身者
移民・難民
病院・介護施設
ホームレス
プロテスタンティズム
市民社会／労働者階級
資本主義／工場
民主主義社会／国民
大衆社会／群集
産業社会／企業
ファミリー企業
ブルジョワ家族
核家族（家庭）
救貧院
放浪者・都市生活者
精神病院
移民・浮浪者
1776〜 アメリカ独立
1787〜 フランス革命
1804〜 ナポレオン帝政
1848 二月革命（フランス）
1861〜 南北戦争（アメリカ）
1868〜 明治維新
1871 ドイツ統一
1917 ロシア革命
1923 ミュンヘン一揆
1939〜 第二次世界大戦
1962 キューバ危機
1968 五月革命（フランス）
1991 ソ連崩壊
2001 9・11 同時多発テロ

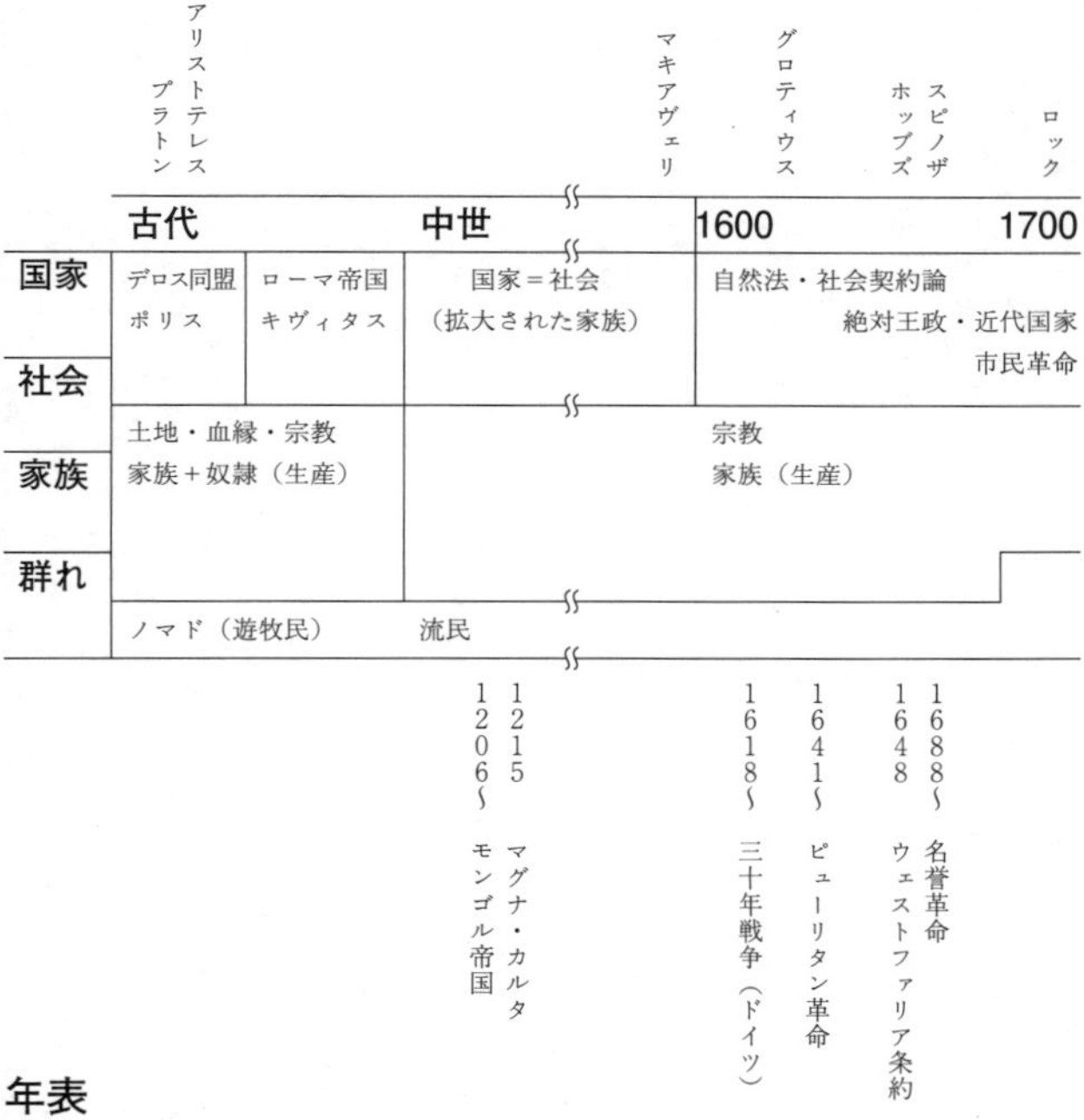

年表

本文中での説明を整理した概念図

プロローグ　近未来に待ち受ける生活とは？

†二〇四五年

「二〇四五年問題」といわれることがあります。第二次世界大戦の終結から一〇〇年ということになりますが、特異点（シンギュラリティ）とされ、社会がこれからはっきりとした変貌を遂げて、その新たな姿を現わすであろうと考えられている年です。

とはいえ、それは、オルダス・ハクスリーの小説『すばらしい新世界』における革命の年、および映画『ブレードランナー２０４９』（ドゥニ・ヴィルヌーヴ監督、二〇一七年）の舞台である二〇四九年であっても構いません。

それは未来学者たちのいう「ＡＩ社会」です。世界は、自然現象と継目なくネットに繋がれた機械だらけ、ロボットだらけになっていて、これまでのひとが青年期を費やして学習して得た知的な仕事をみな、機械の方がうまくやってのけるようになっているという社会です。

そこには、人間にやらせる方がコストが安い仕事しか残されていません。そのとき人間は機械に養ってもらうことになるのでしょうか、機械の傍《かたわ》らでそのお世話をするひとたちがエリートと呼ばれるようになる、そんな社会です。

機械やロボットはIoT（もののインターネット）によってみな繋がれており、背後で連絡をとりあっていて、それらの一台一台が何をしているのか、何のためにあるのかが見えないようになっています。ひとは何も考えず、ただその指示通りに動いていればよいのです。

IoTによって、人間が媒介することなく機械相互の関係が成立するようになると、人間にとっては、ネットを伝ってくる情報が、人間の声であるのか、AI（人工知能）の表示であるのか、自然現象であるのかの区別がつかなくなります。ひとびとは、専門家の意見よりも、AIの判断を尊重するようになることでしょう。膨大な量のデータに参照しながら、たえず判断を修正して正しい答えを与えようとする、しかも突発的な勘違いはしないAIの判断は、人間による判断よりもずっと信用できそうなのだからです。

すでにネットの情報は、それをアップロードする一人ひとりは人間であっても、その統計しか意味をなさないようになりつつあります。せいぜいそれを煽《あお》る、すなわち炎上させたり、ヘイトスピーチを叫んだり、無駄に盛りあげたりするところにしか「人間」は現われません。しかも、そのように見えたものが「ボット」と呼ばれるプログラム上のロボットでないという保証はありません。

炎上やヘイトスピーチや盛りあげが目立てば目立つほど、その一方で、ＡＩはおとなしく支配します。法律はその現象に追いついてはいませんが、やがて、ＡＩがひと知れず規制をしてくれるようになって、いまよりもずっと使いやすいネットにしてくれることでしょう。自然環境に組み込まれた優しいインターフェイスのノード（結節）から、ひとはいたるところでネットに組み込まれ、機械の指示に従って行動するようになるでしょう。

たとえば地下鉄の乗り換えですが、以前は一人ひとりが地下鉄路線図を頭に入れ、乗り換えやすさや、かかる時間や運賃をさっと計算して、自分がどうするかを決めなければなりませんでした。今日では、スマホをもってさえすれば、それが教える経路に従って、目的地に間違いなく辿《たど》り着くことができます。運賃がいくらかかっているかは分かりませんが、そんな「細かいこと」はどうでもいい、頭のなかから地下鉄路線図という無駄なメモリ（記憶）を解放することができたわけです。

ひとびとは、その余ったメモリを使ってクリエイティブな仕事をすることができるはずだといわれているのですが、実際はどうでしょうか。ひとびとは常時スマホに見入りながら、ゲームか動画かＳＮＳの世界、あるいは映画『ｈｅｒ／世界でひとつの彼女』（スパイク・ジョーンズ監督、二〇一四年）で描かれたように、ＡＩの恋人との甘い会話に没入するばかりになるのではないでしょうか。

こうしてひとびとは、——AIのハードを構成するのはシリコンですが——、シリコン石器時代の薄明《はくめい》の霧のなかにその姿を消していきます。石器時代人が活用していた自然に対して、ネット環境が、VR（仮想現実）、AR（拡張現実）として、現実世界に継目なしに繋がっていて、その活用の知恵があるかないかが、ひとの生き残りを決定するようになるのです。

地下鉄路線図ばかりでなく、すでに書籍も音楽も映画も、その物質的媒体を必要とせず、ネット環境のなかに現われるものになりつつありますが、衣食住のための生産も機械に取って代わられて、あり余る生産機械にとり囲まれた少数の人間が、豊かで健康で便利な暮らしを送るようになるのです。

†サイボーグたち

クリエイティブな仕事は残るのではないかと、ひとはいいます。たとえば3Dプリンタが普及すれば、それは多品種少量生産の多様なガジェット（便利な小物）を創作できますので、感性鋭いひとびとにとっては朗報です。「もの」や「ひと」に繊細な対応のできるひとにとっては、富裕層相手の気配りをする仕事、たとえば体調や会話や記憶や遺伝子や資産や娯楽のコンサルタントのような仕事があって、失業する心配はないでしょう。

さらに、AI機械のネットワークの維持管理や改善発展の技術をもつひとにとっては、あり余る仕事が残っているでしょう。AIの判断手順を追跡して倫理的問題がないかどうかをチェックしたり、AIを使った新しいビジネスや販売方法を開発したり、さまざまなAR対応ゲームのマネージメントをしたりする仕事があるでしょう。

ですが他方で、黙々と生産する機械のネットワークに繋がれた人間たちが、はたしてどこまでそうした創造的な発想や作品を必要とするでしょうか。さらには、最低限の生活しかしていないひとびとが、それらに何かを期待するでしょうか。というのも、そのころは、大多数のひとたちは阿片窟《あへんくつ》のようなアパートの狭い一室に閉じ籠められ、3Dゴーグルを頭につけて、高度に複雑なゲームやポルノやボットだらけのSNSの世界に浸りながら、ただ時間を潰《つぶ》して過ごしているに違いないのです。

ロバート・ノージックというひとが、「経験機械」と呼んで、そのような生活を詳細に検討し、ひとはその事態に何らかの不足を感じるはずだと論じています（『アナーキー・国家・ユートピア』第一部第三章）。しかし、そのようになった暁《あかつき》には、――時代によって人間の生活感覚が規定されると思うので――、人間性もすっかり変わってしまっていることでしょう。だれがそのことを不健康だ、不道徳だといって非難しようなどと思いつくでしょうか。

われわれは機械に接続されたサイボーグ、映画『ブレードランナー2049』に出てくるレプリカントのようなものなのです。父の記憶、母の記憶はみな埋め込まれた記憶です。「機械の奴隷」といわれて、それで何が悪いでしょう?――かつてレプリカントは四年の寿命とされていましたが、それに較《くら》べて、われわれには八〇年あるということが、何か決定的な違いなのでしょうか。もちろん、なかには、そんなことになるくらいなら、猛烈なスーパー太陽フレアでも起こって、兵器をも含めた世界中の機械が壊れてしまい、人類全体が未開社会に戻ってしまうとよい、それが夢だという、妙な希望をもつひとも現われてくるかもしれません。そう、真の石器時代人であった、祖先たちの力強い生が復活して来んことを!……。

†ロボットたち

AIを装備されたスマートロボットたちが街なかを人間と同様に歩き回り、人間よりも優れた記憶と知性をもち、遂には自己意識と意志をもつようになって、人間とは異なった目的で世界を支配しようとするのではないかと怖れるひともいます。「ロボット」という語を定着させたカレル・チャペックの劇作品『R. U. R.』で、それはまっさきに描かれたことでした――ロボットたちによる革命。

ですが、そのような心配は必要ありません。すでに『デジタルメディア時代の《方法序説》』に書いておきましたが、そのようなロボットを、だれかが出現させる理由がないからです。そこに資金提供をするひともいないからです。ヒューマノイド型ロボットの形態をもつ必要があるのは、介護やアミューズメントや性衝動の現場に限られます。

ロボットは、自己意識にせよ意志にせよ、それをもっているように見せかけることしかできません。進化論においては、動物に意識が、人間にはさらに理性が、ひとりでに点灯するとされていますから、機械も複雑度が増したら意識や理性が自動的に点灯し、自己意識と意志をもつようになると考えるひとが多いのですが、それは単なる空想にすぎません。

人間とロボットがおなじ反応をしたとしても、意味がまったく違います。ロボットは、言葉に意味を与える人間身体の経験をもってはおらず、言葉をコマンド（命令）やトリガー（引きがね）としてしか受けとることができないのだからです。人間の反応と区別がつかないほどに、さぞかし洗練されることでしょうが、区別できないこととおなじであることとは、まったく別のことなのです。

人間の自己意識は、身体をもっていることが前提になります。他者の身体との緊張関係こそが、自己意識と常識、思考する動機と行動する意志とを与えるのです。だから、いわばクラウド（ネットのなかの記憶装置）上でのテレパシーを使い、人間身体の作動、言動や表情を変数としてしか捉えることのできないAIには、自己意識と意志の擬態をしかできないのです。試行錯誤の結果として、人間の不満と苦情の裏返しを集積したようなシステムや装備が完成されたとしても、それは、鈍重で退屈なものにしかならないでしょう。

そのことは本論で詳しく論じる予定です。スマートロボットが、言葉やイメージや振舞でどんなに精巧な表象を作りだそうとも、それは人間に知覚させるためのものであって、それを受けとる人間を必要としなくなることはありません。まして、誤作動でもないかぎり、人間を滅ぼす理由はないのです。

†成りゆきまかせの世界

一般に、そのようなロボットが出現することを心配するひとが真に恐れているのは、いつの時代にもあったように、「超人」かもしれません――恐るべき身体能力と恐るべき知能の持主である魔術師たち、あるいは進化した新人類たち。かれらの思うがままにされるかもしれない……、そう恐れるひとは、ロボットに自己意識や意志をもたせるという、存在していない魔術的技術を前提して夢想しているのであり、人間本質をロボットのようなものとして理解しながら、未来のロボットにその能力が強化された超能力者の姿を投影しているだけなのです。

そのひとたちは、未来よりも、ゲーテの詩で描かれた『魔法使いの弟子』における魔術のようにして、――それは原発事故や多耐性細菌などの近代科学の産みだす災厄《さいやく》を予兆していたともいえますが――、前近代的な魔術について思考しているのです。いまの社会の虐《しい》たげられた弱者たちの怨念を、自分のうしろめたさから恐れているのです。実際、チャペックが恐れていたのは労働者たちでしたが、そのころは共産主義の理念によって、連帯した労働者たちにそのような力があると考えられていたのでした。

だから、心配する必要はありません。自己意識と意志をもったロボットが未来に実際に出現することはないのです。気の早いひとたちが、ロボットに人権を認めるべきかどうかなどと論じていますが、それに悩む必要はないのです。

そもそもロボットは、ヒューマノイド型の個体になる必要はなく、ネットワークに繋がれていて、そのそれぞれに適切な形態をもっていればよいのです。むしろ本当に恐れるべきことは、いま、ただ気味悪く、世界が意志なき機械群の成りゆきまかせになってしまうように見えはじめていることなのです。

†仄暗い未来

ＡＩ化の進行につれて人間の仕事がなくなるとか、機械に支配されるようになるということを心配するひとが多いのですが、わたしのしている心配は、以上のように、人間の消滅、すなわち人間性が貧困となり、世界が茫漠《ぼうばく》としたものになっていくということです――映画『A.I.』（スティーヴン・スピルバーグ監督、二〇〇一年）が、そのことを見事に描き出しました。

とはいえ、近未来は、AI化ばかりではありません。AIに人間の仕事を奪われるのではないかといった心配はまだましな方で、二〇四五年までには、ほかにも多様な問題が顕在化していることでしょう。

よく知られているように、まずは高齢化が信じられないほどに進行していることでしょう。駅や街路や窓口で、要領を得ず、ゆっくりふらふらと歩くキレやすい年寄りの列。あるいは、温暖化による気候変動がなお一層の激しさを増しているかもしれませんし、中国とインドの擡頭が国際関係のパワーバランスをすっかり崩してしまっていて、一触即発状態になっているかもしれません。国債残高が恐るべき数値にまで到達し、そろそろハイパーインフレがはじまって、困窮者の群れがゾンビのように、スラム化した都市を徘徊しているかもしれません。

そこでは、もしかすると犯罪が極端に増え、しばしば暴動や叛乱が起こっているかもしれません。日本は大丈夫？――東日本大震災のとき、略奪もなく、ひとびとが列を作って支援物資を待っていたのは、日本人の民族性や倫理に理由が求められたりしますが、関東大震災直後の混乱を思い起こすなら、それは、必ず救いの手が来るという現在の社会の安定と豊かさに基づく信頼があったからではないでしょうか。世界史的に見ると、日本列島は絶えざる戦火のもとにありました。信頼の失われた社会では、応仁の乱のときのように、たえずどこかで暴動や戦闘が起こっていて不思議はないのです。

苛酷な生活

以上のような状況になるのは、二〇四五年以降とはかぎりません。すでに、社会は漂流しはじめています。われわれには、どのような速度で、いずれの現象がいつまでにどうなるともしれない不気味な未来が控えています。

想像してみてください。いま就活に成功したばかりのひとたちが、その最も脂の乗りきった歳ごろになって、仕事がつぎつぎに失われていく状況を。転職すべき技能もなく、もしかすると家族もなく、あてどなく暮らす狭いアパートの一室で、残されたものは生活保護か孤独死か。

あるいはまた、「人生一〇〇年時代」となっていながら、定年退職後のひとたちが、たとえ夫婦二人で暮らしていられたとしても、寄る年波には勝てず、どちらかは生活習慣病、どちらかは認知症となり、年金だけでは生活が厳しくなる。子どもがいても貧しくて、蓄《たくわ》えていた資産もまもなく底をつくという恐怖に怯《おび》えて暮らすのです——六五歳で定年となり、その後一〇年の年金生活をしたあとに破産して生活保護受給者になるひとは、まったく保険料を払わなかったひとと較べて、ただその一〇年のためだけに、四〇年以上の長いあいだ、高い保険料を払い続けていたわけです。

そのころ、社会はどうなっているのでしょう。それを回避するどんな制度ができあがっているのでしょうか。

政治家たちは数年おきの選挙のことをしか考えようとはしないので、しかも投票してくれるひとのことしか考えないので、数十年後のことは、分かってはいても先送りしていきます。そして事態がどうしようもなくなったそのときに、「やむを得ない」というひとことで、苛酷な制度が導入されることになるのでしょう。

到来するのは、もしかすると、病院と老人ホームが合体した巨大な施設が全国津々《つつ》浦々《うらうら》に作られて、働けないひとがつぎつぎに収容されるようになるという事態でしょうか。質素ではあるが、機械によって全自動化された清潔で安楽な生活――松本零士『ワダチ』の世界。限られた社会保障費からすると、そうでもしなければやっていけないのではないでしょうか。

†ベーシックインカム

他方、「ベーシックインカム」という制度を論じる学者もいます（原田泰『ベーシックインカム』参照）。すでに一五一六年、トマス・モア『ユートピア』に創案がありますが、AIならBIだというわけで、高い税を負担しながらの、全員がいわば生活保護受給者となる制度です。

なるほど、これは資本主義と共産主義の偉大な折衷案なのでしょうか。設定次第では、革命を経ることなき共産主義社会といえるかもしれません。それで失業者も高齢者も子どもたちも、みなかつかつに生活していけるわけですが、ただしみな3Dゴーグルを頭につけて……、という話はもうしたのでしたか。

ベーシックインカムに賛成するひとも反対するひとも、それが財政的にはさほど困難ではないことを認めつつも、そのときひとびとの労働意欲や生活指針がどうなるかを巡って対立しています。実際どうなるのでしょうか——ゆとり教育がはじまると、親たちは子どもを私立学校にやろうとするし、子どもたちはゆとりの時間でゲームに熱中し、自分で考えることをしなくなったという、想定外の効果が生じました。そのようなものなのです。ベーシックインカムがはじまったら、貧困を脱したひとの自発性と創造性が高まって、だれしも労働意欲が向上する、ということにはならないかもしれません。

でも、それでいいのです。いまは生活保護受給者も年金生活者も、少しでも働けば給付が減らされるという、労働へのマイナスのインセンティヴによって、いわば飼い殺しにされているというわが国の奇妙な制度がこれからも変わらないとしたら、ほかに何をしたらよいというのでしょうか。

否《いな》、未来はいまより便利になるのだからよいと考えているひともいるでしょう。それは間違いではありません。いまのひとにとっては便利になる。だが、つぎの世代の子どもたちにとってはどうでしょうか。それは当然のものとなり、活用する必要もない単なる自然の堆積物にすぎなくなります。

原書を手に入れるのに船便で三カ月待っていたわれわれの世代にとって、ネットの無料ライブラリーは夢のようなものなのですが、いまの若い研究者が、それをさほどは活用せず、検索が効くのでということで、自由に使える部分だけ取ってくる、コピペの材料としてしか扱っていないように見えるようなものです。

スマホの指示通りに交通機関を使ういまのひとは、かつて交通網の記憶を探って時間やお金を節約し、その余剰を他のことに活用することに、成功したり失敗したりしていたひとびとの経験を知りません。思考して、効率的な経路を自分で見つけなくて済むのは「便利」ですが、その余剰でしていた経験はどこに行ってしまったのでしょうか？――探検や冒険は、「無駄」というひとことでは済まない経験だったのではないでしょうか。

†未来の倫理

新しい制度に不満だらけであったとしても、ひとはそれに耐えるほかはないでしょう。しかし、いまはまだ、それがどのようなものなのかが分からない――数十年まえから見ての「いま」がそうだったように、予測し難い未来が待っています。

それでも、もうすでに、ひとびとは近未来社会に、知らず知らずに呑み込まれていきつつあるように見えます。新聞やテレビはおろか、ネットニュースさえもチェックせず、まとめサイトやSNSを通じてたまたま引っかかってくる、自分のみに向けられた社会の噂《うわさ》しか知らないという、孤立した生活に埋没することを望んでいるようにも見えます。特に会って話すこともないネットの友だちが一〇〇人以上いて、そのひとたちが発信する情報しか知らないというのは、それはまさに「孤立」そのものではないでしょうか。

そこにあるのはどんな社会なのでしょうか。ピケティの示唆している極端な格差社会？——H・G・ウェルズの『タイム・マシン』で描かれた地底人の生活。またそれは、単数形の普遍的文明（フクヤマ）への道なのか、複数形の文明の衝突（サミュエル・ハンチントン）への道なのか。否、それはもしかすると「反文明」への道なのかもしれません。

数十年まえまではグローバリゼーションが喧伝《けんでん》されていたのに、今日ではポピュリズムや地域主義やナショナリズム（民族主義）やイスラム教が、世界を分断させつつあります。温暖化や、中国の経済的軍事的擡頭《たいとう》や、わが国の高度高齢化も、確かにそのころみな予想されていて、実際にもそうなっているのですが、しかし、そうした指標が数字であるときと、それが現実になったときと、その隔たりはあまりに大きかった。こんなことだとは少しも思ってはいなかったのです。

だれがリアルに、数字の予測から具体的現実を想像することができるでしょう。なったあとでは「やはりそうか」と思ったり、「まさかこんな」と思ったりはするのですが、そんなことばかりが起こります。とはいえ、少しでもそれを見抜き、「どうしたらよいか」についてのヴィジョンはもっていたいものです。

健康法や人間関係改善法や出世の仕方や蓄財法や感情の処理法など、巷《ちまた》では無数のハウツー本が出版され、売れていると聞きますが、その著者たちがみな比較的幸運な成功者にすぎず、しかもその出版で利益を得ているということを忘れるべきではないでしょう。

真の成功者には、名誉を上書きするための自伝以外に、本を書く理由がありません。宝くじを当てる方法を書く人物は、まず自分が当てればよいのだから、そのような本を書くはずはないという簡単なロジックを思い起こしてみてください。

しかし、もっと忘れてはならないことは、三〇年後の近未来において、いまこれを読んでいる読者は三〇年の歳をとっているということです。三〇年後の社会で生きるのは、三〇年若い世代のひとたちであり、かれらの経験の仕方、当然にしている社会環境は、読者のそれからは決定的に変化してしまっているでしょう。いまのわれわれが三〇年後の社会環境で、――タイムスリップしたかのようにして――、どう生きたらよいかと考えるのは、あまり意味のないことなのです。

「歳をとる」ということがどういうことかは、また深い思索の必要なことですが、重要なのは、急激な変化を起こしつつある社会の近未来をふまえて、いまをどう生きるかということ、どのように歳をとっていくかということです。

したがって、わたしがこれから述べようとしていることは、未来学や社会学のように、未来を予想したり社会現象を説明したりして、ひとびとに準備させようという趣旨のものではありません。必要なのは、まだ到来はしていないから、どのようなものかははっきりしないにせよ、しかしここそこにその多様な徴候を示しはじめた社会現象に対して、その事実を直視して、なにがしか対峙する方法——必要なのは「倫理学」なのです。

倫理学に対して違ったイメージをもつひとも多いと思いますが、倫理学とは、状況をよく判断し、そのなかで何をなすべきかという実践的知恵と、それがふまえるべき「生きる指針」について論じる学問です。その正しさの根拠となる世界と人間の根源的なありさまについて、まず哲学的に探究しておくということが前提になりますが。

というわけで、わたしは、これからお話しすることのなかで、人間の定義や〈わたし〉の意味、人間と社会の関わりについて、従来とは根本的に違った観点を提示してみたいと考えています。「自由で平等な個人」を前提とする近代的人間像、近代的社会像の延長では、近未来はただの荒廃か、袋小路としてしか見えてこないのだからです。

第一章
人間
――家族は消滅しつつある

この章では、家族の衰退が資本主義社会における趨勢《すうせい》であることについて講じよう。社会に人間が産まれてくるための新たな制度と仕組が必要になるが、いずれにせよ、ひとは子どものときから「裸の個人」として社会に直接曝《さら》されるようになりつつある。

1　不安な時代

†未来の社会

われわれは不安な時代を生きている。国際情勢、就活、地震、老後、失業、結婚、保育園、ハラスメント、親の介護、体調、うつ、詐欺、盗撮や痴漢をされる不安、痴漢したと誤解される不安、その他もろもろ……。

一九八〇年代初頭、われわれは『ジャパン・アズ・ナンバーワン』(エズラ・ヴォーゲル)といわれ、希望に満ちた日々を過ごしていた。日本で作りだされる製品こそが、どれも世界最先端のものであって、人類の生活スタイルを変えていくと思えていた。日々開発される便利な機械を使いこなすのに追われながら、電卓、電子手帳、ワープロ、エアコン、スポーツカー、電子レンジ、平面テレビ、パソコン、インターネット……、いよいよ便利さと、安全と豊かさとを享受できるようになる「未来」があった。

一九八五年のつくば科学万博（未来博）では、壁掛けテレビやカーナビやネットが未来の製品として紹介され、数十年後にはガンが治るようになっているという展示があったが、それらはみな、本当だった。本当以上に本当だった。特にガンは、当時は黒澤明監督の映画『生きる』（一九五二年）にも描かれていた不治の病であり、その診断は死刑宣告のようなものだったが、今日では時間との競争となっている。ガンになるのが一年遅れれば、それだけガンが治る可能性が増すというわけだ。

それなのに今日、ひとびとが浮かない顔をしているのはなぜだろう。科学万博の主催者たちも、まさかこんなことになっていると「予想」してはいなかったことだろう。ひとを幸福にすることは、科学技術だけでは無理なのだ。

科学技術のおかげで、人類を脅かすすべての不安材料が払拭され、ひとはいよいよ安全で便利な生活をするようになると考えられていた。せいぜいキューブリック監督『2001年宇宙の旅』（一九六八年）に登場するHALのようなマザー・コンピュータが、人間に取って代わることになるかもしれないと危惧《きぐ》されていたくらいだった。その映画は、科学技術の楽観主義にちょっとした懐疑を投げかけていたが、しかし、問題はもっとずっと深刻だったことが、いま少しずつ見えてきている。

†人工知能（AI）

人類に取って代わりそうなのは、巨大なマザー・コンピュータではなかった。スーパーコンピュータでもない――それは膨大な計算を素早くするだけだ。

AIはといえば、それほどはすごくない数多《あまた》のコンピュータにインストールされ、いつのまにか人間の仕事を交替していく「優れもの」である。事前にすべての対応を組み込んでいるという意味でのプログラムではなく、事後的にプログラムを自動生成していくというポストグラム。自分で自分の判断を変えていく仕組に、コンピュータは生まれ変わった。

判断すべき条件とデータを増やしていき、結果をいつもフィードバックすることによって、監査したり、診断したり、記録したり、調査したりと、専門家の判断と同等か、それ以上に正しい判断に到達する。大多数のひとが、人間よりもAIに任せた方が安心であると思いはじめる。

それはそうだ、とわたしも思う。たとえば重い病気でないかと不安なときは、たまたま出会った技量の分からない医師よりも、――もちろんネットの半可通《はんかつう》の回答者たちよりも――、AIに答えを出してもらった方がよさそうである。なにしろ将棋に一生を捧げているひとたちを、生まれて数年のＡＩが容易に負かしてしまうくらいである。医療や戦略など、少なくとも、限定された領域で生じる条件の組みあわせとその対処法についての判断は、ＡＩの方が優れているに違いない。

†ＡＩの判断

あるひとたちは、ＡＩの普及が管理社会を生みだすとか、個人のプライバシーがなくなってしまうとか、人間が機械に支配されるようになるとか、人間の仕事が奪われるとかいって、盛んに警鐘《けいしょう》を鳴らしている。

それは間違ってはいないと思うのだが、もっと大きな問題がある。それは、ひとびとの、さきに挙げたような不安を、ＡＩは解消してくれそうにもないということである。

たとえば、わたしが失業しそうになって「うつ」の症状が出ているとして、もしＡＩが普及していたなら、その判断はどのようなものになるであろうか。転職の条件や状況について、あるいはどんな薬を服用すればいいかについては、正しい判断を与えてくれるだろう。だが、がんばれないわたしが、資本主義の根本的問題や社会保障政策の問題点などを考察しながら、自分の将来の目標を合理的に決定せず、したがってその適切な手段を実行しようとしないなら、――「愚行権《ぐこうけん》」といってもいいが――、それに対しては、どんなアドバイスをしてくれるだろうか。

　AIは、「成りゆきまかせ」や「いちかばちか」や「横並び」や「放置する」や「なし崩しにする」や「破滅してもいい」といったタイプの動機に対して、どんなアドバイスをしてくれるだろうか。

　まして、ひたすら親との確執に苦しんでいるひとや、新宗教の教義に囚《とら》われてしまっているひとや、他人を支配しようすることばかりに注力しているひとなど、他人の判断をまったく受け容れる姿勢のないひとたちの抱えている問題に対しては、そもそもどんなアドバイスがあり得るだろうか。

　AIは、マザー・コンピュータではない。つまり、母親のようには、あなたを気にかけてはくれない。AIには、人類の未来や個人の将来を心配し、社会的諸条件と一人ひとりの意識を調停しようとする性質が原理的にない。そのことの方が、もっと問題である。

　AIは判断を創出しているのではなく、ひとびとのあらゆる判断を、ひとが感覚できないものまでのさまざまなデータを含め、――急ぐことでは「エッジ・コンピューティング」として自前のメモリで対応するが――、ネット上のクラウドを介して繫がりあって、ひとが記憶できないほどの大量のデータ（ビッグデータ）を用いてシミュレートするだけである。

　正しい判断をするのではなく、正しいとされた判断をさらにデータとしてインプットして、正しいとされる判断の確率を上げていくだけだ。ＡＩスマートロボットがギャグをいうにしても、それは世界中のひとたちの笑いの反応をクラウドを通じてフィードバックしているからであって、それらにとってはちっともおかしなことではないのである。

ＡＩにとって、人間は光学センサーの眼のまえにいるのではなく、クラウド（群集）という靄《もや》のなかにいて、クラウド上のデータのなかから抽出される統計的存在者でしかない。正しさを判断するのはどこまでいっても人間であり、そもそも「正しさ」は人間にとってのものでしかない。機械にとっての正しさは、精確に作動すること、バグがないことでしかないのだ。誤りも、ただ訂正すべきデータにすぎず、それらにとっては、恥ずべきことなのではない。

したがって、もしＡＩにありとあらゆる判断を任せてしまうとしたら、それは確かに何らかの判断を示すだろうし、その判断は、いずれにせよ多くのひとが納得する妥当な判断ではあるだろうが、しかしそこに「未来」はない。

†未来の消失

未来とは、現在よりもよい状態になっているはずの、これから先のある時点のことである。単に時間の未来ということであれば、いつの時代にも未来はあるが、それはひとが期待して、それに向かって努力しようとする「未来」ではない。ＡＩの説く未来は、現在の延長でしかない。

AIの前提する未来においては、ただ時だけが刻一刻と経ち、暦がその数を積み上げていく。それは、時間測定法における未来であって、われわれの「未来」ではない。そこに夢や希望はない。未来という語が夢や希望という語と相《あい》重なっていた時代が終わり、未来という語で、せいぜい似たような要素がくり返し姿を現わす退屈な現在か、あるいはいたるところ、現在の廃墟としての、破滅と悲惨とが組み込まれた疑似過去が待ち受けるばかりとなる。

AIの判断は外挿法《がいそうほう》的シミュレーションであり、過去に起こったことを未来に引き伸ばして予想する、その推測を詳細に徹底したものである。ルールがあって条件の変化しないものに対しては最強であるが、あり得ないことに挑戦するとか、いつもと違ったことをやってみるという判断は、そこにはない。ところが、そうした異例のことをなそうとする判断の向こうにこそ、人間の考える「未来」がある。

ルーティン化した業務における判断に対し、その判断の帰結から生じる悲劇についての感性こそが、人間の判断を賦活《ふかつ》して、いつもとは異なった判断へとひとを差し向ける。夢や希望という名のもとに、明確なイメージがないとしても、ひとはそれぞれに「未来」に向けて判断しており、その場の「課題の解決」だけを考えているわけではないのである。

AIが普及するということは、社会におけるさまざまな業務の運営が自動化され、人間からするとすべてが成りゆきまかせで何とかなるようになるということである。そこには、判断に意義を与えてきた「未来」を考える人間がいなくなってしまう。

だから、わたしがAIに心配するのは、AIが人類を未来の消失から救ってくれそうもないということなのだ。むしろ、それに加担する装置なのではないかということだ。

†ポストモダン社会

従来ひとびとが抵抗してきたのは、勝手な、あるいは間違った判断をする政治権力に対してであった。だが、そうした、責任が追及されるべき権力も、AI機械が入り込んで、きっと淡泊なものになってしまうだろう。その結果として起こる事故や不祥事や争いは、一人ひとりが受忍するものでしかなくなってしまうだろう。状況をよりよいものへと改善したり、理想社会に向かおうとすることなど、だれも思いつけなくなってしまうだろう。

近代（モダン）にこそ、「未来」があった。歴史の発展段階があると前提されていたからである。「つぎの時代」があると前提されていたからである。

今日、「未来」がないのは、社会が悪いから、悲観的材料しかないからではない。AIが出現したからでもない。逆に、AIが普及し得る社会が到来したから、AIが出現した。

すなわち、それがポストモダン社会である。ポストモダンとは、——ジェームズ・C・スコットによるとそれは一九七二年三月一六日だったそうだが（『実践　日々のアナキズム』第二章）――、近代が終わったということである。近代が終わったということは、「未来」がなくなったというそのことなのである。

なぜポストモダンになったのかとか、どうやったらまた近代のようになるのかとか、尋ねてみたいひともいるだろう。だが、モダンという「進歩する歴史」の時代を支えた人間の意識が摩耗《まもう》してしまったというだけのことなのだ。ひとびとはただ、そのような意識が虚《むな》しいと知ってしまった。人間が歴史の主人公ではないということを知ってしまった。モダンの神話が消えて、理念としての西欧文明の価値が暴落した、ということなのだ。

ひとはモダン（近代）の方がよかったというだろうか。だが、モダンがあったからポストモダンになった。モダンが完全に忘れ去られないかぎり、もはやモダンには戻り得ない。どうしてもモダンに戻りたいと思うひとは、世界戦争や小惑星の衝突といったカタストロフ（破滅的出来事）によって、大多数のひとびとの記憶が失われる事態を期待するほかはない。まさか、それで戦争が起こることを望んでいるひとたちがいるわけか？

†問題の所在

ＡＩが普及しつつあること自体は「未来」なのではないか、と思うひともいるかもしれない。

便利で楽な社会である。しかし、その普及は人類の進歩ではない。人間が歴史の主役の座から降りるのだから。

ＡＩ、およびそれを活用した機械とロボットとネットの普及は、そのような意味での「未来」ではない。未来ではないということは、成りゆきまかせだということだ――どうなるかは、やってみなければ分からない、ということだ。

数十年後にははっきりしてくるだろうが、新しい環境のなかで、人間性も変わるだろう。だから、そうしたことを嘆くひともいなくなっているに違いない。

管理社会になるといって反発しているひとも、プライバシーが失われると気にしているひとも、機械の方が人間より優れていることに憤《いきどお》りを感じているひとも、自分が担当すべきだった仕事をいつのまにか機械がしていることに気づくひとも、すべていなくなってしまっているだろう。『そして誰もいなくなった』（アガサ・クリスティ）というわけだ――われわれはそれほど悪いことをしたつもりではなかったのに。

いまだからこんな話ができる。というのも、「確かに何か変だ」と感じるひとたちが、まだ大勢いるだろうからである。とはいえ、パソコンのディスプレイが少しずつ汚れていって色が薄くなってしまっていて、ある日ふと拭いてみたら、驚くほど鮮やかな色になったというようなことが、おそらく数十年のあいだに起こるのだし、しかしそのときは、だれも自分の社会認識のディスプレイを拭いてみようなどとは、思いつきもしないのだ。

人間が減っていき、その分、それを埋めあわせるかのようにAIとロボットが普及していく。そうした事態が受け容れられつつあるということだ。つまり、AIが普及する理由は、ひとにやらせるよりも効率がよいという点にある。ロボットが普及する理由は、その仕事が人間にできても、人件費よりも安価にできるからである。AIは、ひとをパラダイスに住まわせるためにではなく、結果的には、ひとをこの平凡な惑星から放逐するために普及させられていく。

そうしたなかで、映画『ブレードランナー』(リドリー・スコット監督、一九八二年)の原作、フィリップ・K・ディックの『アンドロイドは電気羊の夢を見るか?』に描かれたように、人間性も変わっていく。捜査員がチェックするのは、特定の言葉が喚起する情動のちょっとした差異なのであるが、そのなかに潜《ひそ》む感性と思考の変化がある。

つまり、現代の最大の問題は、いま起こりつつある人間性の危機に対して、AIがまったく役に立たないということであり、かえって危機に対処する人間を減らしていくだろうということである。それなのに、ひとびとはAIに頼ろうとしているのだ。

AIの普及は人類の素晴らしい未来を作るのではなく、人類の「未来」を、未来という概念もろともに奪い去る。ひとは、過去に向けて「なぜこうなったのか」という問いを抱くであろうか、あるいは未来に向けて「AIによってどうなるのか」と問うであろうか——もしかして、それをＡＩに問うのであろうか。

しかし、歴史に因果性はない。「あることをしたら、その結果がこうなる」という必然的連関はない。なるほど別のことをしたら別のようになったという可能性はある。だからといって、そのことが、その後《ご》の結果の「原因」なのではない。

歴史はすべて偶然だといいたいのではない。歴史は総体的に推移する。現われる現象は、どんなに違うジャンルでも、その総体的推移の結果なのであり、それらがみなおなじひとつの方向を指しているように捉えなおされる現象である。こうした歴史観を「構造主義史観」と呼ぶ（フーコー『知の考古学』参照）。歴史の原因よりも、その推移のなかで、ひとびとの感性や発想が次第に変化していくのを理解することが重要なのである。

2　家族の衰退

†人口減少

不安な時代ではないか。数えあげればきりがない現代社会のさまざまなトラブルの予感、その一つひとつを取りあげて解決法を考えることでは、それによってもまた他《た》のトラブルを引き起こすことになりそうで、混迷《こんめい》の度合いを増すばかりである。

たとえば生活困窮者のひとたちを人権の名のもとに手厚く保護すれば、その分だけ、それを賄《まかな》うための税金が増えてひとびとは金銭を使わなくなり、景気が悪くなってしまい、生活困窮者が増える……。だから列挙するのではなく、縺れた糸を解きほぐすようなアプローチが必要である。

では、「消失する未来」の最大の徴候は何であろう。それは、少子化にある。人間本性とは生まれながらにしてもっている性質のことだが、子どもを作るというのは、そんな性質のひとつではなかったか。

少子化は、すでにアルフレッド・フイエ『ギュイヨーにおける道徳、芸術、宗教』(一八八五年)において見出だされるように、フランスでは、一九世紀から、克服すべき課題として捉えられていた。「生の劣化」というようにである。そして、今日のわが国の人口減少である。これに対しては、かける歯止めもないように見える。政府が無策だったからであろうか、ともあれ人口が減ると、経済活動は低下するし、さまざまな社会問題が生じる。高齢者の比率はどんどん上がり、働かないが養わなければならない人口が増加していく。

なぜひとは、社会に出て結婚し、子どもをもうけて新たな家族を作るという夢を失いつつあるのだろうか。生涯独身率がやがて三〇%を超えるというが、家族は従来の機能を失いつつある。家族は崩壊しつつある。支えあっていく家族を作るよりも、自分のことで精いっぱいの「個人」たち、みな若くして孤独な独居老人だ。

あるいはまた、社会に出ることをためらって「引きこもり」になるひとたちもいる。一旦は社会に出たが「うつ病」になってしまうひとたち、あるいは出てはいるが「発達障害」でうまくやっていけないひとたち。「コミュ障？」のひとたち。それに加えて知的障害のひとたち、認知症のひとたち、専業主婦や囚人や病人たちに、さらにそこにAI機械によって失業するひとたちの群れを含めると、そのようなひとたちが社会の過半を占めるようになる。

否《いな》、もっといえば、蔦《つた》のように地球を覆うAI機械の繁茂《はんも》によって、無数の人間が海へと突き落とされる日が来るのである。というのも、低賃金の外国で生産するかAI機械によって生産するかは、大して違いがない。安い若手の労働者が減っていくにつれて、企業は労働の担い手をAI機械にシフトしていくだろう。ヒューマニズムは関係ない。ただコストが問題なのだ。わが国ばかりでなく、中国でも、その半数が働けない年寄りになる日が来たときに、一体だれがかれらを養うのか——中国七億人の老人たち！

その結果、さまざまなインフラが経年変化し、劣化しても、それを再構築する資金もひともないという状態になる。限界集落がいたるところに生じ、朽ち果てた家屋の向こうに、亀裂だらけの雑草に覆われた道路、荒れ果てた農地が広がる。雑木林のなかにはケモノたち、昆虫たちが群れをなす。もしひとがいなくなれば、都市は五〇年で森になるというシミュレーション映像を見たことがある。植物の生命力は恐るべきものだ。

われわれの未来――もはや社会は捉えどころなく、不安定で、いつ崩れ落ちても不思議はない。ぼろ屑のような社会。

†家を出ない子どもたち

少子高齢化というが、それはわが国特有の現象であって、明治以来邁進《まいしん》してきた西洋化が行き詰まり、人口の少なかった前近代社会に戻るというだけのことではないかと思っているひともいるだろう。社会に出ない子どもたちが増えつつあるといっても、「家を出る」ということが若者にとって当然の前提にされるようになったのは、近代になってからの話である。

数十年まえまでの学生は、社会で名誉ある地位を占めるために、それに必要な知的能力を身につけようとして大学に行ったものだった。卒業するということは、そのまま「社会に出る」ということであり、そこでエリートとして、自分の獲得した能力を活かしていく、それがどんな分野かだけが問題だった。

ゲーテの『ヴィルヘルム・マイスター』やヘルダーリンの『ヒュペーリオン』が一八〇〇年前後、それからヘッセの『車輪の下』は一九〇六年作だから、近代の完成期に教養小説は登場してきた。主人公が家を出て、社会の荒波にもまれ、紆余曲折を経て自己実現していく過程を描くタイプの小説である。

その下敷きには、ジャン＝ジャック・ルソーの『エミール』があった。子どもは小さな経験不足の人間ではなく、特別の時期としての子ども時代に、人間の自然の情感をまず学んでおくべきだ、そうでなければまともな社会人にはなれないと説いていた。子どもは社会に出るまえに、まず家庭で情緒豊かに育てられなければならないのだ。ところが、現代の若者たちは、その家庭から、どこへも出ていこうとしなくなってきた。

†家庭という神話

フィリップ・アリエス『〈子供〉の誕生』によると、一九世紀、そのころまさに「子ども」という特別な時期があると認識されるようになったという。ホモ・サピエンス二〇万年の歴史において、それは稀有《けう》なことだった。

前近代における家族とは、「一族郎党」、血縁関係および姻戚関係、それに加えて召使たちや家畜たちを含めて家族だった。そうしたなかで、産まれてきた子どもがだれにどのように世話され教育されるかは、それぞれにおいて、また地域と文化によって千差万別であった。たとえば、古代ギリシアの市民たちは、外部のひとびとを戦争等によって拉致《らち》してきて、家内奴隷として生産やサービスに従事させていた。

アリエスによると、父と母と子を単位として、そのなかで「愛」によって子どもが育てられるとされたのは、一九世紀、西欧近代においてである。土地に根づいていたひとびとが、資本主義の荒波によって分断され、土地から切り離されて都会に「個人」として住まって労働者になったとき、愛の理念のもと、土地を疑似的に再確立するようなものとして近代核家族が成立した。エリザベート・バダンテール『母性という神話』によると、母親が自分が産んだ子どもを育てる本能をもつという「母性愛」の神話も、このころできた。

「家族」という語で今日イメージされているものは、人類の歴史においては大変珍しい形態である。なるほどその生物学的関係はすべての有性生殖の生物に共通したものであるが、子どもがさしあたっては父と母とのみ同居して成長し、やがて家族から出て新たな家庭を築いて親になるというプロセスは、一九世紀以降に普及した新しい生活形態なのであった。

マロの『家なき子』が裏返しに表現していた「家庭」というユートピア的神話。「ユートピア」とは、どこにもない場所という意味であるが、その愛の理想からの隔たりに一生苦しむひとすら出現するようになった。デ・アミーチス『母をたずねて三千里』も同様である。

当時生まれた、幼児期の父子関係が人生のすべてを規定するという精神分析理論は、そうした特定のひとびとへの実践的治療のための仮説にすぎなかった。家庭を意識しすぎたことによる病的な精神は、決して人間の普遍的な問題ではなく、一九世紀末から二〇世紀にかけてのブルジョワ家庭崩壊の「時代の病」にすぎないのだ。フロイトの理論は、近代的人間の精神構造の理論であって、普遍的人間については何も教えてはくれなかった——そもそも「普遍的人間」など存在しないのだが。

戦後アメリカから入ってきたTVドラマには、「何でも知っている」パパ（一九五四〜六三年）や「世界一」のママ（一九五八〜六六年）が描かれていた。『宇宙家族ロビンソン』（一九六五〜六八年）の、宇宙を放浪してさえしながらも、何と毅然《きぜん》として穏やかな親たちであることか。しかるに実際の家庭では、お母さんがいい加減でも、お父さんが自分勝手でも、それは普通のことなのであり、「愛している」などといいながら、猫かわいがりでペットのように扱っていたり、あるいは衣食住の世話だけで放置していたりしても、それは普通のことなのである。

もしあなたの親が真に子どもの将来を想って親身の世話をしてくれているのなら、それは僥倖《ぎょう》として自分の運命に感謝すべきであろう。というのも、その親は、あなたにではなく、たまたま産まれてきた子に対してそうしているだけにすぎないのだから……。

†資本主義における家族

子どもたちは成長すると家から独立して社会に出る——そういういい方がされるように、家族と社会とが分離したのは、資本主義の発展に伴ってである。

一七世紀にトマス・モアが『ユートピア』において描き出しているが、当時羊毛工業のために小作農が土地から追いたてられ、都会に出て工場に勤める労働者となることを余儀なくされた。自給自足以外の余剰生産物を交換していた市場に対して、労働市場が生まれて、ひとは労働を売って賃金を受けとり、市場において生活必需品を購入して衣食住を賄《まかな》う生活に入った。それでひとびとは、実質的にはずっと貧乏になった。自分の食べるものも買わなければならなくなったからである。これ以降、社会とは、個人として労働を売り、その代価で生活する場のことであると理解されるものとなる。

そのあと少したって、トマス・ホッブズが『リヴァイアサン』において、「生存のために争いあう個人」として人間を描き出すことになるのだが（第一三章）、そのときはまだ、女性と子どもは附属物のようなものとされていた。それが、一〇〇年後のルソーの『社会契約論』においては、社会はまず家族という「集団」からはじまると指摘されることになる（第一篇第二章）。

ヘーゲルは『法哲学』において、その過程を、家族・社会・国家という段階での弁証法的移行として説明しようとした。ひとは愛を基盤とする家族のなかで生まれ、やがて成長すると愛のない「欲望（欲求）の体系」とされる社会に出ていかなければならないが、それが国家という体制のもとで再び愛のある社会生活へとアウフヘーベン（それ以前のいずれよりも価値あるものとなること）されるのだという。

しかしながら、その説明は、出発点からして間違っている。われわれが赤ん坊として産まれてくるのは確かに家族のなかにであるが、そこは必ずしも愛を普遍的本質とするような場ではない。核家族が普遍的なものとみなされるようになったのは、前近代の家族が政治的経済的宗教的活動の中心であったことが忘れられているからである。

間違えてはならない。精子と卵子の結合による生物学的遺伝的関係によって核家族が生じてきたのではない。資本主義において「労働者」という身分と階級が成立して、家族だけを例外として、すべてのひとが労働を売買する「個人」にならねばならなかったからなのだ。

家族はなぜ例外なのか。タルコット・パーソンズが端的に定義したところによると（『家族』第一章）、家族とは人間の再生産工場である。「工場」というのはほかではない、社会の他の組織と同様に組織であって、「家庭」という牧歌的な名まえで呼び換えられるにせよ、疲れて帰宅する労働者に食事と寝場所の世話をして再生し、かつ道徳的に正統化された公然たる性交渉の結果として、将来の労働者となる人間の子どもを生産する場所なのだからである。

前近代において男性とともに労働していた女性は、そうした人間の再生産に従事することを強制されるようになった。ヘーゲルのいう愛は、キリスト教、聖母マリアの愛にならって「母性愛」の神話となり、近代核家族の意義を信じさせようとするものだった。

他方、以上の文脈からすぐ理解できるように、子どもはよい労働者になるように「国民学校」で教育される義務が課せられるようになった。一八世紀のイギリス、ベル・ランカスター学校からはじまる。そこでは、中世以来のリベラル・アーツに代わって、読み書き算盤といった「リテラシー」と、社会で労働する際の基礎的能力を身につけさせられることになった。国民教育が進めば進むほど、その社会はより高度で効率的な商品生産をすることができるようになるとともに、帝国主義戦争を戦うための強力な兵士たちが生産されるというわけなのである。

†家族の崩壊

今日において、子どもが大学にまで進んでいるあいだ、労働者とならない空白期間（モラトリアム）が延長されていることも、女性が社会進出して労働者となることが推奨されていることも、以上の過程に矛盾しているように見える。それは、資本主義の発展のなかで、家族の位置づけにおいて生じてきた矛盾であろうか。

その矛盾の解決は、プラトンが『国家』の第四巻で暗示していたように、あるいはハクスレー『すばらしい新世界』に描かれていたように、人工授精および人工子宮による将来有能な子どもの生産、および施設による集団育児であろうが、しかし、そのことは、「自由で平等な個人」という近代の理念に対して、大きな葛藤を引き起こす。

ひとびとは矛盾を抱えたまま生活していくだろうが、家庭崩壊や生涯独身者は、例外的な現象ではなく、資本主義の行きついた、避けられない現象なのではないだろうか。

ひとは、どの時代でも、その時代に生まれついた条件のもとで思考する。それゆえ、あるひとびとが、核家族的な家庭の理念を前提にして、それをひたすら維持すること、再実現することに人生を賭けようとするほどである。だが歴史的には、それは近代、この一五〇年の特殊な現象でしかなかった。

愛のある家族がよいものであるとか、実はそうでもなかったとかいう問題ではない。すべての家族に自動的に愛が生まれるわけではないのに、愛があるはずとされた家庭の理念が、——精神分析が示したように——、いかに悲惨な家族関係を導いたかという問題でもない。

ただ指摘すべきことは、次世代の子どもたちは、もはやそうした理念を理解できなくなるに違いないということである。いまやSNSのまだ見ぬ「友だち」の方が、家族よりも親密だと考える子どもたちも多い。「死にたい」というメッセージに「いいね！」と応答した見知らぬひとのところに出かけていく若者たち。

次世代の子どもたちは、IT化されIoTのなかで働くAI機械にとり巻かれた環境を前提として育つ。そのなかで、労働の意味も、人間であることの意味も、いまとは別様に理解されなおすことになるだろう。

そのとき家族がどうなっており、どう理解されるようになっているかは分からない。今日すでに子どもたちは保育所や学校や塾によって、なかんずくネットによって、ほぼ直接的に社会のなかに産まれてきており、家族の意義は弱まる一方である。

子どもが親のいうことをほとんど聞いてくれなくなりつつあり、家族のあいだの親密な人間関係にも、自分のものの所有にも、それほど執着しなくなりつつある。愛とは所詮《しょせん》その程度のものだったのか……、愛はいまやネットの「自己承認欲求」にすり替えられ、古代的な徳や利他的な自己犠牲は神話となる。

愛とはもとより執着のことでもあるが、執着するものが見せかけの自分、社会的評価の対象としての「個人」であるとき、愛は虚栄心（プライド）と呼ばれてきた。とはいえ、古代の価値も近代の価値も消え去るとき、虚栄心という、現代風にいえば自己承認欲求を非難する理由はない。ただ、そのことによって自殺したり殺人したりまでするひとたちの存在を、どう考慮に入れておくべきかは問題である。

†液状化する社会

親戚縁者一同が近隣に住まっていたころからすると、近代における核家族化それ自体が、すでに家族崩壊の一歩なのだった。数千年のあいだおなじ土地に暮らしてきたひとびとが、この一〇〇年で日本各地に散らばってシャッフルされてしまったことに、驚かされないではない。とはいえ、ボヘミアンやジプシーやロマやユダヤ人たちが、西欧社会の流民として、移動をくり返してきたことも忘れてはならない。いま、シリア難民が西欧に溢《あふ》れるのも、特殊な事象なのではない。人類が定住するようになったあとも、こうした流民たちが社会を動揺させつつ、あたりまえに階層を形成していたのである。わが国の場合にも、渡来人を含め、そのようなことがなかったわけではないであろう。

ともあれ、父と母と子の親密な核家族（家庭）は、家族という集団の崩壊過程の「時分《じぶん》の花」（世阿弥『風姿花伝』）であったにすぎず、しかも少子化というが、夫婦は子どもを作らないで「いま」を楽しみ（ディンクス）、多くの子どもたちは、自責の念にかられながら、あるいは無関心になって、老親を見捨てるようになりつつある。

それは、ドゥルーズ／ガタリのいう「脱土地化」であろうか、土地という、知覚と振舞において身体と密接に関わりあっていた地盤から、労働も家族も切り離され、ひとびとは抽象的な社会、ネットニュースでしか知られない、もろもろのどこかの出来事の膨大ながらくたの表面を浮遊する生き物になった。

AI化と家族崩壊の現象のあいだには、因果関係があるわけではないが、ポストモダンへ向かっての、おなじひとつの地崩れであるとはいえる。それは、人間と機械の違いが本質的なものではなくなってきていることの二つの現象ということであろうか、やがては家族も消滅して、いみじくもホッブズが家族を無視して構想した近代市民社会、個人が生まれたときから社会に直結している状態が、リアルに出現しつつあるように思われる。

家族がなくなるというのは想像し難いことであろうか――そこでは、どのようにして子どもが産まれ、育てられるのか。しかし、二〇〇年まえのひとびとも、まさか男女二人で家庭を作り、子どもを育てているなどという今日の状況は、想像できなかったに違いない。

現在の社会状態は、崩壊しつつある家族の廃墟と、虚栄心の場としてのネットと、そこに灰《あ》汁《く》のように浮遊する政府や企業といった組織から成る混沌とした場所である。その隙間すきまに一陣のつむじ風のようにして、数多《あまた》のハラスメント、数多《あまた》の暴力が、ところ構わず発生する。

それに対し、相変わらず「国家」という体制の網を被せようとする一群のひとびともいるし、個人を自由で平等なものとして維持するために「人権」を叫ぶ一群のひとびともいるが、現在は、そのいずれであれ、真に統合した全体を作りだすにはいたらない。

現在は、「社会状態の零度」にある。零度とは、水が氷になる温度であり、氷が解ける温度である。凍結しつつある一方で、ジグムント・バウマンのいう「液状化する社会」――人間はひたすら消費し消費され、社会を支える個性的な個人がいなくなる（『リキッド・ライフ』序論）。

最近、経済産業省の若手官僚たちによる『不安な個人、立ちすくむ国家』（二〇一七年）というレポートが話題になった。「自由のなかにも秩序があり、個人が安心して挑戦できる新たな社会システム」が必要だというのだが、それがどのようなものかは書いていない。どうしてそれがよいことかも、そもそものようなものが可能なのかも書いてない。国家の域を出ないその社会システムでは、「挑戦」できるのは官僚たちや、その方針にのっとった経営者たちだけかもしれないと感じたひともいるのではないか。

ＡＩの普及と家族の衰退は、構造主義的にいえば、どこかで共通している歴史の変化の二つの現象である。そこでは、人類全体の人口増加にもかかわらず、人間の、質量ともの減少が進む。「人間の終焉」と述べたのはフーコーであったが、それは近代的核家族の崩壊とともに、それによって育てられてきた「人間」と呼ばれた立派なひとたちが社会をリードしていくという、統治の神話が消えたということであった。社会とは、ホッブズがとうから述べていたように、真に単なる個人の集合であるということになるのであろうか。

3　労働とお金

†労働とは何か

ＡＩの普及も家族の衰退も、そこに共通しているのは、労働の捉え方の変化である。子どもたちが社会に出ていくということは、大多数は企業への就職を意味するが、それが労働するようになるということである。ただし、その意義が曖昧《あいまい》になりつつある。

そもそも労働とは何か、先史時代に思いを馳《は》せよう。道具を作って狩猟採集に出かけ、土地を開墾して植物の種を植え、食料を得る。動植物の一部を加工して衣服を身につけ、樹木や石を集めて雨露をしのぐ。とすれば、労働とは、人間が身体を使ってすることのうち、生活に有用なものを獲得することである。ヘシオドスは『仕事と日々』において、すべてよいことは労働から生まれると教えている。

もとより神話では、古代ギリシアでも、旧約聖書でも、人類は手を伸ばすだけで豊かな食物を手に入れることができるような楽園から出発したと説明されている。しかしひとが増え、そこに邪《よこしま》な考えがはびこる結果、楽園は荒れ、ないし神が人類を楽園から追放するのだという。

なぜ邪な考えがはびこるのか。それは、分配が公正ではないからであろう。それ以前に、果実（生産物）が労働の量に比例して分配されるものではないからであろう。それゆえ、盗みや強奪や詐欺といった、より少ない労働によってなるべく多くの分配を得ようとする「知恵」が働きはじめる――裸体を恥じたからではないように思う。

この「知恵」は、一人で労働するときには、巧みな方法を工夫して生活に有用なものを作りだすのに役立つ。しかし、協働し、ないし分業するときは、楽をしてより多くを得るひとが出てくるものなのだし、それを企《たくら》むことが「邪な考え」なのであろう。

分配が公正でなければならないということも、分配が労働に比例されなければならないということも、必ずしも普遍的な原理ではない。ただ、ひとはしばしば苦しい思い、辛《つら》い思いをする。それが自然に由来するのではなく、協働ないし分業しているひとたちとの関係によるとみなすとき、そのひとには、邪な考えがリアルなものとなる――楽をしてより多くを得たいものだとの。

すべて一人で労働するなら、邪な考えも浮かんでくることはないだろう。とはいえ、『ロビンソン・クルーソー』（デフォー）のように一人でやるとしたら、計画を立てるだけで溜息をつきたくなってしまうほどである。たとえやりきれたとしても、質素で素朴なものしか得ることはできず、四六時中飢えながら、ひとはすぐに病気や事故で死んでしまうだろう。だからやはり、ひとが多い方がよい。おなじ仕事を多数でやれば、早く多く出来上がる。それぞれに違う仕事をして結果を組みあわせると、なお一層である。そういう体制になっていると、自分が病気になったりけがをしたりしたときには、代わってもらえるという「保険」にもなる。

それで近代、マルサスは『人口論』において、つぎのように説明するわけである。食料が多く手に入ると、ひとは働き手として子どもを多く育てるようになる。協働し、分業するためである。しかし、気候変動や病虫害や災害によって食料が不足すると、やがて人口が激減する。こうしたことがくり返される、と。

†所有権

協働し、そしてまた分業するがゆえに、人間は社会を作る。社会とは、労働する人間たちの出会う場である。現代では、この意味で「社会とは何か」が主題となる。

今日、「社会に出る」といういい方をするが、そこは単にひとびとの生きている地理的空間を指しているのではない。それは、家庭とは区別された空間として、労働する場であり、それによって得た金銭で商品やサービスを購入する場である。また、ひとはそこで組織を作ったり、政治活動をしたり、交友関係を築いたりする。つまり、家族ではない人間たち、互いに互いを手段とする「他人」たちに出会う。

ホッブズは、社会を形成するのはアリやハチも同様であるが、それは本能によるのであって、人間の場合には理性があるから相互に対立すると述べている（『リヴァイアサン』第一七章）。カントは、人間には自由があり、自然本能によるよりも高度な社会を形成すべく理性をもつ、という意味のことを述べている（『道徳の形而上学の基礎づけ』第一章）。

要するに、将来を予測しつつ、それに備えて秩序を作りだそうとする理性があるからこそ、人間は、対立もすれば、社会秩序を形成しもするということである。

たとえば農耕においては、作業をしてから果実を得るまでに時間がかかるが、その間《かん》、それを横領するケモノやヒトがいれば、すべての作業が徒労に終わる。したがって、種を植えたひとが収穫する権利、その土地に種を植える権利が認められていなければならず、所有権が確立されていなければならない。それゆえ、ジョン・ロックは、所有を自然権、すなわちひとが生まれながらにしてもつ権利であるとした（『統治論』第五章）。

ただし、生産物を奪うひとびとは、所有権を無視する悪人というわけではない。かれらがケモノのように見えるのは、農耕者にとってにすぎない。少数の家畜を引き連れながら狩猟採集生活をしていたノマドたちは、農耕によって長い期間をかけて育成された植物を、普段から採集している植物と区別する理由はなかったであろう。ホッブズの主張していたように、自然状態には所有権はなく、他人から生産物を奪うのは悪ではなかった（『リヴァイアサン』第一三章）。

所有という観念がどのようにして発生するかは、また別のところで論じる。ここでは、それは、特定の対象をそれぞれのひとが排他的に占有することの相互承認という意味である。所有がロックのいうように自然権であるにせよ、それを他の人間に対抗して維持するための秩序が必要である。その意味では、社会にはその権利を保障する政治権力が必要となる。

一万年まえ、農耕をはじめたひとびとは、肥沃な土地に定住し、畑を耕し、それが果実をつけるまで、ケモノおよびケモノに準じるヒトたちからその過程を防御するための軍隊とその統率者としての王をもつようになったのであろう。外部からやってきて生産物を奪おうとする人間のほか、内部にいて秩序を乱そうとする人間も、その敵である。

王は、農耕者のなかからとはかぎらず、奪う側のひとびとのあいだから生じてきたのかもしれない。国家起源論には定説はないが、宗教的呪術的能力によっても、軍隊のもつような暴力によっても説明される。ともあれ、社会は、協働および分業するひとびとの安全と、その労働の果実を保障する仕組として生じたといってよいように思われる。

†権力のもつ暴力

そこで問題としたいのは、権力である。その軍隊による、生産物の所有と分配を保障する王の「仕事」は、協働や分業によって生活に必要なものを生産する労働とは異質である。前者も身体を使ってなすこととはいえ、暴力によって行われる。これも労働とみなしてよいであろうか。

なるほど、狩猟においては、動物と闘い、相手の命を奪う。採集であっても、競合するケモノたちと争う。それは労働である。闘うことも狩猟採集の仕事のうちとするならば、それを労働であるといっていいだろう。しかしながら、それが他の人間に対してであれば、食人するためでないならば、労働と呼ぶのは難しい――人類が共食いをしなかったという証拠もないが。

他の人間に対して、身体を傷つけることによって行動を規制すること、あるいは殺すことによって行動を不可能にすること、こうしたことを目的とする行動は、はたして労働と呼ぶべきか。としたら、法を無視して生産物を横領する暴力、だれかを奴隷にして労働力を横領する暴力、外国を侵略して敵を殺す暴力も、労働ということになる。

さらに一般化していうと、身体を動かして物理的な効果を与えるという意味では、労働自体が暴力である。それが対象を破壊し、死なせるような場合に暴力と呼ばれる。そこから、害獣や外敵の行動も、災害や疫病も暴力の一種とみなされるだろう。暴力は、狩猟や防衛や建築の場合には肯定的に扱われて口にされず、犯罪や侵略や災忌の場合には否定的に扱われる。「暴力」とは、一体何なのか。

ところで、暴力は、言葉ないし装備によって表示されるだけの場合がある。暴力は、行使されなくても効果をもつ。武器をもって「殺す」と脅かすことによって相手を従わせることができるのである。その点で、暴力は、振りあげられた拳《こぶし》のように、一種の記号でもある。

ヴァルター・ベンヤミンは、『暴力批判論』において、法によって規定された暴力について述べている。軍隊や警察は、法によって規定された暴力を労働とするひとびとから成る。法によって規定された暴力の行為は、社会体制を維持するためにあるのだから、協働と分業を安全に推進し、市場での取引の信頼性を高めることができる。そして、何が犯罪かを定義して、ひとを裁くのが、そうした暴力を背景としてもつ王の仕事なのである。

したがって、山賊や海賊のように実際の暴力をふるうことがなくても、王とその軍隊は、社会秩序の象徴であり、ただ存在するだけで、労働するひとびとから、外敵や内部の敵が奪い去るよりも少ない程度のかなりの割合の生産物を税として受けとることができる。その意味では、王の「仕事」も労働である。ただし、暴力団も私設国家といえなくはないし、古代ローマ帝国を滅ぼしたゲルマン人たち、中世のヴァイキングや倭寇がしていたことも、侵略と強奪を生業にしていたという点で、労働であるといえなくはない。

これは、ある種の分業なのであろうか。しばしば、王は、家長になぞらえられていた。世襲制が王制の特徴のひとつであるが、そこには血統という、家族を基本とする秩序があった。家族内部の分業において、指令する役割を受けもつ人物が出現するが、国家とは、いわば巨大家族だったのであり、王とは国民の父であったのだ――わが国の天皇制もそのようなものとされたのであったが（『教育勅語』）。

†自然法

国家が家族であるというのはイメージし難いことだが、先史時代において国家がどのようにして成立したのか、どのような人物が王となったのかについては、さらに想像し難い。

近代の国家起源論はホッブズからはじまるが、自然状態に暴力を認めたホッブズが、国家の成立を理性的な契約に求めるとき、驚くべきことに、その後の権力を一身に担う王に、どんな人物がどのようにしてなるかについては論じていない。ただ暴力によるものと多数決によるものとを分類しているだけである（『リヴァイアサン』第一七章）。暴力であるなら「契約」ではないし、多数決によるなら、すでに自然状態を脱しているはずなのだが。

ロックもそうである。オオカミに比すべき外的暴力集団を前提し、公平な裁判官とその執行権力のためとして国家の成立を説明しているが、ではどのような機序《きじょ》によって王が出現するのか、それは論じていない。多数決によるとするのだが、ひとびとは、どのような理由で単独の主権者として王を選ぶことにするのだろうか（『統治論』第九章）。ただし、ロックは、血統を前提する王権神授説を否定する。すなわち、王が、国家という巨大家族の家長であることは否定したわけである。

現代の思想家、アーレントも、近代国家はもはや巨大家族ではないということを指摘したのであるが、なぜか国家のもつ暴力の問題を取りあげようとはしない（『人間の条件』第二章5）。彼女は、暴力は自由の獲得のために家族や奴隷に対してふるわれる前政治的なものにすぎず、すべての社会には古代ギリシアのポリス的（政治的）なものがあってしかるべきであると主張する。家族とは別の領域として、言論によってそこに住むひと全員の未来を決める仕組がなければならないというのである。

それにしても、言論は社会体制のもとで成りたつのであって、実質的に社会体制を構成しているのは暴力なのではないだろうか。

軍隊や警察と呼ばれる愛と誇りに満ちた集団は、外部であれ内部であれ、他の集団から見ると悪魔のごとくに冷酷で非道な集団である。完全に統制のとれた機械であり、かつまた、ケモノのような荒くれ者たちの群れである。この二つの極端が、「社会」なるものを隈《くま》どっている。これら、社会体制と暴力集団の関係は裏腹である。組織化されているかそうでないかとは無関係に、体制が悪とみなされる場合には、犯罪者や暴力団もヒーローと呼ばれ、従来の軍隊や警察が悪の手先と呼ばれることもある。

特定の社会体制を超えた正義が存在するのであれば、ヒーローと犯罪者とを厳格に区別することができるだろう。とはいえ、正義という名の旗のもとにある暴力が、一番苛酷な暴力なのかもしれない——十字軍、騎兵隊、連合軍。西欧における自然法の考え方は、そうした正義の代表であった。

ジョン・ロールズが、現代でも自然法が成りたち得るという意味のことを論じているが(『正義論』第一部)、ロックは、認識論的には「普遍的合意」は成りたたないと述べていた(『人間知性論』第一巻第二章)。パスカルは、土地によって異なる以上は、自然法とされるものは慣習にすぎないと主張していた(『パンセ』六〇)。

近代自然法は、ホッブズとグロティウスが、中世からの命名を借用して、理性が認識する法として考察したものである。両者とも、自然法の基盤である中世の「神の法」を前提せず、人間理性のふまえる合理性によって成立する法として考察した。

しかし、西欧近代の自然法においては、第一に、——ホッブズについては微妙であるが——、自由のなかに「暴力をふるう自由」が入らないとされているのはどうしてか、第二には、理性という名の特定の精神活動がすべての人間にあると前提されているのはどうしてか、ということを理解するのは難しい。

グローバル資本主義体制を実現するためのロールズの正義のもとに、警察による被疑者の射殺や軍隊によるピンポイント爆撃が許されるならば、共産主義体制を実現するための革命の暴力も許されなければならなかったであろう。正義のためには絶対的によいとされる体制の理念がありさえすればよいのだが、そのようなものが現実に見出だされたためしはない。

労働と正義には、どんな関係があるのか。労働は、さしあたり衣食住に必要なものを整える身体の活動を指しているように見える。しかし、そこに農耕栽培等の長期的観点を導入すると、衣食住に直接関与しない身体活動が出現する。警察・司法・軍隊である。ちょうど毒物が病気の治療薬にもなるように、労働を破壊する暴力も、労働環境を安定化する体制の要素となる。そのかぎりで、暴力も労働であるとはいえるだろう。とすれば、超越的に社会秩序を与えるとされる自然法とは、ベンヤミンが告発した「神話的暴力」、正義の言説を語るマスクを被った暴力にすぎないのではないだろうか。

†売春という労働

労働の、古来ヘシオドス的な定義を変更することにしよう。もし政治権力も労働であるとすれば、ほかにも、生活に必要なものを産みだすという意味での労働とは呼び難いが、やはり労働と呼ぶべきもの、実際にも労働と呼ばれるものは、多々あるように思われる。

経済活動を促進する市場や流通や金融や投資に関わる仕事、労働や統治に必要な道具や武器を製作する仕事、富裕層に贅沢な工芸品を供給する仕事、演劇やスポーツなどの種々の見世物を提供する仕事、ギャンブルやゲームやアトラクションなどのイベントを開催する仕事、文学や芸術や建築の諸作品を創作する仕事、そして、ひとびとがそれらの仕事に就けるように教育したり治療したりする仕事も労働であろう。警察・司法・軍隊も、そのひとつとして労働なのである。

では、人類最古の商売と呼ばれてきた売春はどうなのか。それを労働と呼ぶかどうかは、それが生産するものが何かによる。娼婦は客の身体に性的快感という効果を産出することで代価を得る。それを購入するひとは、性衝動を充足して性的快感を得るわけだが、性衝動の充足は、衣食住の充足とはあきらかに異なっている。

もし性衝動を子孫を作るためのものとみなすなら、ホッブズのいう自己保存の一部であり、労働として理解することもできるが、それは逆だ——売春にはあてはまらない。

食欲が、単に体力の維持のためのみにあるのではなく、誰かとともに食事する際の親密感や会話の意義、食べるものの味の好みや、食べ物に関する知識やマナーを示すことでの社会的地位のためにもあるように、性衝動は、単に子どもを作るためにあるのではなく、——というより子どもができないように用心することの方が多いわけで——、相手との親密感や約束や拘束のため、あるいは権力や処罰や復讐のため、あるいは現実を忘れさせる気晴らしのためにもある。それだからこそ売春という商売が可能になる。

そのとき売春も、贅沢品の製作や見世物のパフォーマンスやゲームの相手と同様に、間接的には労働であるといっていいだろう。通常の労働とは異なって、身体の動作以前にその形態の視覚的効果や機能が主題になるにしても、果実としての快感を産出し、その快感を増大させる技巧も必要であるとするならば、なるほど貨幣に交換される理由はある。

身体の所有が、もしロックのいうように自然権であるなら、なおさら売春を否定することはできないであろう。もしそれを否定するとしたら、たとえば麻薬や覚醒剤のように、相手に犯罪、ないしそれに準ずるトラブルを誘引したり、生活を維持する労働を困難にするという理由を探し出さなければならないだろう。女性が性奴隷にされる可能性があるという理由もあるが、いずれも売春だけにある問題ではない。売春自体をやめさせなければならない理由にはならないのである。

†家族と性

しかし、なるほど売春は家庭を破壊するといわれるだろう。売春を労働の一種とすることは、家族制度を否定することだといわれるだろう。近代の家族制度においては、性衝動は核家族を形成維持するためのものと規定され、夫婦の紐帯《ちゅうたい》の維持や子どもの産出を可能にするとされるのである。

家族を構成する婚姻関係の実質が、法によって規定された性交渉にあるときには、それに対比して、売春が一種の安易な不倫として、婚姻関係の価値を引き下げたり、破壊したりするがゆえに禁止される——とはいえその裏返しとして、配偶者の性的魅力が重視されることになるのだが、それでは夫婦関係は家族内売春であるということになってしまう。

前近代においては、売春は、衣食住の欲求を満たすものと同様に許容され、それを売るひとの身体は、享受され得る対象として認められていたのであろう。今日においても、性交渉と結びつかない場面でも、暗黙のうちに、たとえば女性の身体の諸特性、声を含む見かけや身体形状が、接客や営業を効率化する傾向がある——それを単なる背景としてでなく受けとる男性によって、セクシャルハラスメントが頻発するのだが。

むしろ、いま、そうした性的特徴における男女の差異が、前近代におけるよりも強調され、差別や暴力が増大しているということはないだろうか。女性の権利やＬＧＢＴの権利も、その差異が前提されるからこそ、主張されるようになっているように見える。

いずれ、売春もあながち非難されるべきものではないということになるのかもしれない。恋人や夫婦といった性的パートナーの無二の価値を信じるひとたちにとっては悲劇だが、述べてきたように家族がいよいよ消滅するときには、見かけが魅惑的であるからといって性風俗産業で働くことが、身体が強力であればスポーツ選手になるのと似たようなことだと理解されることになるかもしれない——男性がいよいよ結婚を望まなくなるであろうけれども。

従来の売春には、その代価を搾取するために女性を奴隷化しようとするひとたちがつき纏《まと》っていた。だが、今日ではSNSを使っての自営業的売春が可能になっている——社会のありようをよく知らない未成年が、その人生を不本意に限定されてしまう悲劇は伴い得るけれども。

†労働と対価

以上からすると、社会を構成する労働をどう捉えるかは、国家と家族をどう捉えるかに深く関わっている。われわれは、労働の出発点を衣食住に見て、そこに協働や分業と、その維持や分配に関わる権力として、王の家族（国家）における労働を、また衣食住とは別に子孫を作る性的活動として、核家族における労働を見てきた。

しかし、現代的な労働観においては、衣食住との直接的な関係は、もはや問題にならないように思われる。近代、コルベールが金銀に、ケネーが土地に、リカードが贅沢品に、アダム・スミスが衣食住にと、労働によってもたらされる価値の源泉を求めたが、今日ではただ、金銭に代替されるものを労働とみなしていいのではないか。労働は「仕事」、対価を得るためにする身体の作動とその時間を指すと定義してはどうだろうか。

ホッブズの考えていたような自己保存、生存と生殖に関わる活動は、他の動物の行動からの類推にすぎず、すでに社会を形成している人間にあてはまるとは思えない。欲求を、生理的一次的欲求と社会的価値に関わる二次的欲求とに分ける伝統もあるが、ひとそれぞれに何に価値を置くかは任意であり、そうした区別にどこまで意味があるか分からない。一次的欲求と呼ばれるものは、ひとの生活が破綻《はたん》するときに現われる特殊な現象であって、人類がずっと怖れつづけてきた事故・災害、疫病・飢饉のカタストロフ的本質である。それは、社会のなかでの欲求ではなく、社会や人生が崩壊するときに現われる欲求にほかならない。

したがって、ひとが労働する理由として、衣食住の必需品への欲求と、社会のなかで意味をなす贅沢品への欲求に、質の違いがあるわけではない。ただいえることは、衣食住と子育てではなく、おいしいものを食べ、好きな衣服を身につけ、そして生まれてきた子どもたちがいつか自分の助けになることを夢見ながら、ホモ・サピエンスは、快適な洞窟を探して定住するようになったということである。

他方、もうひとつの労働の分類がある。ハンナ・アーレントは、労働をレイバーとワークに分け、前者を奴隷労働に由来する対価を求める仕事、後者をみずからの生きがいの要因となる仕事とした（『人間の条件』第一章）。マルクスが、人間本質は労働（ワーク）であり、その意味でワークこそ本来のあり方であるのに、労働が疎外されて賃労働（レイバー）にされてしまったと主張したことを受けて、そうした二種類の労働があるとしたわけである。

しかしながら、たとえ対価を得る労働であれ、生きがいを感じ、受けとる金額を気にせずにそれに打ち込むようなひともいれば、世間からは意義ある仕事であると思われているのに、収入を少しでも増やすために偽の領収書を集めるひともいる。

これらは労働の種類の違いではなく、労働するひとの志《こころざし》の違いなのではないだろうか。もう、「自分探し」はやめた方がいい——生きがいを見出だすことのできる意義ある仕事ほど対価が大きいことが望ましいにせよ、実際にはそうはならない。対価は、——労働人口の流動性の程度にもよるが——、労働市場で決まるのである。

†金銭という数

労働は、必需品と贅沢品、および奴隷労働と生きがいの二重の分類からその本質を受けとってきた。しかし、そのいずれがより重要かと論じる必要は、もはやない。

現代において労働するひとは、それが回りまわって、いかにして自分の生存と生殖を支えるかまでを知っておく必要はない。複雑すぎる。それを見出だしても、対処できない。だから、いかいかにになることが労働だ、すべては金銭という数量に換算して測られると考えおいてよいのではないか。すなわち、その数値がある程度大きければ生存と生殖は安泰であり、そうでなくなるかもしれない未来の心配をしておけばよい、そうでない場合には、それを大きくするために何かをしておかなければならないという風にである。

食料や建材やその他もろもろの商品をどこかでだれかが生産しており、それがその商品の金額に影響を与えるのは確かだが、商品の価格は市場で決まり、天候や流行や嗜好《しこう》によって変わる。お金がなぜお金なのかを、生産の仕組からして知る必要があるのだろうか？――生産は、実際にもお金の価値に変化を与えるひとつの要因でしかない。お金であるということそれ自体は「信用」の現象であり、大多数のひとがそれを「お金」として使用するという事実によって支えられている。

さらには今日、知らないあいだに課金され、定額で毎月引き落とされ、あるいは機械にタッチするだけで差し引かれるという支払い方法では、購入するものの絶対額も分からなくなっている。しかし、それでもいい。知っておくべきことはその微分と積分であり、ひとびとは、増加傾向か減少傾向かの加速度とその累積額をのみ念頭に置いて生活すればいいのである。

なるほど、経済学者と政策立案者にとっては、生産の全貌を把握することが重要であるが、経済政策がなかなか成功せず、つぎつぎに新しい説が生まれているということは、だれも全貌を把握していない証拠なのではないだろうか。かれらの仕事は複雑ではあるが、多様な数を組みあわせて、さまざまなものを見させようとしているだけなのではないか。

とすれば、一般の消費者が商品の価格の理由を生産の現場に遡《さかのぼ》ることにどんな意味があるのだろうか。膨大な数の分業によって、だれかがわたしの食べるものや着るものを生産しているのだし、だれかがわたしの健康に必要なものを知らないうちに満たしてくれる——有機農業とかロハスとかフェアトレードと呼ばれるものもあるが、「労働の本質に回帰しよう」という趣旨で、市場の価格に対する付加価値を得ようとしていると解することもできる。

したがって、数そのものが価値なのである。この単なる数、および数値を記載した金属や紙は、——最近ではビットコインなどの仮想通貨のようにネット上のデータでしかないものや私企業や自治体のポイントまであるが——、自分で勝手に書き換えることができない仕組のもとにある。その数値は、銀行残高など、それぞれの個人や法人について登記され、どこかで減ると、その分だけどこかで増えるように維持される。しかしまた、この数値自体を対象とし、それを増大させる仕事もあって、それを通じて社会は発展したり混乱したりもする。

数値を増大させるために生産を効率化し、あるいは新たな商品を開発しようとする経営者や、数値の書き換えを維持し、促進する金融業者が、新しい快の増大や苦の回避法が生まれてくるようにする場合もあれば、快が損なわれ古い苦が復活してくるようにする場合もある。

戦争や災害によって数値を登記するシステムを支えるネットワークが崩壊するような事態が生じたときには、さすがに必需品の生産という労働の定義が復活するであろう。しかし、実際そうでないのに、労働がそうした土台をもって層をなしているという意識をもたなければならないとされるとすれば、それは何らかの政治的理由によってであるに違いない。

†シャドーワーク

マルクスは労働を、貨幣に交換されることによって疎外され、生産物を収奪されていると論じた。だが、もし必需品、生活に有用なものの生産であり、それによって生存を維持するという労働の定義を捨てて、ただ代価として金銭的数値を受けとるための身体作動を労働と呼ぶならば、労働の「疎外」もないわけである――ボランティアを行うひとが「労働」と呼ばれることを拒否するであろうようにである。

他方、一国の経済の大きさを示す金銭的数値としてGDPというものがあるが、それは、その地域に住むひとびとが物品やサービスを交換し、その結果として一人ひとりが自給自足で生存と生殖を賄《まかな》う以上の質と量の生活ができるようになった、その余剰分の総量のことである。政府はその数値を増大させることを目指して経済政策を立案し、その数値をふまえて内政や外交を行うのだが、無料のものや闇のもの、貨幣で交換されないものが、その計算から外れてくる――だから、それは「幸福の総量」とは異なると、しばしば指摘されるわけである。

実際、シャドーワークやサービス残業などのような、代価を受けとらない労働はどうなるのか、と問われるかもしれない。たとえば介護すべき親を、金銭を支払って施設に入れ、自分が他の施設で働いて給料を受けとる場合、その方が効率的であるから老人介護の労働生産性も上がるわけだし、その結果、シャドーワークも陽向に出て（顕在化して）、他のひとが別の仕事をすることもできるようになる。潜在的には、それ以外の労働をして稼げる金銭分を捧げているのだから、やはり労働であるといえるのである。

代価を得られそうにない仕事については、それはビールを飲むときに、自分でグラスに注ぐようなものである。そうした身体作動も多々あるが、自分に対する「身上監護（日常の身のまわりの配慮）」でないとすれば、「趣味」と呼ばれることになる――むしろ自分に対するボランティアか。

労働とは、――ベンタム流の功利主義では――、その都度の快感をくり返し経験することと、苦痛をくり返さないようにすることのためになすべき身体の作動であり、それが自動化するようにと蓄積された慣習や制度のなかで、金銭という数量で登記され、いつでもその快苦を調整する源泉と交換できるようになっているもののことである。

そこでは、政治と経済も、コインの裏表の関係にある。犯罪をして服役する刑期の数の分の苦痛と、――あるいはイスラム教なら数を数えてする鞭打ち刑の苦痛と――、ローンを毎月返済する苦痛とに、どんな違いがあるだろうか。そこに、夏目漱石が『私の個人主義』で述べていたような、権力と金力で動く現代社会の諸相がある――それが社会に出るということ、「自分の居場所（エートス）」を見つけるということ、すなわち生きがいを感じるということにほかならない。

近代になって自然が数学によって表現されるようになっていたが、いまや金銭という、生活を条件づける経済的要素ばかりでなく、――あとで述べるように社会統計的数値としての政治的要素も含め――、すべてがデジタルデータによって知覚と識別不可能なほどに表象されるようになっている。とすれば、形而上学（自然的経験を枠づける諸概念についての学）的にいえば、――古代の「イデア（観念）」の存在論や近代の「事物」の認識論になり代わって――、数一元論が支配的になってきているといえる。

その結果として、いつかＧＤＰによる経済成長ではなく、デジタルデータによるＧＮＨ（国民総幸福量）の計算法が開発されて、幸福の総量による「最大多数の最大幸福」が目指されるようになる日が来るかもしれない――すでに「いいね！」の数が価値を帯び、フォロワーの数が金銭に交換されはじめているようにである。もし幸福がただの数であるということになれば、もはやひとは家族を、そして愛や権力や性を必要とはしなくなるのである。

4　社会のゆくえ

†世間

「社会とは何か」という問いに戻ろう。社会における居場所（エートス）を求めて、大部分の子どもたちは、学校教育の課程を終えたら「社会に出る」。これは、――フリーランスという選択肢も増えつつあるが――、就職し、労働することによって生活費を得て、それで生活するようになるという意味である。それに伴って、労働以外の多様な活動もするようになるわけだが、そのような場としての社会とは何かについて検討しておこう。

社会とは、さしあたりは、日本語で前近代から使用されていた語でいえば、「世間」のことであろうか、いわゆる「わたる世間」である。鬼はいるが、それでもひとは、ひとびとのあいだで生きている。孤島で一人暮らしをしていたロビンソン・クルーソーとて、衣服を纏《まと》って暦《こよみ》をつけるといったように、他のひとびとがいることを前提した生活をしようとした（岩尾龍太郎『ロビンソン変形譚小史』参照）。衣服や仕草や行動からして、どのように振舞わなければならないかは、他のひとびとの思惑《おもわく》を無視しては語れない。

社会という語自体は、明治期に「ソサエティ」の訳語として発明されたものであるが、最初は福沢諭吉によって「会社」と訳されそうになるほど、なじみのない語であった（柳父章『翻訳語成立事情』）。西欧では、「ソサエティ」は、もとより「社交界」のことを指すように、その地域に住むひとびとのなかの指導的立場に立つ一群のひとびとを指していた（レイモンド・ウィリアムズ『キーワード辞典』）。すべてのひとのことではない。政治、経済、文化、宗教といった分野で、なにがしかの決定権を有するひとびとの集まりであった。

社会において富を自分に集中させ、それを分配したり、ひとに地位を与えたり、裁判をしたりするのはもとより王であったが、そこに貴族や官僚や地主や大商人や金貸しや産業資本家（ブルジョワジー）が集まってソサエティを形成した。支配領域が広がり、国境という名で、すべての土地の境界が定まりはじめた絶対王政のころから、社交界は、産業の発展とともに、産業資本家の「市民（シティズン）」を含みながら、拡張されていった。

最後に、その国境線の内側に住むすべてのひとが社会に属していると理解されるようになったとき、ひとびとは従来の社交界のひとびとをエリートと呼び、――現代風にはメディアによる力も大きいので「セレブ」と呼び――、名まえのないひとびとを「国民（ネイション）」ないし「大衆（マス）」と呼ぶようになったという。

のちに大衆と呼ばれることになる民衆（ポピュレーション）や人民（ピープル）は、エリートたちの裁断を、いわば「お上の仰せ」といった具合に、自然条件とおなじように前提して生きていた。それをふまえ、近代法学の父であるベンタムは、法はひとびとに、あたかも自然条件のようにして、なすべきでないことをおのずからしないようにするためにあると考えた（拙著『ランド・オブ・フィクション』第一章）。

しかしながら、それが自然条件と異なっている点は、つねに適用されるとはかぎらないというところ、しばしばその内容が変更されるというところにあった。とはいえ、それに不満をもち、それを批判するのは、革命期まではエリートたちだけであったが。

†社会という概念

一九世紀、どんなひとも否応なく巻き込まれるようになった「社会」。社会とは何であろうか。労働の場というばかりではない、間接的な労働としての政治や経済や性の行動も一種の労働として含めて、そこにわれわれが社会と呼ぶ場がある。

しかし、それには時代の変遷があった。古今東西、二〇万年まえのホモ・サピエンスの時代から、ひとが集まればそこに社会があったなどとは考えないでいただきたい。集まったものをどのようなものと捉えるかによって、社会と呼ばれたり呼ばれなかったりしてきた。

主語になる概念の理解が異なっていれば、その述語についてどんなに議論をしても、思考はすれ違ってしまう。「社会」を一般的に人間の集まりを指す語とみなし、各時代、各地域に多様な社会があったと前提するのではなく、近代のひとびとが、「社会」という語で、ひとびとの集まる倫理的空間をどのように捉えてきたか、今後それがどのようなものとして意識されるようになっていくかということを問うべきである。

他の動物になぞらえて、人間は労働して生活に有用なものを生産するといったり、他の動物になぞらえて、人間は社会を形成するといったりと、昔のひとびとは、普遍主義的にいい加減な比喩を使ってきた。動物に見出だされるものは、イソップの時代から、人間の自己像の投影ないし反面像にすぎず、自己像は人間の理想として、それぞれの社会の道徳に由来するものにすぎなかった。しかし、「社会」という語の意味するもの自体は、近代に発している。

†社会化過程

アーレントは、『人間の条件』において、労働が家族においてなされていたころ、古代ギリシアには社会は存在せず、家長として、労働しない市民が言論によって自由に生きる場としての政治（ポリス的なもの）があったと述べている（第二章）。現在とは逆である。そこでは、それぞれの市民は、妻や奴隷や家畜や土地といった私的な富から生活に必要なものを作りだしていた。

ところが、すでに述べたように、近代において、家族は人間の再生産の場でしかなくなり、ひとは家族のそとの場としての社会で労働し、そこで賃金を得て生活に必要なものを購入するようになる。政治は、社会を安定させ、変化を方向づける社会の一機能にすぎなくなる。このような、生活を自前で営んでいた家族の衰退を、アーレントは、決して最近の現象ではなく、むしろ近代がはじまってからずっと引き続いている現象であると論じている。

では、社会という場は何に由来するのか。彼女によると、それは古代においてはポリス相互の同盟といった程度の意味でしかなかったが、古代ギリシア的な政治が衰退するとともに、家族が集合した巨大家族といったイメージで理解されるものになったという。王は、その巨大家族の家長である。中世ではまだ家族による生活の維持が中心であったが、分業の進展や金銭の流通とともに、特定の家族による支配がより広い地域の多くの民衆のうえに拡がっていった。

近代に入ると、囲い込み運動などによって、小規模な家族は土地から追いたてられ、離散し、生活のための活動から切り離されていく。家族（オイコス）の倫理（ノモス）が、経済、すなわち「ポリティカル・エコノミー（政治的なオイコスのノモス）」として再構成される。経済とは、社会という巨大家族の規範である。

資本主義の発展とともに、社会は、国家間の関係から、新たにひとつの国家と結びつきなおし、家長的な王の支配する諸領域が統合されて、国民国家と絶対王政が樹立される。そこでは、古代においては政治と家族という形で分離していた公私の関係が、社会と個人という対立に変換された。個人とはプライバシー、すなわち社会に露出させられた人間の姿の、社会から隠されたものとしての「内面」のことである——もはや家族は、生殖以外には不要となった。

わが国の場合はどうか。明治になって天皇を家長とする国民国家が形成されたのち、戦後には前近代的な家族が解体され、集団上京などで都市への人口集中が進んで核家族化し、それがさらに分解しつつあるところである。近代とは、人間をこうした「孤立した個人」へと追いたててきた過程なのであり、核家族は、その途上において人間を再生産する組織へと換骨奪胎されたものにほかならなかった。

歴史がもしその通りだとすれば、現代のこの核家族もやがて消滅し、『一九八四年』(ジョージ・オーウェル)に描かれたように、人間の再生(リフレッシュ)には、安全なドラッグが普及させられるであろうし、人間自体(子ども)は、『すばらしい新世界』で描かれたように、工場で再生産されるようになるであろう。人類はみな独身者となり、社会以外の生活の場は、裏返しにされた手袋のような「内面」としての、無限のネット空間でレジャーを楽しむことのできる一メートル四方のプライバシー・ボックスで十分であるということになるであろう。

とすれば、現代においては、ひとは社会との関係において、三通りの状況可能性のもとに置かれているといえる。

第一には、近代家族の神話のままに、ひとは愛によって支えられた家族のもとにあって、成長して一人前になるまでは庇護《ひご》されており、その後、欲望を介して利害と契約によって相互にとり結ばれる社会に属するようになる。クーリーの古典的定義によると、家族は「一次的集団」であり、テンニースによると、それは「ゲマインシャフト」であって、それに対して、契約と法律によって規定される「ゲゼルシャフト」があるというわけである（『ゲマインシャフトとゲゼルシャフト』）。

第二には、前近代的なあり方のまま、あるいはその復活が目指されつつ、社会とは拡大された家族であって、よりよい関係を築くに応じて助け合うような場であるとされる。「つながり」や絆《きずな》など、共同体の倫理が説かれるわけである。

第三には、すべてひとは個人であって、産まれたときから社会に直面しており、社会とは、家族も含め、生き馬の眼を抜くように互いに出し抜きあいながら、自分の生存を維持するための場であるとされる――これこそが、社会が今後変化していく道であるように思われる。

南米の貧しい国の孤児たちは、ストリート・チルドレンとなって、窃盗や恐喝や売春をしながら、ギャングたちの合従連衡の争いのなかで一〇代で死んでいくという。アフリカのある内乱状態の国では、襲われた村から誘拐された子どもたちが、洗脳され、武器を与えられて殺人し、爆弾を体に巻きつけられて一〇代で死んでいくという。

そこまでは行かずとも、家族のない子どもたちがどうなるか、孤児ならばそれを収容する施設はあるが、——最近わが国でも発見されつつあるように——、DVやネグレクトにあって死ぬ子どもたち、貧困によってホームレスになる子どもたち、連絡を絶つ数十万の若者たちがいる。

それらは例外的であると思われるであろうか。しかし先進国でも、以前は家族内で行われていた躾《しつけ》や教育が、社会のものとして取りあげられ、国民学校で画一的に行われるようになって久しい。そこでは、成績に向かって努力する態度や、集団内で調和的に行動する態度が訓育される。そのなかで、いじめという、教育される側相互のリンチすら交《まじ》えながら、子どもたちは従順で、労働する奴隷、ないし機械のようなものへと成長させられる——学校は、そうした社会的組織である。

学校が、子どもたちの個性を伸ばし、自由な発想で行動するように指導して、それによってそれぞれの個性にあった能力を発達させる組織であるとみなされているとしたら、それは何というファンタジーなのであろうか。学校がそのようなことをするとすれば、それは一部エリートのためであって、学校という制度には、そうする理由がないし、もしあえてそうしようとするならば、いよいよ学級崩壊が起こるであろう。

というのも、全員がエリートである社会とは、語義矛盾なのである。それで事実、子をエリートにしたい親たちは、高額な授業料の私立学校にやろうとする——みんな知っていることだ。

†過渡期の社会

いまはまだ家族が存続し、個人が社会としか対置されていない状況にはなっていない。その状況で子どもたちは、社会が大きな家族であるかのような錯覚をしながら育っていく。

家族関係とは異なって、各人が欲望を追求しながら、契約と法律によって出し抜きあう関係を知らないままに、SNSを使って友人を作ろうとして犯罪に巻き込まれたり、反社会的人間関係に引き入れられたりする。勤める企業が、支払う給与以上の仕事をさせるために残業をさせ、上司に従うように圧力をかけられて、過労死や自殺に追い込まれたりするかもしれないとは、知らないままに就活する。

今日では、家庭内での教育も躾も無力である。子どもたちはまず学校で、教師を通じて、またクラスメート相互に半自然発生的に生じた秩序によって学んだことを優先する。さらにはネット、なかんずくSNSを通じていきなり社会に開かれており、ルソーが推奨したような、社会から隔絶して情操を養わせる教育は不可能である。

何ということか、子どもたちは、実際にはそうでない社会の原型を、教師とクラスメートの関係やネットのつながりから学ぶのである。社会とは、巨大な学校であるとでも思っているかのようである。とはいえ、蛹《さなぎ》が蝶に変態するように、――というほどの美しいイメージとは異なって――、子どもたちは学校から社会に出て、やがて労働機械へと成り代わらされる。

かれらは映画『ブレードランナー2049』で描かれたレプリカント、機械と接続されたサイボーグに成るために生まれてきたのであろうか。そう、すべては学校やネットで植えつけられた記憶にすぎないのだ。父の記憶も母の記憶も、植えつけられた、実在しないものである――ただそこに男と女がいただけだ。

うまく変態しなかった子どもたちは、精神病院や刑務所や、生活保護を受けながらの小さなアパートの一隅で自分を見出だすことになるだろう。壊れたレプリカントは、病院や老人ホームのなかに、自分を見出だすことになるだろう。

たとえうまく社会に溶け込めたとしても、老親の介護のために職を辞して、その後に独居老人になって孤独死する若者たちもいれば、老親を介護施設に放置して、遺産分割のときにだけ集まってくる若者たちもいる――そう、いまは過渡期なのだ。世代ごとに人間性は変わっていく。

＊

近代以前には、生活必需品は貨幣経済に組み込まれず、家族内で生産し消費されていた。食べ物や着るものや家屋は、まず自分たちの生活のために生産された。それは労働というよりも、自分たちの身上監護であった。マルクスは、近代になってそれらが賃労働となり、労働市場の働きによって最低限の賃金しか与えられないようになっているのだから、労働は搾取されていると主張した。だが、それは、前近代の労働から見てのことである。

今日、大多数のひとは、社会に出て労働する。それ以外では生活できない。親の資産で生活するような富裕層や、労働の困難な状況にあるひとを除いて、ひとびとは労働する。労働して対価を得、その金銭で生活する——ただそれだけのことなのだ。前近代よりも豊かで便利な商品を享受しているのなら、それでいいのではないか。

社会とは、金銭という数一元論的な空間である。例外もあるにしても、一般には労働抜きには生活できない以上、対価を得るものとしての労働によって社会が成立しているといっていい——それは、「お金でできないことはない」とか、「お金がないと不幸だ」とかいうような話ではない。

なるほど、社会生活にはそれ以外の場面、さまざまな商品やサービスを消費するとか、仲間を作って趣味の生活をするとか、生活の困難なひとを支援するとか、労働とは呼び難い場面も多々あるのは確かである。だが、何をするにもお金が要る。自分に配分されている金銭で整えられるものによって、多様な社会生活が成立する。個人が社会に曝《さら》されるとは、お金によって量《はか》られる生活をするということである。

ボードリヤールなど、労働という「生産」よりも「消費」が社会を特徴づけているという議論もあるが（『消費社会の神話と構造』）、それはマルクスと同様、労働を生活必需品の生産とみなしているからである。ドゥルーズ／ガタリのいうように（『アンチ・オイディプス』第一章）、もっと労働を一般化して、消費は広告によって欲望が生産された効果であり、さらなる生産工程を稼働させるという意味では「生産」であると捉えるべきではないだろうか——生産をたえず極大化しようとし続ける「資本主義の無意識」があるだけなのだ。

第二章

国家

——社会は国家ではない

国家に強い執着を示すひとも多いが、この章では、それが近代において植えつけられた特殊な感情であったことを講じよう。国家の思いのままにさせるのではなく、なるべくそれに左右されない社会にしていくべきではないか。

1 民主主義の現在

†政治と社会

前章で、われわれはほとんど政治を無視して社会について語ってきた。しかし、世間では、概して社会という語で国家が論じられ、また国家という語で社会が論じられる。アーレントによると、「国家」の概念の由来する古代ギリシアの「政治（ポリス的なもの）」は衰退し、近代以降は「社会」が前面に出るようになり、そのなかで政治体制としての国家が理解されるようになっているという（『人間の条件』第二章）。国家（政治的なもの）と社会は、歴史に応じて異なった文脈にあり、異なった意味をもっているのである。

政治は、もともとは「ポリス的なもの」という意味であり、ポリスとは古代ギリシアの都市国家を指している。ひとびとが集まって、囲いを造って都市を形成し、その外では農作物を奴隷に栽培させ、その内側では、市場でさまざまなものを交換したり、安全な建物のなかで「市民」と呼ばれるひとたちが安楽な生活をしていた。かれらはそれぞれが自給自足していけるだけの富をもちながら、一家の主人、奴隷の主人として、ポリスの政治、立法と司法に関わっていた。

そこでは、政治とは、その市民たちが立法と司法において一人の王を戴《いただ》くか、少数者を「貴族」としてその合議によるか、地域ないし部族ごとに選出された人物による民会を開くかのいずれかによって、とり決めるべきことがらを裁断する「活動」のことだった。プラトン以来の伝統となっている「王制」、「貴族制」、「民主制」という政治体制の分類とは、たかだかそのようなことだったのである。

したがって、古代の「民主制」は、奴隷や女性を除いた「市民」の合議制にすぎなかった。国境によって領域を画定され、そのなかに膨大な人口を抱えた国民国家のもとにある現代社会とは、家族のあり方も経済的状況もまったく異なっている。とすれば、民主主義の説明に、古代ギリシア人たちの議論をもち込むべきではないであろう。

現代の民主主義体制では、ひとびとは、全員参加を理念とする「国民主権」のようなキャッチコピーのもと、議会や政府による、だれもが蒙《こうむ》る生活条件を規定する裁断を、支持したり批判したりする状況のもとにある。政治家たちも、政治から排除されている大勢のひとたちの処遇を巡って争い、「国民が納得しない」とか、「国民の総意によって」というレトリックによって、自分たちの意見を通そうとする——そのことの根拠はほとんど示されないが。

しかし、「国民主権」という概念は空疎であり、われわれは、たまたま選出された少数の政治家たちの裁断に、ひたすら従わされているという事実に直面させられる。なるほど、選挙があるのだから、そこには何らかの国民の希望や不安が反映されないではないということは否定できない。マキアヴェリが指摘したように、ひとびとの支持がなければ政権は維持され難い(『君主論』第九章)。しかし他方、歴史が教えるところによると、ひとびとの支持は宣伝の技法によって一時的には操作し得るものだし、もし恐怖の体制が一旦出来上がったりすると、どんなに不合理で迷惑な政治家であれ、その政権が維持され続けることが可能である。

政治に影響はしても、参与しない多数のひとびとがいる。それゆえ、裁断を下す立場のひとびとの集まりを一般化して、国家という名で、国境という閉じられた領域に住まうひと全員のありさまやその秩序を指すように捉えるのは誤りであろう。社会は、そうした政治体制としての「国家」とは異なる。今日でいう社会とは、全員が政治に参加する民主主義体制という名目のもと、ただひとびとが関わりあう、秩序と無秩序をあわせもつ混沌とした人間活動の場にすぎないのだ。

われわれは、国家に所属しているということを、どのような意味で理解すべきであろうか。国家が社会を下層や土台として支配するのでも、社会のなかに国家が生じて社会を統合するというのでもない。社会から区別されるべきものとしての国家の政治体制について、まずは明確にしなければならない。

†民主主義の原則

現代の民主主義体制は、一七世紀、イギリスのホッブズやロックによって、国家がそれを構成する全メンバーの契約によって成立すると主張されて以来、フランス革命に影響したルソーとベンタムの思想を経て、一九世紀にトクヴィルの『アメリカにおける民主主義』によってアメリカで実現されたと論じられるまで、模索されてきた——いまなお模索され続けている。

一八世紀末、フランス革命政府は、ルソーの弟子であることを宣言し、またイギリス人であるベンタムを名誉市民として遇した。ルソーは民主主義の理念としての一般意志を論じていたし、ベンタムは南北アメリカ諸政府の人民主権的憲法を起草していたからである。

民主主義の特徴は、社会を自由で平等な個人の集まりとみなし、その一人ひとりの意見が社会全体を規制する法律と政策の決定に反映され、かつその決定が一人ひとりの自由と平等を損なわないようにしなければならないとするところにある。

この原則は、国家ばかりでなく、社会の個々の組織においても理念として働いている。民主主義的でない組織は多数あるにしても、この原則に抵触するときには、ひとはしばしば内部的にも、外部に対してでも、告発することが肯定されている。

「契約自由」といって、当事者どうしが何でもとり決めることができるとはされるものの、しかしまずは契約自体が民主主義的なものでなければならず、それをあからさまに否定する人身売買や臓器売買のようなものは禁止される。家族という組織においても、従来は民主主義的であるかどうかは問われていなかったが、今日では、暴力行使やネグレクトが明確な場合にはドメスティック・バイオレンスとされ、行政が介入するようになってきた。

とはいえ、民主主義には、難しい問題が伴う。第一には、決定において、どのようにして、どこまで一人ひとりの自由と平等とが保障されるのか、第二には、そもそも自由と平等を両立させるのは可能なのか、どのようにしたら実現するのか、さらに第三には、一人ひとりの意見を集団的意思決定に反映させることができるのか、どのようにしてか、どこまでできるのか、そして第四には、——これが最も大きな問題であるが——、一人ひとりの意見を反映させたとして、その決定自体がよいものとなる保証はあるかという問題である。

一般に、多数のひとびとのあいだで何かをとり決めなければならないような状況において、その正しさは問題を解消するという点にある。そのことは、もはや問題が生じないという解決だけではなく、それ以降ひとびとが反発しないということを含む。すなわち、以前よりも多くのひとがよりよい状態になるというばかりでなく、あとでだれかがそれに不満をもって策動したりはしないということも含むのである。全員のなにがしかの参加を原則とする民主主義体制こそ、そうした条件を満たそうとするものである。

しかし、錯覚してはならないが、民主主義のプロセスを実現することと、よい決定がなされるということは別のことである。

そもそも、全員それぞれが自由に判断することで、必ず正しい決定が下されるということはない。J・S・ミルが主張したように、多くの意見が提出されれば、それだけ多様な問題点が指摘され、それをふまえた合理的な結論に落ち着くとはかぎらない。ベンタムが主張していたように、むしろ論点の違いは水かけ論となり、互いに多数派工作をしながら、疲労と時間切れによって誤った決定がなされるということが、しばしば起こる。アダム・スミスのいう「見えざる手」(『国富論』第四篇第二章)のようなものは、政治の場面では働かないのである。

チャーチルの名言として、「民主主義は最悪な政治である、ただし民主主義以外の体制を除けばである」というものがある。制度としては理想主義的であるが、その具体的実現については矛盾が多く、正しい決定がなされ難いという意味であろう。

†精神の平等

チャーチルのような優れた政治リーダーが登場すれば、民主主義はもっとよく機能するに違いない。だが、それはどうやってか——チャーチルも戦後すぐに落選してしまうのである。

近代市民社会の構成原理を与えたホッブズは、人間が身体能力においても、精神能力においても、事実上ほぼ平等であると論じている（『リヴァイアサン』第一三章）。それは、平均的な能力のひとに較べて、そのいずれの能力であれ、二倍を超える能力をもっているひとはいないという程度の意味である。つまり、どんなに優れたひとがいても、二人がかりになれば、そのひとの能力を凌《しの》ぐ。こうした、精神能力が平等であるとするかれの説が正しいとすれば、だれが政治リーダーになろうと、大なり小なり似たような決定をするということだろうか。

身体能力の比較は簡単である。競争させてみるとよい。できるできない、ないし効率がよい悪いということは一目瞭然である。ところが、精神能力（知恵）については、こうした比較は困難である。なぜなら、知恵の多寡《たか》については、知恵のあるひとでなければ判定できないからである。判定するひとの能力が高くないと、その差異があきらかにならない。知識についてであれば、試験のようにしてパズルやクイズを解かせてみれば順位をつけられるであろうが、その能力は知恵とは別物であるように思われる。

知恵は、何らかの出来事のなかで生じた問題に対して、いかに適切な判断を下すかというところに現われる。たとえば自動車の運転のように行動がルーティン化されたものであれば、シミュレーションによってその能力は判定できる。しかし、新たに出現してくる独特の出来事に対してする判断はどうなのか。遭遇したこともなければ、シミュレートしたこともないような出来事のなかで、──『ハドソン川の奇跡』(クリント・イーストウッド監督、二〇一六年)で主題にされたことだが──、だれが最も適切な判断をすることができるか、その知恵こそが問題なのである。

しかるに、ホッブズのいう平等な精神能力は、せいぜい「平和を求める方が戦い続けるよりは生き延びやすい」という自然法的な推論ができる程度でよいものだった。その結果、すべてのひとは社会契約を結び、自然権を捨ててひとつの権力に服従することになって、自然状態が終わるときが来るのだからである。

それにしても、その権力を委《ゆだ》ねられた王が、正しくない判断ばかりをするとしたら?──そうは、ホッブズは問わなかった。かれの考える国家には、自由なひとびとの知恵を集めて統治がなされるという理念が含まれてはいなかったからである。

むしろ、遡《さかのぼ》ること一〇〇年、マキアヴェリは、自由なひとびとの国を征服した場合、その市民を抹殺すべきであるとすらもらしていた(『君主論』第五章)。自分の判断で国政を決定した経験のある市民たちは、権力に服従せず、復讐しようとして危険だからであるというのがその理由である。自由なひとびとの知恵よりも、君主の知恵こそが重要だということである。

ホッブズにとっても、統治の正統性こそが重要だった。各人の放棄した暴力を集めて巨大な恐怖の権力、リヴァイアサンという怪物的人工人間が生みだされ、それによって統治が実現することが重要だとされた(『リヴァイアサン』序説)。

しかし、ホッブズのあとの哲学者たちは、統治がありさえすればよいのではなく、自由なひとびとのあいだで合意されることが必要であると考えるようになる。

たとえばスピノザは、マキアヴェリは自由な市民の味方であって、圧政に対して警告していたのだと解釈し、国家による統治が成立しても、自由な市民からなる国家と、征服された奴隷からなる国家とでは価値が異なると指摘している(『国家論』第五章)。さらにロックは、ひとびとに自由な思考と抵抗権を留保して、圧政に対しては、国民は戦争状態に入ってよいとしている(『統治論』第一九章)。

民主主義は、一八世紀になると、単なる統治の成立においてだけではなく、個々の政治的決定において全員の合意が反映されるというところに存すると考えられるようになる。その意味での「全員の合意」が、ルソーの「一般意志」という理念によって、決定的なものとされたのである。

†多数決の論理と倫理

意志——どんな法律や制度を作るか次第で社会が辿る道も変わってくるのだとしたら、社会のなかにそうした「意志」的な要素があって、それが政治と呼ばれるものなのだろう。

ルソーは、一度の全員一致の合意によって、集団でとり決めたことを自分の意志とするというプロセスを経たならば、そのあとには、その決定は自分の決定でもあるのだから、だれもがそれに従うはずであると主張した(『社会契約論』第一篇第五章)。具体的にいえば、多数決をとるまえに、全員一致で「多数決をとってその結果に従う」という合意をしておけば、その多数決がどんな結果になろうとも、それに反対するようなことは、最初に「その結果に従う」と決定した自分に反対することになるのだからあり得ないというわけである。

今日でも、選挙で投票に行かなかったひとは、選出されたひとたちの決定に従わなければならないと主張するひとがいる。だが、ルソーの論理では、一度の全員一致の合意が必要である。選挙する側のひとにとっては、「投票で選ばれたひとたちが決定する」ということについては事前に合意をしてはいないのだから、当選したひとたちの決定に従わなければならないわけではない。そのことは、落選したひとに投票したひとにとっても同様である。

一般意志論においては、現実に全員が合意しているということより、あとでそれに反するひとが出ないという決定プロセスに重きが置かれていたように思う。そのプロセスは、権力や利益の分配の関わる裁定において、不満が出にくいという点では、その集団にとってよいことであろう。

とはいえ、一旦決めたことに反しないでおこうとするのは、自分が決めたことに従うという「理性的な振舞」をよしとするようなひとたちだけではないだろうか。過去に自分がした決定の責任にこだわるのは、ロックのいうような、それをしなくては人格ではないとする西欧的な倫理によってであるにすぎない(『人間知性論』第二巻第二七章)。

そうした振舞い方に倫理的価値を認めないひとたちにとっては、どんな決定プロセスをとろうとも大差はなく、むしろ、一般意志の理念は、——ファシストたちにとってのように——、自分の利害に反しても集団の決定に従おうとする生まじめなタイプのひとびとを操るのに有用な理念なのであった。

†多数決の暴力

しかし、事実上においても、ひとびとは、ルソーのいう論理には従わないであろう。概して、多数決の結果が自分に都合がよさそうであるという見極めができるまでは、ひとはなかなか多数決をとることに同意しない。多数決をとるまえに、多数派工作をしたり多数派に譲歩を迫ったりもする。あるいは、多数決をとったあとになって、不本意な結果だった場合にはその組織から脱退するという権利、組織の意義を否定する権利を留保しておくだろうし、あるいは目だたない不服従行為をするつもりでいるかもしれない。

逆に、尋ねよう。ひとは自分の決定したことに、必ず責任をとらなければならないというのは、どうしてか。

功利主義者のベンタムならば、快を求め苦を避けるという人間像のもと、それをすることによって信用を得て、よい対人関係や顧客をもつことが将来の快に繋がるからだと答える。かれはそれを、一種のファンドだと述べている（『義務論』）。各人が、責任をとるかとらないかを留保することは、当然のこととして認められている。

しかし、ロックやルソーやカントなど、人格を前提する哲学者たちのいう合意とは、合意したあとに合意したことを記憶しておき、かつその合意内容を履行《りこう》するという態度を無条件に要求するような合意である。つまり、多数決に合意したのに、その決定に従わないといった行動をとるならば、他のメンバーたちが当人の人格性を否定するという恐ろしい合意なのである。

カントは、道徳法則として、他の人格を決して手段としてのみ扱ってはならないと述べていたが（『道徳の形而上学の基礎づけ』第二章）、そこには仮言命法が隠れていたのであって、もし相手が人格ではないとしたら、手段としてのみ扱って差し支えないということが含意されていたわけだ!

要するに、そのような非人格的なことをするのはケモノないし「非人間」なのだから、追放しても、暴力をふるってもよいというわけである。そうした理由づけによって、アメリカン・ネイティヴたちは、居留地へと追いやられていった。この無言の追放や暴力の脅かしは、ひとを容易に合意に従わせることができるのだが、ルソーの論理は、ロックの人格論を下敷きにした、少数派(マイナーなひとびと)の抑圧に都合のよい論理だったといえなくもない。

それにしても、「一度の全員一致の合意」とは何なのか。それは、多数決の結果に従いそうのない側の有する対抗手段の有害性が、多数派による決定に伴う暴力的効果を上回りそうにない、つまり対抗措置を打ち消せるだけの効力があるということの確認にすぎないのではないのか。少数派は、多数決をとろうと発議されたとき、それに同意するとすれば、微かな賭けに出ているのだが、たいていの場合には自分たちが少数派であったことを顕在化させられるという結末にいたるだけである。

とはいえ、そんな場面は多くはない。現実の人間関係は、西欧においてすら、ロックとルソーの論理に反している。西部劇を観ればよくあるように、いつも責任をとってきた信用あるひとよりも、言葉巧みなひとや、荒くれ者のいうことを聞く登場人物が多い。あるいは、わが国では、柴又の寅さんのように(山田洋次監督『男はつらいよ』一九六九〜九五年)、責任をとらなくても愛されて、面倒を見ようとするひとたちがつぎつぎに現われるような人物もいる。
わたしは、全員が対等な関係であって、かつ事実上も全員一致で決定に従うと決める場合がまったくないといいたいわけではない。ハーバーマスが望んでいるように（『コミュニケーション的行為の理論』）、合理性を重んじる強靭な精神のリーダーが必要な場合もあるだろうし、とりわけ戦争や災害などの危機に際しては、そうしたことが起こるであろう——あとで後悔しないとはかぎらないにしてもであるが。

†民主主義の根本問題

ルソーのいう一般意志は、政治的決定にすべてのひとが参加して、その手続きによって社会全体のあり方が決定されなければならないという理念であった。疑義は残るが、これによって手続きの、いわゆる「公正さ」は担保される。しかし、それによって決定されることが「正しい」かどうかは別である。

代議制民主主義においては、選挙を通じてひとびとの意見が反映されることが目指されている。ひとびとは候補者たちが掲《かか》げる意見を評価することで議員を選出する。そのとき選ばれる政治リーダーは、正しい判断をすることのできる、知恵のあるひとが望ましい——プラトンは、政治家が哲学者になるか、哲学者が政治家になる必要があると説いていた（『国家』第五巻）。

しかし、選挙によって選ばれるのは、必ずしも知恵のあるひとではない。選挙制度は、最も知恵のあるひとが選ばれるような制度ではない。そのわけは、知恵があるかどうかは知恵のあるひとによってしか判別できないため、大多数のひとびとには、どの候補者が最も知恵があるかは分からないからである。

政治リーダーが選ばれるのに、賢さはひとつの基準となるであろうが、実際には賢い人物が政治リーダーになることは多くはない。政治リーダーを選ぶ基準は、感じのよさや、話をよく聞くことや、頼りになりそうな見かけや声など多様である。勢いがよいとか、家柄がよいとか、愛嬌があるということも入り得る。そのなかのひとつとして賢さもあるのだが、多くのひとが、自分より賢いということがどういうことかを理解できないので、学歴の高さとか言葉の使い方という賢さの指標を頼りにする。

学歴は詐称かもしれず、あるいはその大学に在籍しただけで不勉強であったかもしれず、言葉は半可通の外国語だらけの表現であったり、有能なひとの作文をそのまま使ったりしているだけかもしれない。賢くなくてもいいと考えるひとは少ないであろうが、思いつきの底の浅い暴言を、ひらめきのある率直な物言いとして評価するひとたちが大勢いる。したがって、政治リーダーが選ばれる場合には、最も知恵のあるひとよりは、最も知恵があるように見せかけられるひと、つまり大多数の選挙民を欺きやすいイメージやスローガンを思いつくのが得意なひとが選ばれやすい。

住民投票のように多数決によって政策を決定する場合も同様である。投票は、決定の方法としては穏当であるが、しかし、愚かな決定になりやすい。愚かなひとが多数派なのだからである。自由で平等な個人による対等な関係の集団における公正な決定が、必ずいつも正しいものとなる理由はない。

民主主義とは、したがって、知恵とは無関係に、何らかの全員の関与によって、特定のひとに権力を与えるという制度なのである。いうなれば、みこしを担ぐひとは身体能力の優れたひとを選べばいいのだが、みこしのうえに乗って指示を出すひとは、軽くて声の大きいひとがよい。諸個人の判断から出発しながら、よい政策が決定されるということ、よい政治リーダーが選ばれるということは、民主主義という制度にとってのパラドックスなのである。

民主主義は、今日の最も進歩した政治体制だと考えられているが、公然とこれを否定している国もある。民主主義がよいものである理由は、その原則通りに施行されれば、不満をもつひとが少なくなるという点にあるが、そのことが社会をよいものにするとはかぎらないし、よい社会を構想して実現しようとする賢い政治リーダーを選ばないという傾向すらあるように思われる――だから、民主主義にはファシズムがつき纏う。

†政治リーダーと知恵

以上のような問題が近代において問いに付されなかったのは、近代的人間像における啓蒙主義、ひとはみな理性を平等にもっており、学問することによって精神能力は無際限に向上するという理念があったからである。

ホッブズも精神の平等について述べたあと、――少数者のことであると限定しつつではあるが――、学問については別であるとつけ加えている（『リヴァイアサン』第一三章）。学問によってひとはみな高度な精神能力を身につけることができるのだから、選ばれるリーダーの賢さの水準も、文明および学問の進歩に伴って上がっていくということだろうか。

しかしながら、そうした啓蒙主義的な理念が正しいにしても、少なくとも、すべてのひとが成人になるまでに努力して、事実上、同等に高度な精神能力をもつにいたるとはいえそうもない。

なるほど、近代化途上のしばらくのあいだは、貴族や産業資本家（ブルジョワジー）たちが支持する精神能力の高い人物が政治リーダーになっていたかもしれない。だが、かれらが没落したのち、二〇世紀前半、ファシズムが到来して、ようやくだれもがその問題に気づかされることになる。ひとはみな理性的主体になるという近代的人間像は、虚構だったのである。

普通選挙法が施行され、その地域に住む成人の全員が投票するようになって以来、選挙によって最も知恵のあるひとが政治リーダーとして選ばれることが、いよいよ考えにくくなってきた。衆愚制（ポピュリズム）は、民主主義の病理ではなく、その本性である。そこから、ヒトラーのような独裁者が生まれ、軍や党による権力横領が起こる。

今日の政治リーダーは、精神的能力の優れた人物であるとは考えられていないし、子どもたちも、将来の職業として政治家を選ぼうとは思わない。選ばれるのは「人間商品」（ジャン＝マリー・ゲーノ『民主主義の終わり』第二章）にすぎない。ひとびとは、何らかの大きな問題のもとで社会が混乱したときには強いリーダーを求めるが、それでも、政策のキャッチコピーの印象強さと、それを実行するのに必要な優れた精神能力とのずれを、気にはしていないように見受けられる。

†ファシズム

フロムが、ファシズムを、大衆が「二次的絆」を求めたためとして説明したとき、それは没落する中産階級が、家族という一次的絆を社会に見出だそうとしたという意味であった（『自由からの逃走』第五章）。ファシズムとは、社会が前近代の「拡大された家族」に戻ることであるというのである。

かれは、ひとが理性的主体として社会に繫がるという近代市民社会の理想を捨てずに、ファシズムを「前近代の復活」とみなそうとしたが、それによって、外国との戦争を導いたり、国内にさまざまな収容所を築いた近代国家の現実を覆い隠すことになった。そこに生じる暴力は、社会全体を家族にしようとする前近代的なものに帰着させられた。

なるほど、パターナリズム（父権主義）ともいうが、暴力とは、家長がもつ前政治的な力だった。アガンベンのいう、「剝《む》きだしの生」における生殺与《せいさつよ》奪《だつ》権である（『ホモ・サケル』序）。アーレントによっても、暴力とは、生きていくのにやむを得ないものとなるさまざまな必然性から自分を解放するために、家族を形成し、他人を奴隷にすることであるとされている（『人間の条件』第二章）。

では、近代社会に、暴力はあり得ないのか。かつて近代市民社会の理論を構築した哲学者たちは、こうした曖昧な社会状態を一瞥《いちべつ》するだけで、大急ぎで通り過ぎようとしていた。「社会契約」というひとことがありさえすれば、暴力の蔓延する流動的な自然状態が一挙に凝固して、正統的な統治が出現するとされたのであった。

しかし、逆に、ひとが直接的に社会と繫がるというのは、近代哲学が描いた幻にすぎなかったのではないか。個人が相互に同時に一挙に全体的にとり結ぶ契約——こうした想像もつかないようなすさまじい過程を、どうしてあり得るものとひとびとが信じたのか分からない。カントは、驚くべきことに、一人ひとりが道徳法則を目指すという、たったそれだけのことで「目的の国」が実現すると論じている（『道徳の形而上学の基礎づけ』第二章）。

さすがにヘーゲルは国家を、「欲望（欲求）の体系」としての社会から区別してはいるものの（『法哲学』第三部）、それを克服してできる国家という特別の社会状態は、それこそがファシズムだったのではないだろうか。それは決してわれわれの社会ではないし、大多数のひとがわれわれの社会であってはならないと思っている社会なのではないだろうか。

†権威主義的人間

ファシズムはしばしば、大衆社会論的文脈から理解されてきた。つまり、社会体制は、本来は理性的な主体の合理的判断によって形成されるのだが、すべてのひとが理性的主体になるわけではなく、政治に参加するひとの数が増えて、情念を押さえる訓練のなかったひとびとの多数決の暴力が生じる結果、非合理的な決定を下す権力者が出現するとされるわけである。

フロムによると、ナチス・ドイツの場合は、第一次大戦後に戦勝国から課せられた過大な賠償金のせいで没落しつつあった中間階層のひとびとが、それを挽回《ばんかい》させると約束するナチスの宣伝に飛びついたばかりでなく、豊かで誇り高い社会を導いてくれるというヒトラーへの個人崇拝に向かったのだという。

「没落しつつある」という点が肝要である。それを食い止めるためにはひとは何でもしようとするであろうし、少なくとも精神のうえで自分を誇りにすることのできる代償を求めるだろう。一瞬の経済的復活によって、アウトバーンを走るフォルクスワーゲンを運転しながら、中間階層のひとびとは、ヒトラーの「優等民族」の妄想の世界のなかに入り込んでいった。

こうしたひとたちを、フロムは「権威主義者」と名づけ、中間階層のひとびとの性格として分析した。このひとたちは理性が不足している分、何ごとも二分法的に思考する。白か黒か、強いか弱いか——いくつもの対立項が相互に作用しあって複雑な事象を構成するとはみなさずに、容易に看《み》て取れる極端な現象で、すべての現実の諸現象を覆い隠してしまうのだ。

ヒトラーが、一九二三年、ミュンヘンのビアホールで、「ユダヤ人移民が流入してドイツ経済が崩壊しつつある」と演説し、「ユダヤ人を排斥しろ」と絶叫し、それを聴いたひとびとは熱狂して、おなじ言葉をくり返して叫んだという。ハッキングによると、そのとき実際にはユダヤ人移民の統計はとられてはいなかったという（『偶然を飼いならす』第二二章）。その絶叫は、ヒトラーの単なる想像から出たものでしかなかったが、それがホロコースト（ユダヤ民族大虐殺）と第二次世界大戦の敗戦まで、ドイツのひとびとを引っ張っていったわけである。

この件はあとでもう一度取りあげようと思うが、いまこれを読む読者は、それをどのように受けとめるであろうか。なるほど大衆は非理性的で困ったものだと思われるであろうか。とすれば、読者は自分を理性的な主体であると捉えているわけだ。他方、なるほど事実を確認してしっかりした判断を下すべきだと思われるであろうか。とすれば、読者は自分を大衆として捉えているわけだ。

だが、いずれも間違っているように思う。「本来は理性的主体によって構成されるべき社会体制を大衆現象が歪めている」というように前提しているのだからである。

当時、ヴィルヘルム・ライヒは、「大衆はファシズムを欲望する」という意味のことを述べていた（『ファシズムの大衆心理』）。つまり、ヒトラーのような危険な政治リーダーに操られてファシズムが生じたのではない、ひとびとはヒトラーのような強い政治リーダーを望んだのだし、——民主主義であるとしても——、それが社会体制というものだと、かれは考えていたのである。権威主義者が普通の人間であり、理性的主体の方が変人なのである。

権威主義は、どの階層であれ、社会から排除されかけたひとびとのとる態度のひとつであるように思われる。フロムのように、性格の問題として、一人ひとりにそれをやめるように呼びかけても仕方がない。むしろ、そういうひとたちが一定の比率で出現するのが社会なのだと考えるべきではないだろうか。

ドイツと日本が第二次世界大戦を惹き起こしたのは、その社会がファシズムだったからではないし、ましてファシズム化しやすい民族性などというものがあったわけではない。国際情勢抜きに、そのことを理解してはならない。国家どうしが対立するときには、それぞれの国内事情との連関で、ある社会はファシズム体制へと移行する。理性を介しないままに、教育とメディアだけで「一般意志」が樹立される。とりわけ、現代において戦争をはじめようとする国は、——たとえ防衛戦争だと説明されるにしても——、いずれもファシズム社会なのである。

†ポスト・トゥルース

ファシズムにならないためにも、多くのひとが、しっかりとした事実や知識を得たいと考えているに違いない。だが、その識別基準は、今日いよいよ混沌としてきている。どんな事件に対しても、マスメディアやネットにおいて、底の浅い、こなれていない解説とバイアスのかかった意見がつぎつぎと呈示され、ひとびとはその真相を知ろうとして右往左往させられる。

正しく判断するためには、状況を問題の源泉から思考する学問的方法を学んでおかなければならないと、よくいわれる。近代においては政治家、官僚、医師、学者、ジャーナリストたちが、学識を管理運営していたので、ひとびとはそうした専門家の意見に耳を傾けていればよかった。フーコーが論じたように、一九世紀ころに「科学者階層」が出現して、学識と権力が結びつき、「専門人」になることが権力をより多くもつことにも繋がるようになった。大学を出たひとたちに対して、一般人はその知的権力を受け容れて、従うだけだった。それで、多くのひとが子弟を大学にやろうとしたのだった。

だが、現代は、そうではなくなりつつある。大学はまだ存続しているが、いまはインターネットの時代である。そこでは、一般人が専門人に反逆する。専門人が権力をもっていたのは、かつて教育や政治においてであったが、現代のひとびとはネットの匿名の知識、というよりは、真理や事実が重視されない「情報」を当てにして、もはや専門人に問いあわせようとはしない。

ネットの情報は、剽窃《ひょうせつ》と想像に満ちている。著作権無視の引用をとり混ぜて「本当らしいこと」が書かれているウィキペディアがその代表である。一般人は、ネットのなかから自分に都合のよいものだけをとってくる。読者の関心にあわせて表示するコンテンツ連動型の配信や、読者のネット上の行動を追跡するターゲティング型の配信によって、自分が読んだ記事に類似する記事ばかりが眼にふれるようになっているのに、自分の知っていることが世界の常識だと思い込む。

ガリレオ・ガリレイの「それでも地球は回っている」という逸話のように、だれも賛同しなくても時代と文化を超えた普遍的知識を求めるといった情熱は忘れ去られ、一〇〇人ないし数万人からの、即断された「いいね！」によるドーパミン（脳内快感物質）放出のために、真偽の怪しい情報が「拡散」される。

それを煽動《せんどう》するひとたちは「インフルエンサー」と呼ばれており、お金を稼ぐためにフェイクニュースを流したり、モラルに反することをして炎上させたりまでもするひとたちである。炎上することによってさらに注目されることをすら狙う。企業や店に対して金銭や特別待遇を要求したりもする。ユーチューバーになりたい子どもたちが増えているそうだが、そうした新たな利権の出現を、密かに感じとっているのであろう。

メディアもまた、そのようなひとたちのために、事実と虚偽、知識と妄想をないまぜにした情報を、際限なく供給する。本来はジャーナリズムとして、事実を報道して、ひとびとが公正な意見をもつことを支援するとされていたメディア自身が、ネットを見ることをもって取材と称し、ネットのお先棒をかついだり、ネットを炎上させるのに一役買っていたりする——映画『スポットライト　世紀のスクープ』（トーマス・マッカーシー監督、二〇一五年）のようなわけにはいかないのだ。

もしひとびとが知識を崇拝せず、真理や事実をどうでもよいと考えるようになるならば、それによって専門人の権威は失墜し、権力は失われる。知識に根拠づけられない情報に左右されるひとびとの意見によって政治家や官僚が動くようになれば、専門人と政治は分断される。かくて専門人は没落する。

「ポスト・トゥルース」といわれるが、——マーシャル・マクルーハン以来いわれてきたように（『メディアはマッサージである』）——、ネットという「煽《あお》る情動のメディア」のもと、大衆の非論理的で情動的な声を反映した政策が一世を風靡《ふうび》する。これを前近代への退行とみなすべきか、それとも、――ヘーゲルはそうした語の使い方には反対するであろうが――、何らかの「アウフヘーベン」とみなすべきなのか。

2 社会状態論

†政治思想

われわれは、現代社会を、当然のように民主主義社会として論じてきたが、政治思想には、民主主義ばかりではなく、共産主義、国家主義、厚生主義（功利主義）といわれるものもある。それらの政治原理は、検討するに値《あたい》しないのだろうか。

マルクスの提唱した「共産主義」は、ルソーやトマス・モアにまで遡る。ヘーゲルの定義した「国家主義」は、スピノザやホッブズにまで遡る。フーコーの批判した「厚生主義」は、――よい意味では「福祉国家」の原理であるが――、ベンタムやバークリに遡る。同様にして、トクヴィルの紹介した「民主主義」は、J・S・ミルやロックに遡る。

そこには、人権思想や平等思想や個人主義思想や優生思想や進化思想や精神医学や自由放任思想といった近代思想ばかりでなく、中世以前の魔術的思考や呪術的思考や超能力思考や占星術的思考やヒロイズムが絡みあっていた。

哲学者たちの著書のなかでは明確な説明が与えられるにしても、現代のひとびとの心のなかでは、それらの思想がごった煮のようになっている。実際の政治体制も、それらの思想のアマルガム（合金）のようになっている。

古来、ひとびとは、立派な政治リーダーや、あるべき社会制度についてばかり語ってきた。近代になっても、理想の社会を想定し、それで平和と繁栄が実現される政治思想ばかりを語ってきた。実際の社会が、そのネガティヴな影絵のようにしか見えないにしてもである。

政治思想とは、政治そのものではなく、政治のよし悪しを評価する基準についての思想である。その基準の違いは、万人の平等や、争いのない共同体や、個人の自由や、一定水準の豊かさなど、政治の目指すべきものの違いに由来する。

一方、ひとびとの思考の対象は、眼のまえの生活条件にある。ひとは、自分自身がより安全で健康で豊かで便利であるための条件について思考する。しかしまた、ひとはそこからしばしば飛躍する。自分では決定できず、実行できないような、生活条件を規定するものについて思考する。自然的条件については、自然の成りゆきや法則について、道徳的条件については、他人の行動や心理について思考する。

そのとき、政治とは、法律や政策といった、自然でもなければ、個々の他人の判断でもなく、全体として決定されたことで自分の生活の前提が変えられてしまうような事象についての条件である。場合によっては、直訴したり、集まってスローガンを叫んだり、暴力を使って変えさせることができる。それゆえ、ひとびとは、そこに住まうひとびとの生活をおしなべて変える条件を巡って争う。それを一人で変えさせることは、独裁者でもないかぎりは不可能であるが、まったく変えさせられないわけではない「政治的条件」がそこにある。

人間が集まると何がどうなるのか。これまで確立されてきた政治思想には理想があるが、政治思想のそうしたベールをはぎとって、欠陥としての社会ではなく、事実上の社会について語るべきではないだろうか。政治思想がよい統治を構想するのに対して、「政治の現象学」として、その対象とされる社会がどのようなものかを記述するべきではないだろうか。

†空気

むしろ、もはやだれも主義としては唱えないファシズムこそ、民主主義に隣あっているように思われる。それが何か、ファシズム社会とまではいかずとも、組織という閉じた集団で起こることについては、われわれは、少しだが知っている。学生紛争のあとの赤軍派の事件など、革命を目的とする組織が山中でつぎつぎと仲間を殺していった。

あるいはアメリカで二〇世紀後半に行われた「スタンフォード監獄実験」や「第三の波」事件も知られている。それぞれ『エクスペリメント』（ポール・シュアリング監督、二〇一〇年）、『THE WAVE ウェイブ』（デニス・ガンゼル監督、二〇〇九年）というタイトルで映画化された。

スタンフォード大学では、実験と称してアルバイトで雇ったひとを看守役と囚人役に分けて地下室に閉じ込めて、六日間のあいだ、何が起こるか観察された。ただのくじ引きで決めた役割を、かれらは本気の虐待へと進めていった。

「第三の波」とは、高校教師が生徒たちにファシズムを理解させるためにはじめた運動であった。細かい規則やシンボルを決め、それに従わせるという運動を開始したら、みるみるうちに全校に広がってしまい、差別や排除や虐待が生じたという。

こうした事例は、——被験者に電気ショックを与えるように命じるアイヒマン実験も有名であるが（ミルグラム『服従の心理』）——、決して例外的なものではないであろう。しばしば到来する統治のない社会——それは単なる混沌、ホッブズの論じた「自然状態」なのであろうか。

一般には、そうした事態は、しばしば起こるものではないと思われている。組織を変化させるとしたら莫大な努力が必要となり、失敗して組織が分解する可能性も大きいので、多くのメンバーは従来通りであることを望んでいるからである。組織が分解しないように互いに規制しあう空気が醸成され、それによって長老なり事情通なり、あるいは粗暴な性格や剽軽《ひょうきん》な性格や八方美人の性格の、ひとたらしの人物が権力をもつことが多い。

とりわけ、だれも抜けだすことのできない組織においては、互いに居心地の悪いことにならないようにとそれぞれが動く結果として、奇妙な空気が醸成され、全員が居心地悪い状態になるというパラドクシカルな状況を作りだしてしまう。

ずっと問題とされてきながら、いまだに解決されていない学校でのいじめもそれであろうか――そこにしっかりとしたおとなたちがいれば、もっと違った風に展開するのだろうか？

とはいえ、人間には理性があるのだから、話しあいによってだれも不幸にはならないような合理的な措置がとり決められるというようには、実際はならない。理性の働く組織は、むしろ僥倖《ぎょうこう》のように思われる。

†社会状態

争いは、いつ、どの社会でも起こる。それを軍隊や警察の力で抑え込むこともできるし、民主主義のように合議によって抑制することもできる。それは主義、すなわち政治原理の主題ではあるが、「どのようにしてそれを抑制するか」ではなく、そもそも「どのようにして争いと抑制が生じるか」と問うべきであろう。

社会状態についての理論は、有史以来、古今東西、いたるところで現われたが、その多くは神話的なものであった。神々の物語、英雄たち、賢者たち、聖人たちの物語であり、それらを通じてひとびとは、「どのように生きるべきか（当為）」や、「何のために生きるか（価値）」を思考した。そのときの思考が、単にそれらの神話から何らかの命令や指令を読みとることでしかなく、あるいは逆に「命じること」を真似ることでしかなかったにしてもである。

古代において神話と歴史とは相重《あい》なっており、人間の事績は神々の歴史とのグレーゾーンを経て出現するものだった。古代ギリシアの「オリュンポスとタイタン」、古代中国の「天帝と聖人たち」、古代日本の「高天原とアマテラス」のようにである。

それらは、統治の理由や権利を不問とさせるような語り口のもとにあった。つまり、なぜひとは他の何ものかの命に服し、それを恩恵として受けとらなければならないかという理由について、考えさせないようにする物語であった。

それは、あの古代ギリシアですら、ソクラテスが刑によって毒杯をあおいだように、同様であった。古代ギリシア人たちは、どの文明におけるよりも論理的に正義がどのようなものであるかは論じたが、正義がどのようにしてはじまるのかについては、ほとんど思考していない。

古代ギリシア・ローマに還《かえ》ろうとしたルネサンスにおいては、一四世紀ダンテから一六世紀マキアヴェリまで、「君主」の善悪とその政策の是非について論じる伝統があったが、社会状態の成立根拠を明確に問いにするには、ホッブズを俟《ま》つ必要があった。ホッブズが初めて、正義によって社会が形成されるのではなく、社会によって正義が成立すると主張した。だから、かれが近代国家の理念の創始者なのである。

ホッブズによると、自然状態には、そもそも正義という概念はない。ひとは生きるために何をしてもよい。そこに社会が形成されるのは、戦争を避けようとする思考によってである。その結果生じてきた社会において、その秩序を維持するためのルールが、正義と呼ばれることになるのである（『リヴァイアサン』第一五章）。

したがって、権力は、暴力によってのみ成立するのではない。それは、正義を規定することで成立する。それが一旦成立した社会には、ただちに財産と地位の配分の仕事が発生する。政府という権力組織のルール作りに応じて、全員の富を特定の特性をもつひとびとや特定の地域のひとびとに権利として分配し、また組織のルールを決める地位を、それぞれだれかに分配する必要があるからである。そして、その決定を維持するための司法や行政の装置が整えられる。こうした機序を含めて、政治権力の成立を理解しなければならないのである。

†自然状態

ところで、社会状態とは、自然状態に対比される「社会である状態や状況や条件」のことであるが、とはいえホッブズ自身、そしてロックも「社会状態」という語は使用していない。かれらが「自然状態」について論じたのに対し、——「状態」という語もホッブズが「ステイト」でロックは「コンディション」としているが——、後世のひとびとが、かれらの議論を「自然状態から社会状態への移行」において、社会とは何であり、どうあるべきかを論じたとみなしたのである。

しかし、そこにあったのは、どう呼ばれようと「社会状態」ではなく、近代国家の原型であった。特にロックは、自然状態において自然法が存在し、一人ひとりが「良心」に従って法を施行していると説明していたのだから、そこにすでに「社会」があるとしていたわけだ。「良心」は、全員が自由であり平等であるということから、それぞれがどのように自分の自由を制限しなければならないかを理性に教えるというのである。

とはいえ、それならばどうして自然状態を脱して国家が必要になるかが、いまひとつ分かりにくい。国家が必要だというならば、良心があったとしても、その教える内容がそれぞれに違うからなのではないだろうか。自分にとってのみよかれと思うひとは、他人の自由を損なっても良心に背《そむ》くとは考えない。ロックの自然状態は、空想の社会であるとしか思えない。

それに対して、のちのベンタムは、社会のない状態はないと述べる。そうした混沌は統合度が低いだけであり、極端な場合は「アナーキー（無政府状態）」になるというだけなのだ（『統治論断片』第一章）。自然状態は統治以前なのではなく、そこでの暴動や内戦もまた、おなじ統治の集団的力学によって起こる。それゆえ、統治がないのと同様に混沌でもない社会について理解する必要があるのである。

つまりは、自然状態の方がフィクションなのである。ホッブズが論じるようになる少しまえに発見されたアメリカン・ネイティヴたちの伝聞が寄与した面もあるが、そこにも西欧とは異なる文化があったのであって、事実上の未開社会の知見によるものではなかった。自然状態は、社会状態を理解するために、それと対比し、そこから社会が否応ない機序によって形成されてくるとする「原型」についての思考なのであった。

トマス・モアの「ユートピア」が、どこかにあり得るという空間的に隔たったイメージによって現実の社会を批判するためのものであったのに対し、トマス・ホッブズの「自然状態」は、神話と同様の歴史という時間的に隔たったイメージに借りながら、神話が描いていた諸価値抜きに、論理的前提として仮想された状態から、社会にあるルールの必然性を証明しようとするものであった。そうやって、社会状態を合意、契約、ルールという概念で説明する伝統が拓かれたのであった。

社会とは何であり、どうあるべきかは、いつの時代でも論じられてしかるべき問いである。とりわけ、ホッブズやロックにはじまる近代の社会論の有効性が風前の灯となっている現代においては必須の問いであろう。

とはいえ、ロールズをはじめとして、ひとびとは、現代社会についてすら、ホッブズやロックの理論の延長上で議論できると想定している。しかし、そのことが、現代社会を理解するのにかえって妨げとなっている。それで、見てきたように、いよいよ混迷した状態としてしか、現代社会が捉えられなくなってしまうのである。

ホッブズやロックの議論のどこが、どうして行き詰まっているのか、その理由はいくつも挙げられるが、総じていえば「ポストモダン状態」ということに関わる。

ホッブズやロックが「モダン状態」の思想的確立者であって、一九世紀近代市民社会の成立に向けて、社会についてのひとびとの思考を導く強力なガイドラインを設定したのに対し、そこにあった人間観が非現実的なものであって、大多数のひとにとっては実践できないものであることが、歴史とともに次第にあきらかになってきた。フーコーが「人間の終焉」を宣告したあと、「ポストモダン状態」について述べたリオタールは、それを「大きな物語」と呼び、それが終焉したことを宣言したのであった（『ポストモダンの条件』序）。

†課題解決法

政治的決定の原理としての民主主義ばかりでなく、法治主義、すなわちルールを明確に決めてそれを施行するといったタイプの政治によってこそ、何であれ、トラブルの根本的解決を目指すというのが、近代西欧的な社会モデルであった。

だが、現代では、それが推進されればされるほど、法律にふれさえしなければ何をやってもいいとする経済的ないし倫理的方針が有力になってきているように見える。「金儲けして何が悪いんですか？」といって顰蹙《ひんしゅく》を買ったひとがいたが、メディアに対して西欧的な社会モデルが通用すると期待していた、ないし勘違いしていたのであろう。

もとより、水に流すこと、あるいは清濁をあわせのむことが大事だなどというひともいる。政治だけが唯一のトラブルの解決法ではなく、他の領野の多様な解決法がある。今日では、むしろすべてを状況依存的な「課題解決法」という技術に解消して、トラブルの源泉を解消しようとする傾向も生まれてきている。すなわち、問題を見なくて済むようにしさえすればよいという傾向である。これは古代ギリシア的な意味での政治ではない、何と呼ぼうか、シミュレーション的なのである——だからＡＩが普及しつつあるのである。

日本社会は、とりわけ諸領域の区別が明確ではなく、近江商人のように経済活動は従業員と消費者に善をもたらすものであり、大岡裁きのように政治活動は調停者もその利害に巻き込まれて善であるとされてきた。結果、今日、ひとびとはなるべく裁判にかけないように心掛け、政策は既得権益者たちを慮《おもんばか》って、なるべく変更をあと回しにしようとする。

大多数のひとにとっての倫理的主題が合致すれば、高度成長の時期のように、非常に効率的な目標達成を成し遂げるが、ひとびとの心がバラバラであれば、将来のことは成りゆきに任せ、あとは野となれ山となれであって、社会が壊滅的な状態に陥っても、だれも責任をとろうとしない。

ある意味、それは、政治よりも倫理に重点を置く社会モデルであるといってもよい。この場合の倫理とは、ルールとしての「倫理規範」のことではなく、一人ひとりの行動の指針としての「道徳」ですらなく、空気やムードや、要するにひとびとのあいだでおのずと湧いてくる情のことである。政治においてすら、こうした空気やムードによって議員が選ばれ、議員もそれを慮《おもんぱか》って法を制定する傾向があるように思われる。

†零度の社会

近代西欧の政治思想は、もっぱら、ひとびとがみずからの意識において重視する理念と、政治的決定において納得できる手続きについて論じられてきた。しかし、いま必要なのは、ホッブズやロックの考えた政治思想に代わる新たな社会状態論であり、それを組みたてるための新たな方法論であるように思われる。

そこで、「社会状態の零度」というものについて考えてみることにしよう。零度とは、すべての度合いがそこから測られる基準点である。氷が溶解し、ないし水が凍結する温度である。

社会状態の零度とは、社会が凝固した状態から液状化する温度、ないし液体の状態から凝固する温度である。

氷の社会状態とは、凝固して流動性がなくなった社会、そのようなものがあるとして、それが完全な国家のことであろう。だれもが規定された発想で行動していて、どこにもトラブルが発生しない。ルールを破るひとなどいない。しかし、氷は融けて液体となる。そのうち、いたるところで氷の塊が擦れあい、ぎしぎしと音をたてながら、その隙間を冷たい水が流れていく。氷は回転し、沈み込んだり破裂したりする。小さな暴力がいたるところから漏れ出てくる。零度とは、社会のそのような状態である。

凝固した社会とは何か。それがファシズム、管理社会、官僚制、独裁制——ともあれ、ルールとそれによって規定された組織のなかで、一挙手一投足、および自分が抱くイメージや思考内容までもが定められてしまう社会体制である。自由を求めるどんな行動も、そのまま体制への抵抗、反逆とされてしまうような社会である。二〇世紀冒頭から、多くのひとびとが、そうしたディストピア（アンチ・ユートピア）の恐怖を描き出してきた。

では、社会が液状化するとはどういうことか。それは、必ずしもアナーキズム（無政府主義）というわけではない。それは、犯罪でもよい、テロでも内戦でもよい、政治活動でもよい、芸術的パフォーマンスでもよい、ルールを無視し、ルールに規定された組織を破壊すること、少なくともそこから抜け出して凝固した社会を空洞化させることである。

たとえばある地域で内戦がはじまり、多量の難民がその地域から脱出しようとする。かれらは生活できる地域に到達するまで放浪する。周囲の地域では、かれらが入り込むことによって、それまでの伝統的な衣食住の供給や分配のシステムが混乱させられ、失業や犯罪が起こりやすくなる。そこで、ネイティヴたちが、かれらを排斥し、追いたてようとするであろう。

内戦がないところからの移民に対しては、政治的に迫害されているひとだけを受け容れるという方針もある。だが、どこで政治的な難民と経済難民とを区別できるだろうか。政治は、あるひとびとの経済活動を促進して、他のひとびとのそれを抑止し、多く受けとるひととあまり受けとれないひととを作りだす活動でもある。政治に対してもつ意見によってその地域に住めなくなったひとは、政治によってその地域に住めなくなったひとと、どのくらい違うのであろうか。

そもそも、人類二〇万年の歴史において、ひとびとはみな、より快適な生活のために、たえず移動してきたということを忘れるべきではない。国境線の存在が、今日においてそのひとたちを難民と呼ぶようにさせるわけであるが、国家という制度、国境という地域的区分がなければ、かれらを排斥する理由はないわけである。

そうした移動を水平的と呼ぶならば、他方、垂直的につぎつぎと子どもたちが産まれてきて、世代交替が行われるということは、どうなのだろうか。子どもたちもまた、難民である。かれらにとっての生活を目指して、かれらもまた失業や犯罪を生みだす種なのではないか。すべての世代は反逆的である。感性も思考も、世代ごとにじわじわと成り代わっていく。

わが国でもこの一〇〇年のあいだに、地方から都市への若年層の膨大な人口移動が起こって、都市的生活が地方を席巻し、土地に根づいていた風習や慣例を破壊した。何十世代も続いた旧《ふる》い家族が離散した。水平的な移動が垂直的な移動でもあって、老人たちが必ず時代遅れの足手まといになるという状況が生まれた。大多数が都市に住んで、地方は限界集落化し、ひび割れたコンクリートが植物に覆われ尽くし、やがては野生の動物たちに開放される日が来る。そのころ、都市にはまた別の、社会の凝固がはじまっているのかもしれない。

†社会の凝固と液状化

相対的に捉えよう。重要なことは、社会を液状化させようとする動きと、凝固させようとする動きとをはっきりと区別することである。どんな行動や変化も、両義的である。液状化しようとして凝固させることも、凝固させようとして液状化してしまうこともある。

完全に液状化した社会、ないしは戦争にいたるまでに沸騰し、気化した社会を想定し、それを歴史的な「以前」に位置づけて、ホッブズは「自然状態」と呼び、それを生きるに辛《つら》い状態として描き出した。人間は、そこでは互いに他を殺しあうオオカミたちのように凶暴であるとされた。だが、他方、それはモンテーニュのいうように、宗教的瞑想をするゾウたちや、他人たちと和《なご》やかに楽園で過ごす「高貴な未開人たち」の社会であったかもしれないであろう。

避けるべきは内戦であろうから、液状化が正しいわけでもないが、避けるべきは独裁であろうから、凝固することが正しいわけでもない。それらを正しく調合することが必要である。というのも、犯罪にも、内戦にも、政治的活動にも、芸術的パフォーマンスにも、凝固する傾向が否応なく伴う。すべては冷え切った死の世界を目指しているかのようである。

だからこそ、われわれは「自由こそが価値である」という、近代主義的ないい方をしないわけである。自由の原義は「解放」なのだから、凝固した社会においては、自由には価値があるように見える。だが、解放された場所からは、またみずから凝固する自由、セクトやカルトに属すること、依存症やヲタクになること、否定と破壊に進むこと、そうした道行《みちゆき》が、慣習や常識や倫理からの脱出の結果として待ち構えている。

社会の凝固する勢いは、地球の重力のようである。われわれのどんな行動も、そちらに落ちていくように、いつのまにか、知らず力が加えられてしまう。イカロスのように、上空に飛翔しようとして、地上へとダイブしてしまうようなものである。それが人間における自然（本性）なのか？

とはいえ、凝固した社会を望むひとはいない。なぜなら、そうした社会では、それを望むことすらも禁じられるのだからである。望んでいないものにも、ひとは向かうのか——とはいえ、その通りであるようにも見える。

古代ギリシア人たちは、森羅万象が土と火と水と空気の四元素から成ると考えた。現代風にいうならば、土地、暴力、社会、群れの四元素であろうか。エンペドクレスは、世界の出来事が、愛と憎悪の葛藤によって起こると考えた。社会の液状化と凝固であろうか。

われわれは、政治が混淆《こんこう》された社会のなかに住まっているので、社会そのものを見ることができない。上空飛翔する政治の諸学問は、統治の技術的アドバイスをしかしようとしない。民主主義であれ、共産主義であれ、その他、主義について論じるのは不毛である。政治思想ではなく、政治権力の発生を、われわれの社会のなかに探すことにしよう。

3　組織と権力

†暴力の現在

われわれの眼のまえに、「社会」として現われてくるものは何か。『現代思想史入門』において、わたしはこの一五〇年の思想の流れを、生命、精神、歴史、情報、暴力という五つの層によって整理した。はっきりとは書かなかったが、いま思考すべきことがあるとしたら、それはこの五つの順で撚《よ》りあわされて現われてくるテーマであるが、最後の暴力の主題が、とりわけ重要であるように思われる。

だが、はやとちりしないでほしい。そこでの暴力とは、バラックの建ち並ぶ殺伐とした場所で、覚醒剤や女性を巡って、相手に思い知らせようと強引なことをするといったタイプの暴力ではない。あるいは整然と組織された警察組織によって反社会的とされる行動を摘発し、刑務所に送り込むといったタイプの、あるいは国家が軍隊を動員して、おそろしく高価な兵器の発射ボタンを押させるといったタイプの暴力のことではない。

犯罪を明確に定義することによって、すべての暴力が排除され、事故も病気もなくなり、ましてや戦争も内戦もあり得なくなる日がいつか来るとイメージされたのは近代であった。しかし、「暴力」という語で知っていた概念の、もっと身近でおどろおどろしい生の要素が、学校や病院や刑務所で、ただわれわれに知覚されないようにして処理されていただけだということに、いまは気づかされないではない。

いまや暴力と呼ぶべきものの典型が、犯罪や戦争のそれではなくなっている。犯罪抑止と戦争は、国内的な暴力に対する、また国外的国際的な暴力に対する二つの戦線の、国家統治の正統性を示す活動であるが、犯罪を法律でどう規定すべきかについて、また戦争をしなければならない事情についていては、実のところ必然性はあまりなかったし、これからもないだろう。あるのは、それによって、「国家は存続する必要がある」という、実に立派な理由だけである。

それにしても、この二十数年のあいだに、暴力に対するわれわれの視線は、犯罪はハラスメントやDVへと、戦争はテロや内戦へと、大きく移動させられた。暴力は、いまやいたるところ、眼のまえにある。炎上を引き起こすネット上のひとことを含めて、小さな暴力がどこかですぐにその姿を現わす。どんな暴力も「あってはならないこと」だとされるのだが、そう思われるようになるにつれて、小さな暴力が、ここそこから噴出してくるのが目撃される。

そのことについてこそ、考えてみなければならない。犯罪や戦争にばかり思考が差し向けられてしまうのは、国家と現在の社会秩序を維持したいひとたちによる罠である――戦争を唱導するひとたちが、自分が戦場に赴《おもむ》くことを除外して思考しているように。

†ミクロな暴力

とはいえ、これは、駅員や店員に対する暴力のように、あるいはまえを走る車を煽《あお》るといったような、ひとびとが怒りっぽくなっているとか、コミュニケーションが下手になっていてすぐにひとを傷つけるとかいった類《たぐい》の話ではない。

なるほど、ひとはみなイライラし、すぐに切れて、トラブルになる。だれも見てないところでは拳《こぶし》を振りあげ、みんなが見ているところではだれかの不当な挙動についていい募《つの》る。面と向かって怒ることは、——縁を切りたければ黙殺すればいいのだから——、「愛してほしい」との表明なのか、それは幼児期の愛された記憶に基づいて、それが失われたそののちに、全人生にわたって愛されることの再現を望み続けるということなのか。ともあれ、怒りを抑える技法（アンガーマネージメント）、うまくコミュニケーションする技法（社会的コミュニケーション能力）が、自己啓発書のテーマとなる。

だが、そうした小さな暴力は、そのような技法の主題ではないし、ましてニーチェやアランなど、哲学者の名まえを出して断片化された「名言」でお茶を濁《にご》して済む話ではない——哲学が廃れて自称哲学者たちが出現する……。そしてまた、それはメディア論者たちのいうように、IT化による生活環境の変化によって説明できるものでもない。それらは、原因ではなくて結果である。社会状態のある水準で起こる現象である。

そもそも、性にも暴力が含まれている。ひとを裸にして眺めることは、アブグレイブ収容所でなされたように凌辱《りようじよく》であり暴行である。性交渉にも、電車のなかの視線にすらもそれが含まれる。能動的な側が受動的な側を凌辱するわけだが、愛があるといえるのは、能動的な側がその行為が受け容れられることについて恩義のようなものを感じる場合であろう。愛という「心情」ですべてが許され、エロスに暴力がないかのように理解するひとがいるが、――バタイユが少し違う意味でそういっているが（『エロティシズムの歴史』）――、その言葉をも含めて暴力的であることに気づくべきであろう。

縛ったり殴ったりすることが典型的な暴力であるとみなされてきたが、むしろ痴漢や強姦こそが暴力の原型である。なぜそのようなことをひとはするのか。なぜ相手の苦痛を楽しむことができるのか。相手を思い通りにしたり、家畜や事物のように扱うことに相手が屈辱を感じることを前提し、それを楽しむ……、それはどういう快感なのか？――その答えについてはあとで、社会の形成のところで論じることにしよう。

いずれにせよ、――サルトルが「対象化」と呼んでいたが（『存在と無』第三部第一章）――、暴力は相手の意識を自由にすることである。だからこそ、「自由」という概念に、それほど立派な価値があるわけではない。暴力とは、――ルソーやカントのいうようにルールへの義務を前提しないならば――、自由と裏腹なもののことなのである。ハラスメントをする自由、ヘイトスピーチをする自由、ひとに道徳的義務を要求する自由……。

そのようなもの以外の場合には、暴力とは呼ばない方がいい。それは物理的な力の行使、それによる物体や身体の変形にすぎない。病気や災害なども含め、身体に被害がもたらされるさまざまな事象があるが、それらをいちいち暴力と呼ぶ必要はないであろう。

家族であれ友人関係であれ暴力団であれ、また国家であれ、いたるところ、まったく合意のない政策や制度の決定はないわけで、その合意は、暴力による一方的押しつけの程度に応じて、相対的にみずから進んで服従する契約を含意《がんい》している。

ナイフによる眼のまえの暴力への恐怖で服従する場合から、一切の暴力が眼に見えない、言葉による服従の場合までの無数の段階があり、その諸段階は戦争状態から専制へ、専制から貴族制ないし寡頭制へ、貴族制ないし寡頭制から民主制へ、そして現代の民主主義体制までの諸段階でもあるように見える。

とはいえ、民主主義体制においてすらも、個人の側では、緊急避難や正当防衛や自力救済から犯罪行為にいたるまで、集団の側では、群集や暴力団や労働組織や警察や軍隊まで、合法か違法かを巡って裁判上の論争になるにしても、暴力は完全に一般意志、ないし多数者の集合的意志として権力側に独占されているわけではない。つまり強盗から軍事行動まで、大なり小なり民主主義の敵が民主主義には含まれており、しかし、それではないものとして民主主義は語られるのである。

戦争状態から民主主義まで、政治は暴力の占有によって規定されてきた。つまりより多くの暴力を可能性として含む側が、行使されれば相手は殺傷されてしまうわけであるから、その行使の抑制によって他方を服従させてきたのである。

今日の大多数のひとびとは、よほどのことがないかぎり自分の暴力は行使しないように、政策や制度を知っておいて、さらには犯罪の情報を知っておいて、暴力が自分の眼前に出現することのないようにと振舞っている。それでも暴力は、家庭内において、恋人相互間において、見知らぬ通行人のなかからも忽然《こつぜん》として生じてくる。くり返し生じる。ただし、ひとびとは、それに対応して、いつでも警察と司法が登場して、実力行使をするであろうと想定している。

重要なのは、そうした潜在性、いつでも暴力がふるわれ得るとの兆候（記号）がひとびとを服従させるということである。権力（パワー）とは、記号としての暴力である。権力は、武器や制服や、さらにそれを象徴する紋章や歪んだ表情によって、ひとびとにいつでも暴力が行使されることを思い出させる。死刑すら、古代や中世には追放と交換可能な罰則であったし、現代でも、その執行が、いろいろな理由が付されながら、延々とひき延ばされたりする。

それは今日なお、暴力団の黒服や刺青がその威力を有する理由である。暴力は使われてしまうと消耗し、あるいは見掛け倒しであることが暴露されたりもするのだから、行使されないぎりぎりまでの、いわばチキンレースにその本質がある。もしそこで実際にも暴力が生じたなら、それは暴力というよりは不運な暴発（バイオレンス）なのである。

そもそも、手下や奴隷やペットやロボットのようなものが好きなひとも多い。かれらは、自分のいいなりにするためには、介護や教育の現場ですらも、暴力をちらつかせる。少しは小突いてみせるかもしれない。それが行きすぎて、殺してしまうこともあるかもしれない。

他方、ひざまずかせて即座に殺すような暴力の場合は、それは相手を事物のように扱って身体機能を停止させることだが、それをするひとは自分が生殺与奪権をもっているという、神のごとき気分がするのだろうか——それはあとで論じることにするが、法と所有権があり、理性があるところでこそ起こることであるように思う。そうでないところでは、人間には他人を殺す必然性はないからである。

もし支配が目的ではなく、——家畜やケモノを殺すようにして——、殺傷を目的とする場合には、物理的な意味での力を行使することが前提であるのだから、逆に、武器は見えないように、暴力の記号（徴候）が隠される必要があるだろう。

物理的な力が本来の「力（パワー）」であり、自然科学で事物の変化運動を予測するために想定されるが、他方、力の記号が「権力（パワー）」である。権力の偶発的な暴発や、自然現象の想定外の勃発が、——それは神のパワーによるとされるのであろうか——、「暴力（バイオレンス）」と呼ばれており、権力は「仮の力」という意味だが、こうした潜在的な暴力を背景に、権力支配が行われるのである。

†権力と言語

権力の発生は、合意によるのでも、契約によるのでも、多数決によるのでもない。それは、暴力の記号によるのである。権力者のもつ権力とは、「権」という語が示すように「仮の力」である。支配者個人に属する腕力や財力のような実効的な力ではない。これは英語の「パワー」を訳したわけであるが、政治がただ力によって遂行されるのではないのだから、いい得て妙な訳である。では、権力があるとはどのようなことか。

権力をもつひとの言説について考察してみよう。あるひとの言説が「意味」として受けとられるとき、それが単なる話題にすぎないか、現実化されようとするか、いいかえると実際の光景となるようにされるかの違いがある。後者には、権力があるといえる。逆に、「意味」として受けとられないとき、話を聞いてもらえないようなときには、そこには権力はない。

ひとはしばしば、言葉はすべて意味をもつと捉え、言葉の意味はそれに対応する事実や意思といった現実を「記述」したものだと理解する。前期のウィトゲンシュタインを代表として、言語は世界の像であると前提する言語哲学が多かった。

しかし、言語のそうした働きは、言葉の特殊な働きにすぎない。言葉にはもっと重要な、多様な働きがあることを、わたしは『いかにして思考するべきか？』において論じておいた。言葉に意味があるから権力の命令が通じるのではない。権力とは言葉に意味をもたせる力なのである。言葉を現実に対応させるのは、言葉がもつとされる「意味」ではなく、それを照合する精神でもなくて、権力である。

そのようなわけであるから、だれかの言説が「意味」として受けとられるとき、それだけである程度の権力はあるといえる。しかし、話題として聞き取られるだけで、その内容を無視されたり、否定されたりするなら、それは大した権力ではない、対等な人間関係である。そこでは人間関係を維持しようとすることのみが主題である。

†力と権力

したがって、権力があるということは、もしその言葉の意味が現実化（実現）されなかったら何らかのダメージがあるという実効的な力が言葉に備わっているということである。

だから問題は、実効的な力をあるひとが備えているかどうかではない。権力ある知人への影響力も権力である。その知人に悪口をいったり、知人がそのひとに対してなし得るサービスを止めさせることができるなら、相手はそのひとの言説を現実化しようとするだろう。組織のなかで何らかの役職をもっているひともそうである。とりわけ命令に無条件に従うように訓練されているひとびとのあいだでは、命令を出す役割のひとにも権力がある。その本人に備わる力ではないから間接的であるが、やはり権力者であるといっていい。

実効的な力をもったひとが、実際にいなくても構わない。たとえば、女性の名まえを優しく呼ぶ男性も、男性のまえで体を捻じってみせる女性も、互いに性の権力を張りあっているのであり、いずれにせよ両者とも、性衝動をもたらす匿名で色情的な力をわがものにしようとしているのである。

ところで、実効的な力の方は、その効果を発揮するかぎりでしか力ではない。腕力は、殴った相手にダメージを与えなければならないし、財力は、それでひとが欲しがるものを整えてみせなければならない。愛の力は、相手を動かして自らを変えようとする努力を引き出せしてみせなければならない。それに対して権力は、まずはその記号であり、その効果の徴候だけで反応が生じる現象である。その徴候の示すものが現実化されないように、あるいは現実化されるようにと、それを聞いたひとが振舞うのだからである。

だから権力は、必ずしも、実効的な力によって強制力をもつわけではない。そのひとに腕力であれ、財力であれ、愛の力であれ、実効的な力があるなら、言説を聞き取らせ、それが実際の光景になるように、その力をふるうふりをするだけでその効果が生じる。振りあげた拳《こぶし》は権力の記号であり、実際には殴ることがなくても効果を発揮する。

†組織のなかの権力

記号の複合されたものが言説であるが、そうした力の効果が現われ得る場面で、言説の主体自身ないし、その記号を表現した主体自身に実効的な力が備わっていようと備わっていまいと、そのひとには権力があるといえる。組織のなかではそれがどう現われるか、検討してみよう。

何らかの組織で、ある特定のひとの言説を尊重しようとして互いに規制しあっているような場合があるとしよう。そこでは、そのひとの言説が合理的かどうかとは無関係に、ひとびとはその言説が現実化するようにと振舞うであろう。もし合理的かどうかを巡って議論になるとしたら、逆にその特定のひとに権力はないといえる。あるいは、合理的な議論をさせるために、そのひとがその権力の行使をみずから抑止しているということかもしれない。

とすれば、その特定のひとに権力が備わるのは、どのような場合であろうか。外的内的な多少の危機があって、だれかがリーダーになることが、暗黙にであれ求められているような場合であろうか。外的危機とは組織がそれによって崩壊しそうなとき、組織のメンバーが揃《そろ》って不利益を受けるような条件があるときである。内的危機とは、外的危機の有無にかかわらず、組織が分解しかかっているようなときである。

組織に危機があるときには、それにどう対処するか、その危機を回避するという目的に対する合理的手段を探求しなければならない。それゆえ、危機をよく理解し、有効な対処法を考えられるひと、またその対処法を他のひとびとに同意させることのできる人物がリーダーになってしかるべきであろう。状況は完全に知られ得ないし、蓋然的にいくつかの手段があるのが普通であるが、メンバーが情報を共有して他の一切の要因をもち出さないような状況においては、その裁断は、それに最も適切なひとが行うべきだろう。そこに権力が生じるのは、そのひとによるというよりは、組織の危機それ自体にある。

とはいえ、危機が明白でない場合にも外的危機をことさらもち出す人物がいて、その目的が組織内での力学や特定のひとの利益であるということもある。これは内的危機でもあって、真に外的危機なのか内的危機なのか、あるいはそのいずれでもあり得るわけである。

組織内力学として権力と利害が相互に補いあうようにバランスされていればよいのだが、組織が維持される諸条件が否応なく変化してそのバランスが崩れ、権力を目指すひとや分派活動を目指すひとが出現することがしばしばある。少なくとも、個別的な好き嫌いや無神経な振舞によって組織の力学のバランスが崩れても差し支えないとするような行動をとるひとが出現する。他の組織や外部の権力との結びつきによって、組織から抜け出ようとするひと、組織の分解を望むひとも出現する。組織に属していることの共通の利益が、メンバー個々人の組織における損失を上回らなくなるからである。

こうした計算が、すべてのメンバーにおいて常時行われているわけではないので、組織の維持はしばしば惰性であり、変化は少しずつでしかない。しかし、危機が明白になるとき、各メンバーには、その計算とそれに対する態度決定が迫られることになるだろう。

以上から、政治的な意味での権力者は、権力者となるひとが一人で任意に成るようなものではなく、組織の危機と、組織内のひとびとの相互規制とによって指名されて成る——その相互規制の網をたえず断ち切ることで、メンバーの対等な関係の組織も形成されるのであるが。

だから、権力者も一人の人間である。その人物に筋力や財力や知力のような実効的な力が備わっているかのように、あるいはそのような力によって支えられているかのように見えるかもしれないが、権力はその力の因果的効果ではなく、記号的効果である。なぜなら、組織のなかでその力を認知するメンバーがいなければ、そのひとは権力をふるうこともできないのだからである。権力は、実効的な力よりも、その力を当てにするメンバーの多さによって成立する。それをはっきりさせる制度を備えた政治体制が民主主義であったともいえるであろう。

ひとびとは「権力」という語で政治権力を指してきた。王や貴族、独裁者や大統領、資本家や宗教家でもよいが、特定の人物たちが社会全体に対して恣意的に裁断することのできる事態を指して、権力があると理解してきた。だが、こういおう。だれもが権力者であり得るなかで、言説の意味をだれかに現実化させる立場のひとをもって権力者と呼び、国家のような政治制度、およびそれを支える軍や富以前の、ひとびとのあいだに発生する権力を見出だすべきであると。

†権力を求める人物

それにしても、どのようにして権力者が生まれてくるのだろうか。なりふり構わないことをしたり、目立ちたがりの意見を連発するひとたちがいる。駅員や店員に威張り散らし、暴力をふるうひとたち、ネットで炎上させたり他人のプライバシーを曝したりするひとたち、わざと自分の発言を炎上させて売名や商売に使うひとたち、ヘイトスピーカーやクレーマーやストーカー。

権力者は、関係するひとの文化的ないし自然的生活条件を実際にも変更することができて、それで権力者と呼ばれるのだが、そのひとたちはそうではない、特定の弱い立場のひとに対してあたかも権力があるかのように振舞うだけである。

ホッブズは、だれしも自己評価とおなじ高さの評価を仲間に期待し、軽蔑や過小評価にあっても、害を加え、見せしめを作って、仲間から大きな評価を得ようとすると述べた(『リヴァイアサン』第一三章)。ひとは、大なり小なり権力を求めている。権力があれば、実利ということ以上に、ちやほやされる快感を得ることができ、自分が重要な人物、価値がある人物であると思うことができるからである。

自分が重要であるかどうかは実績を見せればよいし、価値があるかどうかは他人によって認められなくても成りたつことである。実績をなすこと、価値ある人物であることよりも、そう見られることの方をひとは選ぶが、それはそうした実績や価値があるひとばかりではないからである。しかも、実効的な力は不安定であり、努力を要するのに対し、権力は組織の論理によって幸運によって転がり込むものである。それをとり込むための努力は、実効的な力とは別種のものである。実効的な力による業績もひとつの効果ではあるが、人気をとる、ひとをたらす、あるいは怖がらせる、特定のひとを排除するなどということによって、ひとは権力をもつチャンスを得ることができる。

とりわけ権力を欲望するひとは、組織のなかでは地位を配分するひとに媚《こ》び、ライバルの足を引っ張ろうとする。組織においては、組織の外部に組織にとって危険な敵を作り、おおげさにそれを喧伝したり、組織の内部に組織にとって迷惑な人物を探し、そのひとに嫌がらせをするだろう。

そうした空気を醸成することができれば、メンバーが対等な組織は緊張を孕み、黙っていうことを聞いていればよいようなリーダーを必要とするようになるであろう。そこでは、内容に乏しい空疎なスローガンやイメージが幅を利かせ、賢さを必要とするような、具体的施策のもつ諸困難を指摘するひとが疎外される。賢いリーダーよりも強いリーダーが求められ、組織は恐怖で凝固していく。

外的な不安も内的な迷惑も、ウソではないであろう。しかし、そうした権力欲のあるひとたちがいうほどのものではないことが多い。ウソではないことが正しいことになる空気を、徒党を組んだひとびとは醸成することができるし、その行動によって外部の組織の圧力が増したり、内部の迷惑なひとの反発が生じたりして、いよいよそれが本当らしく見えてくる。こうした成りゆきは、いつでもどこでも起こり得る。

その過程が、組織の大多数のメンバーにとっては結果的によいものではないことはあきらかである。それは組織を息苦しいものにするばかりでなく、その組織に破滅的な結果を生じさせる出来事を招来しかねない。とはいえ、こうした空気を醸成するひとをただちに排除しようとすると、余計にそのウソが本当に見えたり、その反発によってそうして空気がさらに醸成されたりする。権力者の出現とは、そのようなもどかしいプロセスの結果でしかないのである。

†国家と支配

われわれは、組織と権力の関係を見てきたが、その延長で国家を理解することができるであろうか。国家とは、政府という、社会の一部からなる組織が、社会全体を標榜するときに使用される概念である。それにもかかわらず、だれしも国家という共有された幻影を指差しながら、自分がその一員としての国民であると信じたがる。国家は、ひとつの組織であり得るのか。「国家」が実際にもその真の姿を出現させたとしたら、それは『すばらしい新世界』に描かれたような管理社会のことであろうが、われわれは、実際にその途上で、ファシズムや共産党独裁と出会ってきた。ドゥルーズ／ガタリが主張するように、しかし国家とは、どの社会にもつき纏《まと》っている理念にすぎない。真に国家と一体化することのできるひとは一人もいない。むしろ国家は横領されるものなのである——わが国では死後に神になったひとを除けばということになるが、それこそが生き残ったひとびとの横領である。

国家は、とりわけ、プラトンが想定したように、魂に類比されるようなものではない。ひとびとは、日本が、アメリカが、中国が、侮辱されたとか、攻撃したとか、尊敬されるとかいういい方をする。国家が人格のようなものであるとしたら、それはちぐはぐで気まぐれで鈍感な人格であり、首尾一貫した目標をもっているように見えて、悪びれずに容易に方針転換する扱いにくい人物である。

ルソーが論じたように、国家の意志のようなものがいかにして生まれるかについての論理が必要であろう。だが、決してそれを個人の自伝や性格のようなものに帰してはならない。政治リーダーたちの性格に帰してもならない。リーダーたちは、自分の権力の維持や拡張という動機のもとに、国民が外国に対するべき態度をその都度決めているにすぎないからである。

一人ひとりとしては、だれも隣接する国の住民たちと争いたいわけではない。戦争をして勝利したとしても、その国の住民全員の幸福が増えるわけではない。戦争をする国の一部のひとたちの利益があり、またリーダーたちの支持が見込めるから戦争をしようとするそぶりをするのだが、それは他のひとびとの損害や死の膨大な量を代償にしてである。

植民地を巡って争った帝国主義時代には、——ベネディクト・アンダーソンの分析が示すように（『想像の共同体』第四章）——、なるほど、勝利した側の国民が、植民地から富を得、あるいは植民地において権力をふるえるという利益があって、多くの国民がそれを享受できたかもしれない。だが、ファシズムの出現を経験して、いまやそれは不可能なこととなり、またその願望は卑しいものとされるようになった。古代から続いた奴隷獲得の戦争は、もはや今日では野蛮である。

とはいえ、差別、支配、奴隷化、排除、監禁といった現象が消えてしまったわけではない。単に、国単位でそれを可能にすることが、野蛮なことと理解されるようになったというだけである。それで歴史の過去までもがもち出される——いわば歴史ハラスメントである。過去の愚かさを裁くひとは、未来に裁かれ得る現在の自分の愚かさをまず避けるべきであろう。

それでもなお、重要なことは、移民に対して、あるいは外国人に対して、女性に対して、特定の性質のひとに対して、それらの現象が残存するということである。というよりは、国家相互におけるそうした現象は、国内的な差別を目隠しするのに有効なのだからであろう、いたるところ、この世に産まれてきたひとは、奴隷を探し求めているように見える。支配し、排除し、監禁して、自分の雑用のために労働させる——ＡＩスマートロボットが期待される理由である。協力という美名が使用されても同様であり、だれかが支配し、だれかが従属させられる。その関係を可能にするいろいろな条件、政治的経済的宗教的条件がある。それは支配者側を有利にするのであって、個人的にまた個人の属性がそれをするのではない。もし差別をなくしたいと思うのなら、支配者側がみずからの権力を譲る、権力によってそれが起こらないようにするというやり方しかないように思われる。

†社会の内なる外部

社会には外部があると考えられているが、しかし、社会は国家ではない。それは国家との同一視からくるのであって、実際は、外部は社会の内側にある。つまり、社会は場所ではなく、土地の領域ではなく、社会の境界を形成するものは、社会のひとびとが見出すものとして社会の内部にあって、そこから閉め出されるひとたちによって外部が形成され、国家が出現する。

国境線は、単なる地理上の概念ではなく、——本当は国境の小さな島などはどうでもよいものなのであり——、それなしでは「敵なるもの」が生じない、国家として社会を凝固させるためにある。

外国人たちは、その帰属地を国境の外、「外国」という名の抽象的空間へと押しやられるが、外国人ばかりでない。少数者、例外者たちがいる。例外者たちは、社会の外部へと追放されるのではなく、内部にある施設や制度のなかに閉じ籠められる。他方で、例外者たちが連帯して作るマイノリティの組織はといえば、社会の内部に外部を作ろうとしているのである。

ひとびとは、「人間は〜」と語るが、そう語るひとはみなレイシスト（人種差別主義者）であり、セクシスト（性差別主義者）である。統一された人間像はなく、「人間」という主語は、マジョリティの呼び名にすぎない。「人間」が、マイナーなひとを作りだす。

人間でありながら、人間でないとされるひとびと。少なくとも、人間扱いをされないひとびとがいる。社会の内部に住まっており、他のひとびとと同様の生活条件のもとで生きていながら、特定の場所や特定の資格からの排除と差別がなされる。しばしば反目の対象となり、侮辱され、傷つけられ、強姦される。

だが、他方でひとびとが怖れているのは、そのひとたちの怨念や叛乱というより、関東大震災のときに虐殺された朝鮮人たちに対してなされたような、そこに潜んでいる暴力である。

それは犯罪者たち、犯罪予備軍のひとたちの暴力のことではない。犯罪者たちは、いわば行列に割り込むようなひとたちである。行列があるからこそ、割り込みの行為が可能になる。窃盗や詐欺や強盗や性暴力。あるいは、薬物やギャンブルなど、正しい人間であるためにひとびとが法律によって規制されるほど、儲けのあがる商売をするひとたち。職業犯罪者、または暴力団が活躍する。

他方、警察官や刑務官のように、暴力を法の管理下で手続きに従って行使するひとたちは、犯罪者とペアになっている。犯罪者がいなくなればかれらの仕事はない。犯罪者が少なくなれば、かれらは権力者たちの手先となって、どうでもいい細かい作法にまで眼を凝《こ》らし、逮捕しようとするだろう。犯罪者は、被害者にとっては憎むべき人物であるが、平穏な日々を過ごす市民にとっては、話の種にすぎないものであり、権力が自分たちを放置してくれている理由となるイメージなのである。

アニメ『トムとジェリー』(一九四〇年)のような警察官と犯罪者の追いかけあいは、子どもたちの遊びのなかに登場するほどである。被疑者の人権も尊重される追いかけあいは、薄められ無害化された暴力であって、法や安全や自由の名のもとに管理されている。『刑事コロンボ』(一九六八~二〇〇三年)のようなTVドラマでは、犯罪があたかも理性によってなされるものであるかのように描かれる。

だが、理性による犯罪は、暴力というよりも物理的な力にすぎない。では、暴力はどこに行ってしまうのか。天変地異の荒々しい力はスサノオ的暴力であり、人間も自然である。しかし、人間の産出する暴力はみな昇華されて、社会の平和のためにのみ使用されるのか。

そうではない。昇華された暴力が理性なのである。生活条件の満たされたメジャーなひとびとにとって抑圧されるべきものがあり、これを抑圧する暴力が理性と呼ばれているものなのだ。論理的なものは政治的なものである――推論と矛盾の暴力（エリック・ヴェイユ）。約束や責任や義務を粛々《しゆくしゆく》と実行させる暴力。それは個人的経験にまで及ぶのに、市民たちは唯々諾々《いいだくだく》とそれに従う。スピノザのいっていたように、それが安全と権利とを実現すると推論したからだろうか（『国家論』第三章第六節）、そうではあるまい。

推論はつねに自分の有利なものに対してしか働かず、追放されそうなひと、排除されそうなひとたちには、心配性の神経症に陥れる力としてしか働かない。ここでは、理性は、真理を発見（可視化）するものではなく、社会のなかの暴力を不可視化するものとしてある。

暴力は、性や生にも関わる根源的な現象であるが、さまざまな姿をとって、裏に表に政治に関与してきた。近代国家におけるように、それが巨大であるときもあったし、現代のように、それが見えなくなるときもある。そのようにして、いま、国家が衰退していく理由は何であり、そのあとにどのような社会が残されるのかが、われわれの問いである。

4　帝国Ⅱ

†差別の構造

問題は、国家ではない。人格化された国家を巡る論争は不毛である。国家が衰退することは大した問題ではない。国家とは、流動的な社会の浮遊する鉱滓《こうさい》のようなものなのだからである。それなのに、国家のあり方ばかりを論じることは、国家をも成立させる社会の問題を見えなくさせることである。すなわち、社会には内部にある外部の構造、すなわち差別の構造がある。差別の根底にあるのは不平等である。それが、社会の根本的な問題なのである。

差別をただ「あってはならないこと」として捉えるなら、差別がなぜ生じるかを理解することはできないだろう。差別するひとの意識だけが問題だと解するなら、差別は永遠に解消することはできないだろう。ひとには能力の差異があり、社会にはその差異を活用する「組織」がある。あるひとは有利であり、別のひとはそうではない。平等は不可能である。平等という概念は、差別されたマイノリティの結束を高めて権利要求するのには役立っても、差別を撤廃するのには役立たない。

不平等の事実があり、ある場合にはある能力をもつひとが優遇されて権力を手にするが、別の場合には、それが組織には危険だということで排除の理由となる。オストラキスモス（陶片追放）——目立つことを嫌い、業績をあげたひとの足を引っ張ろうとする、今日の社会に蔓延するこの空気。それは、差別を解消することどころではない。

機会の平等ということに限定するにしても、差別が解消されるわけではない。明確で精密なルールのあるゲームやスポーツですら、完全に平等にすることが難しいばかりでなく、しばしば特定のひとたちを有利にするためにルールが変更される——そこには平等はない。

それでもなお、日頃から特定の能力を鍛えておいて、何かに特化し、あるいは自分の能力を汎用化しておくことが、そのひとに有利に働く場合がある。だから、そうした準備をする能力も含めて、ひとはもとより不平等なのだ——「やる気がでない」というひとがいるが、やる気を出すのも能力のひとつなのではないだろうか。

†能力と人格

能力とは何か。能力は、身体と、身体を制御する精神の双方について主題とされる。たとえば、農作物を豊かに実らせるために必要な能力は、体力や腕力ばかりでなく、天候を読みとく能力や、ひとと協働したり、プロセスを管理したりする能力を必要とするし、場合によっては農作物をひとから奪われないように配慮する能力も必要とするであろう――ただし、すべてを兼ね備えた人物が存在するわけではなく、必要な状況でのみ能力は計られる。

差別に反対するひとは、能力を各個人の属性のように捉えている。だが、能力は、その能力が発揮され得るような場でしか機能しないし、どんな能力が必要かは状況による。社会体制や文化によっても異なる。社会的なものばかりではなく、戦闘能力もあれば、異性を惹きつける能力もある。力という語が使用されるにしても、物理現象において何かを変化させるものばかりでなく、政治として、ひとの行動を変えさせる能力も問題になる。

勉強はできるが体育が不得意なひと、国語は得意だが算数の苦手なひと――小学校ですらそうしたバリエーションが生じるのに、社会のなかで要求される種々多様な能力のうち、すべてに対応することのできるひとは、いそうもない。入試偏差値の高い大学に進学し、答案作成能力のあることを示したひとが、――スコットによるとそれを「ラット・レース」と呼ぶそうだが（『実践　日々のアナキズム』第三章）――、他の仕事全般にも能力をもっているとみなせる根拠はない。そのことが、かえって特定の能力の欠如を示しているともいえる。

たとえば、見事な小説を書けるひとが、部屋の片づけもうまくできないということがあるとすれば、それは奇妙なこと、さぞかし発達障害のような病気があるのだろうなどというべきなのではなく、当然あり得ることなのだ。ひとみなそれぞれ得意分野が違うのだし、能力の有無がそれで評価されるかどうかは、社会においてどのような仕事が評価されるかに依拠している。能力一般の優劣や、あるひとの全般的能力の優劣は、そのひとの心のなかにではなく、自分自身を含め、それを見る、ひとの心のなかにしか存在しない。

ひとは、能力に関して、「人格」というアバターのようなイメージを想定する。人格（ペルソナ）の語源は仮面である。ある顔をもった人物がいて、その人物に「能力」が帰属しているとみなすのである。しかし、こうした思考様式は意識の経済にすぎない。つまり複雑なものを単純にする魔術である。

この魔術によって、ひとはその都度にすべての徴候を計算するのではなく、しるしをつけておいて、それを規定値として計算する。それは、特定の個人のほか、女性や外国人に対しても同様である。いやなことが起こったとき、「だから女性は〜」、「だから外人は〜」と一般化して、何らかの特性をもつものとみなして計算した方が容易であるから、そうするのである。

したがって、計算の容易さこそが、差別の出発点である。とはいえ、そうした計算を多用するひとはしばしば失敗し、計算能力の乏しさを露呈し、支配される側に回りがちである。支配する側は、その都度の計算をしてそれに成功したひとであるが、ただし、一般性によって計算を容易にするということがなくなってしまうわけでもない。差別はする。差別は、複雑な計算ができない、あるいは計算を面倒がるひとびとがいるから、いつもある。

†道徳

差別しないということが、はたして可能なのだろうか。カントですら、ひとを道具として扱うことを否定してはいない。道具としてのみ扱ってはならないというのみである（『道徳の形而上学の基礎づけ』第二章）。「差別ではなく区別である」と言葉のうえでいってみても無駄である。純然たる区別は、学問におけるような、分類に成果のあるところにしかない。生物学でさえ、機能という概念を使って、進化論的な差別をする。区別するということであっても、それは日常生活では有利か不利かを識別することであるのだから、やはり差別は生じるのである。

たとえば、難破船で女性や子どもや老人をさきに助けるのは、どのような理由からであろうか。成人男性がより大きな危機に対処できる能力をもっているからであろうか。能力のあるひとがそれを発揮することが、しばしば大勢のひとによって危険視されてきたからではないだろうか――「オストラキスモス」の場合のように、差別されるのは、能力のないひとだけでなく、能力のあるひともである。

「差別してはならない」という、一人ひとりの意識に「道徳」として現われる行動方針は、それこそが、計算を楽にする方針のひとつにすぎないのだが、自分の命がかかっているときですらそれに従うことは、賢いことだとはいえないだろう。もしもだれかを優先しなければならないとすれば、生き残った方が自分にとって有利なひとにすべきである。

たとえば、砂漠で出会ったひとのうち、死にかけているひとと、まだ元気なひとのどちらに水を与えるべきであろうか。最も辛いひとにこそ恩恵を施すべきか、将来のあるひとをこそ支援すべきか。

しかし、その問いにも、答えにも一般性はない。相手を主題にし、「差別してはならない」という道徳に基づいて生じる問いなのだからである。そうした状況に遭遇したら、自分に有利な方か、それが分からないときには、好きなひとの方に水をやれば、それでいい。差別をしてよいというのではない。「自分勝手」は差別ではないのである。

道徳と称して神の代理をしようとする動機が強いひとは、その一般性をさらに押し進めていく。これに対し、自分の行動が他人から見られて評価されることが自分の利益になるような場合は、——偽善者とされるかどうかは別として——、そのことをも計算に入れるべきであろう。少なくとも、安易な計算や思考の経済を称揚するような思考は、不道徳であるとはかぎらないが、思考と呼ばれるべきではないだろう。

†奴隷根性

ニーチェはそうした道徳を、奴隷道徳と呼んだ。差別意識の一方で、奴隷根性と呼ぶべきものがある。奴隷たちが、自分の主人を自慢しあうようなことである。

もし夫の社会的地位を自分の地位と取り違えたり、子どもの通う学校名を自慢する主婦がいるとすればそれでであり、あるいはまた、意見を述べることを制限され、反政府的であるということで収監されたりする国で、国家と民族を誇りにするような国民がいるとすればそれでである。安全で清潔な社会を愛すること、誠実で繊細な気配りをするひとびとを愛すること、それは理解できる。だが、愛国心とは奴隷根性である。社会が安定するように一人ひとりが寄与するといったことは、愛国心なしにでも、むしろなしにでなければ成りたたない。

それでは、国が攻撃され、他国人が暴力や権力をふるうような事態に対しては、どうすべきか。それで生活が不便になり、生命が危険に曝《さら》されるのだから、抵抗すべきなのであろうか。だが、その点では、戦争だけでなく、災害や疫病も同様である。災害や疫病はその地域に住まうひとに平等に襲うのだから、協力によってそれを防ぎ、対処するほかはない。

その協力に愛を感じるとき、愛国心という語にも「郷土愛」としての意味が生じるわけであるが、他国を攻撃しておいて、攻撃される可能性によって湧きあがらせられた愛国心は偽物《にせもの》である——政府の真の仕事は、他国と戦争しないで済ませることであろう。同様にして、協力がよいものであるという理由から、見せかけの協力を実現する祭りのようなイベントによって、ひとびとをそれ以外の行動から追いたてようとするのであれば、それは欺瞞である。

それゆえ、ヘーゲルが指摘したような、主人と奴隷の弁証法のようなものがある。ひとは一方では主人になりたがっているが、他方では奴隷になりたがっており、すべてのひとが主人であるとする自由の理念が実現しない理由がそこにある。

ここで言葉づかいとして「主人と奴隷」というのは前時代的であるが、英語ではマスターとスレイヴであり、——一時期ハードディスクにもその呼称があったように——、決定権を持つ側とそれに従ってサービスをする側があるといった程度の意味で理解していただきたい。

この主人と奴隷の関係は、命令と服従がうまく分配される組織において起こることであって、どんな組織にも、大なり小なりそうした差別が含まれている。ところが、服従する側は、それによって大きな保障が与えられるような錯覚をしているものである。支配する側は、服従する側を駒のように扱い、いつも損失をふまえて計算しているのに、服従する側が勝手に庇護《ひご》されるものと思い込んでおり、たとえ死んでもその意義が付与されると思い込んでいるのである。

もしだれもが自由であるのなら、こうした組織は成立しない。しかし、だれかが主人であるとして、奴隷がそのような保障を前提として期待していて、保障がないという事実を知った瞬間に主人の大切なものを破壊するであろうと予測するならば、主人は、奴隷をもつことも煩《わずら》わしいことであるのに気づくであろう。

だから、さきにも述べたように、「自由」は中心的な主題ではないのである。自由は奴隷を求めている。奴隷を求めるかぎりは矛盾であり、奴隷が認められないならば自由は受忍とならざるを得ない。自由が主人と奴隷の関係を前提するかぎり、ルソーやカントのように、自分が主人であってかつ奴隷であるというような奇妙なレトリックを使うのはやめて、その理念は、政府に対決するときのためにのみ留保しておくべきである。

スピノザはまだ正直に、国家に従うのは理性にとって次善のことであり、それ以前に国家が自由な個人から成ることが重要だと述べている(『国家論』第五章第六節)。だが、国家において自由であることは、ただ権利を要求することである。それで社会の他のひとびとに義務を押しつけることになるわけで、したがって、それは単なる政治的抗争の自由にすぎないのである。

†国家の必要性

もし差別が一切なくなれば、国家は必要なくなるであろう。地域によって制度が違うにしても、その制度がすべての人間におなじように適用されるならば、そして移動する権利が認められていれば、国家は必要なくなるであろう。

国家が戦争をして奪ったり失ったりする土地は、その土地の住民の多数派と少数派を逆転させるということにすぎず、あるいは、その土地の資源が、特定の産業に携《たずさ》わるひとたちに有利か不利かということにすぎない。国家が貿易戦争をしてする協定は、特定の企業に有利か不利かということにすぎず、それによって企業が利益を上げるようになったとしても、国内の社員の賃金を増やすのでなければ、国民には関係のない話である。たとえ勝者が外国であったとしても、その企業が国内で雇用し消費するのなら、国民にはおなじことである。国民全員がよくなったり悪くなったりするというようなプロパガンダ（宣伝）に騙《だま》されてはならない。

では、国家が存続する必要があるのは、どのような事情からか。それは、しばしば安全とインフラ整備と社会保障のためであるといわれる。安全で便利に暮らすことができて、困ったときの支援があるような体制が築かれている社会。

では、国境線がなぜ必要なのか。仕事が多くあり、豊かな暮らしがある地域に、自分の生まれた土地への愛着を捨てても移動したいほど貧困なひとびとがいる。世界中では数億人という数にのぼるそうだが、経済難民と呼ばれるそのひとたちがやってきて、安い賃金で働くと、当該の地域では仕事が減り、貧しくなるひとが出てくるだろう。

それで貧しくなるひとたちは、国境によってそうしたひとの移動を妨げるか、差別が認められるかした方がいいと考えるだろう。実際は移民によって仕事が多様化し、消費が増え、その地域がますます豊かになるかもしれないにしても、それでも弾《はじ》き出され、没落するひとたちが、政治を活用して、移民を阻止しようとするだろう。

確かに、その地域に自由に流入して犯罪を犯し、ただちに逃亡するといったひとたちもいて、ビジネスのためや移民として流入するひとびとと区別するのは難しい。インフラ整備や社会保障についても、その地域に住み続けるひとがいて、はじめて長期的に計画を立てることができる。それを負担していないひとたちが入り込んで、おなじ恩恵を受けるのはおかしいと思われるかもしれない。

とはいえ、たまたまそこに生まれただけで、その地域の体制の構築に寄与していないひとたちがいっぱいいる。逆に、大きな負担をしながら、その体制の恩恵によって富を得るひともいる。政策による分配が公正で、それぞれに負担し、それなりに恩恵を得るという体制であればよいが、必ずしもそうはなっていない。移民であっても、実はかなり負担していながら、制度的な差別を受けているということもあるだろう。

世界には、仕事があり、安全で便利で社会保障がしっかりしている地域があり、そこでは国境線が引かれ、政府が、その負担と分配の公正なあり方を実現し、ひとの出入りをしっかり管理するというかぎりで、国家が存在する地域がある。もし、世界のすべてのひとが差別されてはならないという別種の公正の理念が適用されないならば、国家が存続すべき理由はある。

そこに生まれたひとは自動的にその市民となり、その体制の恩恵を受けながら、その維持や発展に対して負担する。そこに生まれなかったひとは、よほどのメリットをその地域に与えるのでなければ、その地域に入り込んでくることを制限され、ないし拒否される。無理にでも入り込んでくるひとたちに対しては、差別とヘイトスピーチがはじまるだろう——仕事を失いそうなひとと、安全や便利さや社会保障を、普通よりも多く期待しているひとたちによって。

国家の衰退

他方、経済成長が乏しくて、インフラを整備することができなくなった地域では、それを妨げているひとたちへの差別とヘイトスピーチがはじまるだろう。生まれてきたというだけではだめで、寄与しているという実質が必要だというわけである。とはいえ、社会保障という点では、どんなひとも、支援を必要とする状態に陥る可能性はある。それを絞《しぼ》るということは、それだけその社会の安全性が減るということでもある。

どうして政治体制の弱体化や崩壊と、それに伴うモラルハザード（不道徳なことがまかり通ること）やアノミー（何が正義かが曖昧になること）が起こるのか。気候変動もその理由であり得るし、隣接地域の経済の興隆もあるだろうし、人口減や産業の衰退もあるだろう。悪循環がはじまって、戦争や騒乱で終わるということもある。これは、企業のような組織にも起こる。政府や経営者がしっかりしていないとそうなるのだが、逆に、そうなるから、凡庸な政治家や経営者がその地位に就《つ》くということもある。

モラルハザードやアノミーに対しては、道徳的呼びかけや制度の改定によって、傷口に絆創膏を貼るようなことをしていても仕方ない。それは、炭鉱のカナリアのようにして、体制崩壊を予兆しているだけなのだ。規模の縮小を受け容れながら最低限のものを確保しようとしているのだが、それがその体制の崩壊を促進することになる。

伝統を守ろうと考えるひとは、――核家族であれ米食であれ――、たかだかこの数世代において行われてきたにすぎない生活スタイルを維持するために、どんなことでもして、自分たちの生活条件をこの時代の特権にしようとする。

神道であれ武士道であれ天皇制であれ、古代からの日本の伝統と呼ばれるものは、総じて明治時代に創られた。なるほど、いまに通じるものを古代の文化に見出だすことは可能だが、それ以上にいまと異なるものがいっぱいあったはずで、それは見出だされようとしないばかりでなく、いまの思考からは異質なものなのだから、原理的に見出だすことが難しいのである。

ともあれ、しかし、伝統を守ろうとするひとの子どもたちの世代は、すでに異なった惑星へと移住しつつある。

現行の体制が崩壊しないように支えるだけの政策を、いつまで続けることができるのだろう。ひとはみな不安に思っている。それで済むのならどの地域でも行われるだろうが、魔法の杖のようなものがあるはずはないだろうと、みんな感じている。どこかでつけを払わせられるに違いないが、それは、たとえば戦後すぐの焼け跡闇市のような、いわば「自然状態」へと回帰することなのか――どんなに体を動かそうとも、食べるものはかつかつしかなく、事故や病気ですぐ死んでしまうような生活。

以上のような、地域の彩《あや》についてのどんな政治学があっただろうか。地政学というものはあったが、人口移動と地域との、どんな関連が説明されてきたのか。確かに、エマニュエル・トッドが各国の詳細な統計を通じて人口移動を分析しているが、しかしかれは、各地域の家族制度の伝統へと回帰し、近代の闘争する国家関係の物語を再開しようとするばかりである(『「ドイツ帝国」が世界を破滅させる』)。家族のあり方に民族性のようなものがあるとするのだが、そのようなものは数世代のあいだに押し流されてしまう類《たぐい》のものであろう。

そもそも、何が優先されるべきなのか。仕事があり、安全で便利で保障された生活。その水準は、今日、驚くほど高度になっているが、それは自然状態、というよりはアナーキー(無政府状態)や内戦を遮《さえぎ》る薄氷のうえに建つ危うい生活である。ひとびとは、こうした高度な生活水準をいつも望んできたが、その崩壊を留《とど》めるのにしばしば失敗してきた。長い平和のための歴史の論理。ヘーゲルやマルクスのいう文明進歩の弁証法ではない、シュペングラーが『西欧の没落』で書いていたような帝国の栄枯盛衰の物語が必要である。

†旧くて新しい帝国

西欧人たちの心を捉えてきた「帝国」、それに対して、近代の「国家（国民国家）」という理念は新しく、革命的なものであった。語としては旧くからあるが、近代において理念として構想され、革命を通じて実現され、やがて「帝国主義戦争」を惹《ひ》き起こした。

国家とは、国境線を画定し、そこに登記された住民で構成される組織であり、その登記を通じて権利や利益が分配される体制である。国土を拡張することでより大きな利権が生じることから、大国化、強国化して、遂には世界統一を果たす側に回ることが、究極の目的のように捉えられたりもした。カントのいう「世界共和国」も、平和や人権のためと称しつつも、その論理から外れていたわけではない（『永遠平和のために』第二章）。

国家は、このように人為的であるがために、脆《もろ》い側面ももっていた。国家の内部には、国家が制度を形成するがゆえに、それに反する行為としての犯罪や内乱が蔓延《まんえん》する。国家によってかえって不利な状況を押しつけられた国民には、犯罪となっても構わずに行動を起こすほどの不満が醸成《じょうせい》される。その不満の行き先をそらすために、外部に対して戦争の危険が生じるような緊張状態があえて作りだされる。そして、その暴発によって、しばしば戦争が起こったのであった。

前近代の戦争は、そこから利益がもたらされるための争いであって、資産や資源を収奪したり、奴隷を獲得したり、有利な交易条件を設定したりする目的があった。軍隊は、用心棒のような雇い兵、お抱えの強盗団であった。それは交戦相手となる王や支配者との「ゲーム」であり、相手を完全に破壊しては無意味であったし、損害が決定的にならない程度で相互に勝ち負けを決める必要もあった。

しかし、近代国家間の戦争では、相手国の国境内の領域のすべてが敵であり、他の国家は帝国を形成するために排除すべきものであって、完全に屈服させる必要があった。すべてを焼き尽くそうとしたドレスデン大空襲や南京大空襲がその典型であり、ヒロシマ・ナガサキは、その規模が一挙に拡大されたものである。カントが「殲滅戦《せんめつ》」(『永遠平和のために』第一章)と呼んだそうした戦争を、レーニンは、一国が多くの国を支配しようとするところから、帝国主義戦争と呼んだのであった(『帝国主義』)。

だが、帝国にはもっと別の意味もあった。古代においては、たとえばアテネのデロス同盟の場合のように、同盟国ないし属国と呼ばれる地域が多数あって、地域によって生活スタイルは異なっていたが、どこでもおなじ貨幣とおなじ度量衡で商売をし、生計を営むことのできるような帝国もあった。

中華帝国のように、朝貢貿易による文化的影響によってのみ支配しようとする帝国もあった。

それぞれの地域に多様な国語があるように、相互に翻訳されるルールがあり、国家間戦争ではなく、地域紛争としての衝突しかないような秩序があった。世界史的にはこうした政治状況も、かつては存在していたのである。

アメリカはいずれのタイプであるかとトッドが考察しているが(『帝国以後』第三章)、帝国の二つの意味を混同しないようにしよう。そして、ゲーノがいうように(『民主主義の終わり』)、ポストモダンとは、国家の終焉として、そうしたタイプの新たな帝国、いわば「帝国Ⅱ」の社会状態に向かっていることのように見える。

そこでは、帝国は、近代における大英帝国のような、国家主義的な帝国による世界中の国家の植民地支配ではなく、「国際連合」や「世界政府」でもなく、諸国家の力がそれぞれ削《そ》がれた状態で相互に応召《おうしょう》しあってできた緩《ゆる》やかな連合体、暫定的ないし慣習的に生活条件を一定のコードで変換しあう住民からなる世界である。国境線は薄いものとなり、国境線によって生じてきた差別は禁じられ、ひとびとは容易に国境線を越えることができる。ひとびとは、どの国家に属するかにはあまり執着せず、自由に移動し、世界中の資源や資産を活用しながら、自分に関わるひとびととの関係だけを気にしながら生きていくことができる。

エンゲルスのいうように国家を廃絶するまでもない。国籍による差別をいっさいなくしてしまえば、国家はおのずから形骸化する。そのようにして、民族主義をもたず、自国語と自国流のルールが通用するというだけで満足する多文化帝国は不可能だろうか。「ビットネイション」のアイデアもあるが、少なくともインターネットはすでに情報の、中枢なき世界政府である。

†アメリカ

いま、実質的には、日本とアメリカ合衆国とEUと、その他《た》の国々は、――国家主義者には不本意なことではあろうが――、帝国の属領である。アメリカ大統領という任期制の皇帝がいて、古代ギリシアのアテネ帝国のように軍隊を駐留させ、市場経済や民主主義の、基本的に互換性のあるルールのもとにあることを要求するが、内政にはあまり干渉しない。度量衡すらひとつではない。そこでは、多様な色の肌のひとびと、数多くの言語があり、文化や風習が違っても、互換性あるルールのもとで出会うことができる。

このパックス・アメリカーナ（アメリカによる平和）の帝国は、わが国の戦後にとっても好都合であったように思われる。かつて「アメリカ帝国主義打倒」と叫んだ若者たちがいたが、ソヴィエト連邦の国家主義的な帝国主義よりもましだったことが、あとで分かった。さらに、独立国として軍備を増強し、小学生に愛国教育をしたりしていたとしたら、それよりもずっと酷《ひど》いことになっていただろう。そもそも、帝国を論じたレーニン自身が、理想主義者のトロツキーを追放した国家主義者だったのであり、帝国主義者なのであった。共産主義の理想からすると、抵抗すべきなのは帝国であるよりもまえに「国家」だったはずなのにである。

その意味では、アメリカ追従《ついじゅう》をやめて「尊敬される国家になること」を主張する今日の論者たちも、わが国政府が独自の政策をとったときに、それで国民の生活がよいものになるとは、何ら当てにできないことを忘れるべきではないであろう。他国からの侵略に備えることを求める論者たちもいるが、それは国際情勢という霧のなかに自分の影が映るドッペルゲンガーを見ているのではないだろうか――軍事的侵略を際限なく進めたナチスと大日本帝国の影。

ともあれ、パックス・アメリカーナの帝国においては、犯罪者たち、武器商人や人身売買の仲買人や、各種ドラッグを売りさばくひとたちが出没する怪しい一角がいたるところにあり、CIAがさまざまな陰謀を巡らしているにしても、人権や選挙や自由貿易といった諸概念をキーワードとして、おなじ前提で議論して、交渉したり協力したりすることができた。その延長上に、英語と産業政策とITの共通化という、グローバリゼーションの波があった。

それに対し、帝国外の新興勢力もあって、この帝国概念を前提しないで勃興《ぼっこう》している。一九世紀のロシア帝国や、一四世紀のイスラム帝国や、一八世紀の清王朝など、前近代の帝国のノスタルジーを活用しながら、軍と富とがすべてを決定するという「帝国主義」思想のもと、しばしば辺境地帯での侵入をくり返す。そのゆくえがどうなるかは分からない。

ひとびとが心配しているのは、それらの国が、近代の帝国のような単なる圧政的支配者になろうとしているのではないか、そうなるまえに大規模な戦争が起こるのではないかということである。

†反グローバリゼーション

帝国IIへの、こうした社会状態の推移を促進しているのは、国境を超えた資本であり、流通網であり、ネットであるが、国家が力を失いつつあるいま、世界中でその反動も生じている。

それは、この新しいタイプの帝国になじめないひとびとによる、国家以前に戻ろうとする運動である。とりわけ近代国家の体制を築けなかった中東やアフリカや南米におけるその運動は激しいが、それと同様なことが、アメリカ合衆国や欧州でも起こりはじめている。

すなわち、ゲーノによると、前近代的共同体の絆として、第一には土地ないし出自、第二には宗教ないし魔術、第三には血統ないし部族があったが、ボスニアやレバノンで起こったように、土地のもとで近隣との穏やかな関係を作ってきたひとびとが、宗教ごとにまとまって戦闘をはじめたという(『民主主義の終わり』第三章)。あるいは、EUでは、宗教を超えて受け容れたはずの移民、土地に新たに参入してきたひとびとを排除しようとして、イギリスの離脱(ブレクジット)を招いた。あるいは、アメリカでは白人という血統に由来する権利を守ることを、国家よりも優先するひとたちの支持する大統領が生まれた。

これらの前近代的な絆は、単に古い秩序の復活ではなく、反国家的な新たな秩序の確立を目指している。それらは国家がなかったときとは質的に異なっており、近代国家を改変して、国家という新しい革袋に古い酒（スピリット）を入れようとしている。わが国の首相のように国家を郷土のイメージに置き換えてみせたり、IS（イスラム国）のように宗教原理主義国家を樹立しようとしたり、「アメリカ・ファースト」といいながら、アメリカを特定の血統のひとびとに有利なものにしようとしたりしている。ひとびとは、現行の大統領トランプの人格や思考を問題にするが、問題にすべきなのは、アメリカの国際的なポジションと民主主義そのものであろう。

これらはみな、新たな帝国の行き着く先としてのグローバリゼーションに対する反動なのである。グローバリゼーションによって国家は衰退するが、国家が衰退するから国家主義が生まれ、グローバリゼーションが阻害される。これは、メビウスの帯である。

実際、グローバリゼーションにおいて生活基盤を失うであろうひとびとがいるのだし、かれらは、どうしてその動向に反対しないでいられようか。とはいえ、賛成者も反対者も、そのいずれもが成功を約束されていないばかりか、無駄に混乱を生じさせ、その状態が定常化されることになっても、それもまたポストモダン帝国の特徴のひとつである。

戦争も歴史も終わる「自由主義的民主化」と、フクヤマがお題目のように唱えるような

（『歴史の終わり』）、こんなうんざりとした帝国をだれも待ち望みはしていないだろうのに、しかしそのなかでしか生きていけない状況が生まれつつある。土地や宗教や血統に頼ろうとすることも、そのような文脈にあることを理解しておくべきであろう。

*

もし、言語や制度をはじめとして、人間のすべての生活条件と生活様式と、人間の生活のモデルと生命の意義とを統一しようと欲望する帝国が生じるのなら、そこからは全速力で逃走しなければならないだろう。それは、国家を、社会全体を包括する一個の組織であると妄想するひとたちの帝国である。社会は、国家装置によって占拠されてしまうようなものではない。われわれが望んでいるのは、そうした超越的組織ではなく、綺羅星のごとく無数の文化の共存を許す国際秩序である。

文化とは、原義は「耕《たがや》す」ことに由来し、簡単には「土地」と呼ばれるもののことなのだが、パスカルが指摘していたように、気候や地形や高度や緯度や、植物相、生命圏に応じて、またそこに住まうひとびとの身体や気質や嗜好に応じて、そうした偶有性のもとで時間をかけて形成されてきた生活と人生の伝統である。

「国というものがないと想像してごらん」と歌うレノンのような「ドリーマー（夢見るひと）」

となって、戦争もできない数多《あまた》の小さな国ばかりで、国境という政治的な線も薄いものとなり、だれもが容易にそれを越えて移動して、その土地の文化を尊重し、それに寄与するかぎりで住まうことが許されるような、そうした世界があったらいいとわたしは思う。

第三章

意識

——自我は存在しない

この章では、社会の単位とされる「人格」が、社会組織と有機的身体を分離する要《かなめ》として与えられたフィクションであることを講じよう。意識は本来は政治的なものなのに、自我という、プライドに纏《まと》われた自己意識へと閉じ籠《こ》められているのである。

1 文明の先にあるもの

†自然と文明

国家が本性的に対外的な敵を必要とするものであるならば、カントが『永遠平和のために』で述べている世界共和国のようなものは、望むべくもないものであろう。では、今日の帝国文明（シヴィライゼーション）の先に、どのようなものが考えられるであろうか。二〇世紀前半には「歴史の真理」とされていた共産主義社会は、何を目指していたのであろうか。

「文明とは何か」から考えていこう。『2001年宇宙の旅』（スタンリー・キューブリック監督、一九六八年）の冒頭の、人類の祖先が放り上げた動物の大腿骨、つまり他の類人たちを殺すことのできる棍棒が、一瞬にして宇宙船に変わるシーン――文明というものへのわれわれの理解を、見事に描き出している。

進化論の教えるところによると、四十数億年の長い時間をかけて多様な生物が進化し、やがて人類の祖先が生じた。

人類は他の動物たちと同様に、採取したり狩をしたりしながら少しずつ移動し、世界中に展開して次第に個体数を増やしていったが、一万年ほどまえから定住して農耕牧畜を営むようになった。定住した場所では、人類は、家畜や穀物のような、他《た》の動植物たちの生殖を活用するために土地を囲った。というのも、土地を耕し、施設を作り、植物の生長や動物の成長をコントロールしてその果実を受けとるには、植物が枯れたり動物が逃亡したりしないように、また他《た》の動物や人類からその果実を奪われないようにしなければならなかったからである。このことを、「耕す」という語源から「文化（カルチャー）」と呼ぶ。そこには、自然の秩序においてはあり得なかった新たな秩序としての「社会」が生まれたのであった。

そうした社会（部族社会）が地球上のいたるところで発生し、相互に敵対したり連帯したりするようになり、やがてそれぞれそれらを統合する王が現われ、さらに各地の「国家」を結合する王のなかの王、皇帝が生まれ、やがて帝国とその文明（キヴィタス化）が生じたのであった。

その結果、土地のもとにあった文化に対し、土地相互を「属領（キヴィタス）」として結びつけ、遠隔的にそれぞれの土地の住人を支配する「帝国」のピラミッド（階層組織）とネットワーク(交通網)が構築される。そこでの通商と富の集中は、多様な人工物、便利な道具や豪奢《ごうしゃ》な工芸品を産みだした。さらに生産と政策と軍事の効率化のために多くの知識が発見され、それが今日の学問や芸術へと結実したのであった……。

なるほど、こうした文明進歩の物語は非常に分かりやすいが、しかし、正確なものではない。そうした順序で次第に展開してきたとする理由はない。というのも、それを生きた各段階のひとびとがそうした認識をもっていたとしたら、かれらはただちに現在の文明へと移行しようとするであろうが、かれらはその各段階で、それを永遠の秩序のもとに捉えていたに違いないからである。ヘーゲルが「理性の狡知」という奇抜な概念を与えたが、そもそも歴史のなかの人間が、自分の存在する歴史を超えた認識のもとで行動することは不可能である。そこでは別のことが起こっていたに違いない。

カントの「認識は経験とともにはじまる」(『純粋理性批判』序論)になぞらえていえば、認識は歴史とともに生じる。各段階における手さぐりと出来事の紆余曲折《うよきょくせつ》こそ、結果的に文明を生じさせ、あとになってから、文明の意識(みずからが文明のもとにあるという意識)が、過去の認識を、みずからがそこへと到達したものとして与えたにすぎない。

歴史に内在するような「進歩」はない。「文明進歩」の物語は捨てて、各時代の精神による認識の変化をも含んだ、もう少し複雑な歴史、弁証法はおろか、遅れも先取りもない歴史について考えてみることにしよう。

†文化

まずいっておくべきことだが、文化と呼ばれる現象は、文明によって見出だされる。自然と文化とは、土地と土地のうえに構築された人工物という二重の構造として、はじめからあったわけではない。文明の発展につれてその属領内の自然が、そこの住民たちの習俗と一体となって、『風土記』(八世紀)のような博物誌的な認識として現れてくる。そのうえで、各地の固有の文化とそれを規定する共通性としての自然とが、民族名とその歴史によって整理されたのである。

たとえば古代ギリシアのヒポクラテスは、さまざまなポリスの風土病を調べ、そこに自然環境としてのピュシスばかりでなく、生活習慣としてのノモスを見出だす。それぞれの部族が生活していた土地に応じて見出だされる差異から、土地を自然と文化の合成物として捉える視点が生じたのであった。それまでは、土地と社会とは、渾然《こんぜん》一体のものとしてしか意識されていなかった(ハイニマン『ノモスとピュシス』参照)。

したがって、文化よりも、社会形成が先立つのである。文化人類学者、レヴィ＝ストロースは、社会の形成を近親相姦のタブーによって説明する(『親族の基本構造』序説)。婚姻不可能な関係に当たる人物は、他部族の人物と結婚しなければならなくなるが、その結果として姻族関係にある部族連合体のようなものが、社会として生じるのだという。

社会の形成によって、相互信用のもとにある物々交換、ないしモースのいう相互贈与が可能となり(『贈与論』第一章)、通商が発達し相互の生活条件が改善されていく。ある意味、女性の交換が最初の贈与であり、それを通じて永続的な物々交換の場が拓《ひら》かれたというわけである。

未開人部族相互の出会いが、戦闘からはじまるのか贈与からはじまるのか、それは分からない。戦闘からはじめる部族の勝者は、相手のもっているものを奪うことができる。贈与からはじめる部族は、永続的関係を築くことができる。どちらがより有利であるかは、その場ではいえないことであるだろう。

ゲーム理論の専門家は、相手の出方を窺《うかが》って、戦闘なら戦闘、贈与なら贈与というように同じ手を使うことが、最終的な報酬を大きくする確率が高いと述べている(佐伯胖『「きめ方」の論理』第五章)。闘争に出がちな部族と、贈与に出がちな部族のどちらのタイプが生き残ったかは、おそらく人類の壮大な実験だったのであろうし、最終的に贈与という行為に出たタイプの部族が生き残ってきたと見るべきなのであろう。

†帝国と奴隷

とはいえ、帝国は、戦闘によって広域化していった。奴隷を獲得し、属領を確保するためである。奴隷とは、多様な労働に使用できるロボットであり、イヌやウマよりも賢い家畜である。その所有者には、家畜と同様の、生殺与奪権と交配の決定権がある。いまからすると非人道的であるが、というよりは、人間と女と子どもと奴隷や使用人と家畜と野生動物のあいだに、本質についての明確な区別の線が引かれていなかったということである。あったのは、使用の性質の区別にすぎない。

帝国の属領では、それぞれの土地の王が帝国の配下となり、その王への指令を通じて、帝国に有利な通商がとり行われた。その土地の住民は、従来通りに王の支配下にあったとしても、帝国人の横暴によって暮らしにくくはなったことであろう。

他方、奴隷制は一九世紀まで続いたが、リンカーンの「人権」という理念によって否定される。それは、黒人を、アメリカ南部諸州の綿花生産に従事する奴隷としてよりも、個別に契約できる自由な労働者として処遇した方が、北部諸州の工業生産に適《かな》っていたという理由からでもあった。人道的奴隷所有者が奴隷の健康や心の平安に配慮するのと、資本主義的経営者が人件費をなるべく節約して生産効率を上げようとするのとが、実態としてどちらが人権にかなっているかをいうのは難しい。

「人権」という理念は、資本主義の隠れ蓑《みの》にすぎないように思われる。「奴隷はあってはならない」というにしても、古代ローマの、塩（サラリー）を受けとっていた時間奴隷と現代のサラリーマンの違いはどこにあるだろうか。女性を誘拐して地下室に閉じ込めて強制性交渉をするのと、経済的に自立できない女性を家に閉じ籠めて生活の世話をさせるのとは、本質的に異なることなのだろうか。

奴隷は、「自由」という語の意味が「奴隷解放」という語に由来するのだから、自由の反対語であり、自由に価値があるとするかぎりは「あってはならない」ものである。ということは、自由の価値が消えるときには、奴隷もそれほど悪いものとはされなくなるということなのか……。

ともあれ、近代国家は、まず成立したうえで帝国主義化したのではなく、以上のようにして帝国化していたものの崩壊の過程で出現した。西欧人たちは、近代において、奴隷を否定して自由な「人間」を見出だし、属領を否定して「国家」を見出だしたのであった。

国家はしばしば帝国と混同されてきたが、少なくとも西欧では、民族であれ、宗教であれ、土地であれ、何かを核として帝国に対する反乱が起こり、帝国から解放されて国家となり、そこに属する国民が「人間」であるとされるようになったのである。そのあとで、反人間的なものや反国家的なものが、その国内に見出だされるようになったのである。

これが真の歴史的順序というものであろう。歴史記述はいつもあとから見たものによって、まえからあったものを捉えなおす。歴史についての真の知識は、伝承されてひとびとが参照する物語を記録することによってではなく、自分が生まれて以来、当然としてきたものを疑い、それを暴露することによって獲得される。旧世代の物語を信じてはならない。それは続く世代を支配するために、何も知らない子どもたちに対して、植えつけられる記憶なのだ。

†理想社会

われわれは、今日、西欧文明の資本主義的な帝国が地球上に拡がっているのを目撃する。第二次世界大戦以前のくっきりとした帝国相互の覇権《はけん》争いのあと、大英帝国をはじめとする旧《ふる》い帝国から多くの植民地が独立して国家となった。わが国もアメリカの占領から独立して国家となり、その帝国の属領であることに調和した政策をとりながら現在にいたっている。

グローバリゼーションは、帝国の最近の拡張運動であったが、いま、国家主義的な運動が世界各地で起こっている。国家主義とは、国家を実体視して社会と同一視し、国民に国家への忠誠と奉仕を要求する考え方である。中国のように属領外から新たな帝国を目指す国家もあれば、アメリカも含め、帝国から切り離された「独立国家」を目指す国家もある。したがって、帝国と国家の葛藤は、すぐれて現代的主題なのである。

われわれの関心は、この現代の状況が今後どう展開していくかであるが、それについては、いくつかの指標が未来を指し示している。

少子高齢化や地球温暖化や、情報技術（IT）や遺伝子技術やロボット技術による生活環境の機械化、拡張現実化（AR化）である。もし劇的な災禍、戦争や地球規模の災害が起こらなければ、国家の盛衰はたいした問題ではなくなっていって、将来のひとびとは安逸《あんいつ》でありながらも暗澹《あんたん》たる生活を送っていることであろう。いまの若い世代が社会の中心となるときの、それが社会の一般的生活であるに違いない。

SF作家ならば、その二〇四九年の近未来社会を、「ディストピア」として描き出そうとするだろう。といって、それは悪夢のような「管理社会」のことではない。それは、安全で健康で不自由ない生活をおくっているが、特に何もすることのない世界である。

なぜ、「特に何もすることのない」生活が暗澹たるものなのかと問う読者もいるだろう。すべてを人権問題のないスマートロボットに任せ、四六時中、現実にシームレス（継目なし）に拡張されたゲームとSNSの世界を享楽していればよい生活――それなりに素晴らしい生き方なのではないかと思われるかもしれない。

わたしは生きがいが必要だとか、まして愛や他人とのふれあいや精神的価値など、J・S・ミルのいうように（『功利主義論』第二章）、人生の目的を目指して努力する質的な快楽がなければならないなどと主張するつもりはない。カントのいうように（『道徳の形而上学の基礎づけ』第二章）、理性的主体として人格的に生きることにこそ価値があると主張するつもりはない。

ただ近未来のその生き方は、恐ろしく退屈で不安な生活であろうとは思うのである。退屈と不安を祓《はら》うだけの生は、――パスカルのいう「気晴らし」の生であるが（『パンセ』一三九）――、大多数のひとにとって、遅かれ早かれうんざりするものなのではないか……。

そんな心配はする必要はないと、考えるひともいるかもしれない。なぜなら政治のあり方を巡っては、多数派とその利害関係者たちとがたえずいて、いつも権力を転覆させたり簒奪したりしようとする勢力相互のせめぎあいがあって、それからは目が離せないばかりでなく、自分も否応なく巻き込まれてしまうだろうからだ。なるほど、政治的状況が無意味になる社会などない。必ずどこかでだれかが弱者として悲惨な眼にあっていることだろうし、そうした状況を覆すべきだとして立ちあがるひとが、いつの時代にもいるかもしれない。

では、政治的状況それ自体が無意味になる時代がくるということはあり得ないのか。理想社会が出現し、差別も貧困も犯罪もなくなって、だれも政治に不満を抱かず、それがどんな政治体制かも忘れてしまう、そんな時代がくるということはあり得ないのか。

マルクスこそ、そうした理想社会を思い描いていたとはいえる。だが、ご存じのように、ソヴィエト連邦の崩壊によって、マルクスの夢は潰《つい》えてしまう。否、ソヴィエトという「国家」がレーニンによって作りだされた瞬間に、それはすでに潰えていたのだった。以来、社会の理想を語るどんな言説も、そのパロディのようなものにしかならなくなった。

理想社会ならずとも、政治的状況が無意味になる社会が到来するかもしれないとは考えられないのか。政治的状況を作りだすものが何かを考察して、そうした原因が消え去ってしまえば、それが理想とはほど遠いものであっても、たとえ奴隷のような身分であっても、ひとびとは安逸に暮らせるようになるのではないか。

ひとびとが、AI機械のネットワークを信頼して、動物のように眼のまえの利害にしかこだわらず、ただ生き延びるということ以外のことを思考しなくなるとすれば、そうした社会も到来する——それも、やはりディストピアなのだろうか。

†共産主義

文明の先にあるものは、もはや共産主義社会でも、そうでなくてもよい。いずれにせよ似たようなもののようである。だが、本当に問題は解決されるのか。

出発点に戻ろう。マルクスが嫌っていたものは何だったのか。ひとの労働の果実を資本主義的諸制度によって自分のものとする資本家たちか。資本家と労働者に別れてしまい、その不平等を徹底する階級差別なのか。

もしわたしが労働者として、資本家階級(富裕層)が存在することをおかしいと思うとすれば、それはわたしが身体を使用して生産したものを「わたしのもの」だと前提しているからである。というのも、植物や家畜を育て、その果実を得るためには細心の注意と工夫とが必要である。そうした意識の働きと、それによって必要とされる身体の疲労や苦痛の代償として、その果実を得て当然だと思うからである。それを奪うケモノたちやノマドたちに怒りを感じるのとおなじように、資本家にも怒りを感じて当然だということになるだろう。

他方、努力によってより多くの果実を得ようとするとき、すべてのひとがおなじだけの果実を受けとるべきだと、どうして考えることができようか。それは、矛盾しているように思われる。精神的な才覚と肉体的な努力とが果実の多寡を分けるのであるなら、それで生じる不平等は、むしろ公正と呼ぶべきではないのか。

それゆえ、この二つのこと、才覚や努力と平等とは両立し難い。資本家ばかりでない、たいした労働をせずに果実を受けとるひとたちとのあいだに不平等があるというのは本当のことだが、その論理の裏返しとして、平等に分配されればされるほど社会はよい、ということにはならないであろう。

制度や組織や権力が特定のひとびとにより少ない才覚や努力でより多くの果実を分配するというのは事実だが、そこにある問題は、平等ではなく、公正な分配の仕方なのではないだろうか。「未来」というものは、それを解決すべきものとして出現してこなければならないのではないだろうか。

†分配と差別

分配が、各人の才覚と努力に完全に比例してなされることは、ありそうにない。ライオンの群れなどは、群れのなかに獲物を食べる順番があって、各個体の貢献の量とは無関係に食べているらしい。われわれの現実でも、特定のひとの尽力が大きいのに全員の成果にしたり、リーダー個人の成果にしたりということが起こる。

ところで、さきに、一人で労働しその果実を得たら、それはそのひとの所有であると述べた。身体を使いこなすという意味での身体の所有の延長で、自然に働きかけ、自然現象の一部を自分のものにすることはできるだろう。それをどう使用し、消尽しようとも自由である。ただし、ホッブズによると、所有権が確立されていなければ、それはいつでも奪われ得る、それを防ぐための体制が必要になるということであった。

他方で、労働は協働や分業によって、一人でするよりも大きな成果があがるということであった。そこで、この体制は、一方ではその労働に関係ない邪なひとたちに果実を奪われないことを保障しながら、他方で、ともに労働したひと、分業したひととのあいだで公正な分配を行うという役割を果たさなければならない。そのかぎりで、そこから果実の一部を、体制のリーダーのものにすることもあるということだった。

では、公正な分配とはどのようなものか。いくつかの可能性がある。単純化して分類すると、第一には全員で平等に分ける、第二には貢献に比例して分ける、第三にはくじ引きをして分ける、第四には、貢献と関係なく分配比率を事前に決めておく、という可能性がある。

協働や分業をもちかけられた場合には、そこから自分で選ぶことはできようが、すでに組織ができあがっていて協働や分業を拒否できない場合、そのいずれであっても、それに抵抗するのは困難であろう。そして組織においては、第四の場合である可能性が高い。組織を作り、維持するひとびとは、まさにそのために組織を作るという労働をしたのであろうからである。少なくとも組織のリーダーたちが、分配の比率を決めようとするだろう。

ここに差別の源泉が出現する。第一の、全員平等の場合は、貢献したひとへの差別となるであろう。第二の、貢献に比例する場合は、貢献度のはっきりしないひとに対して差別がなされやすい。第三の、くじ引きをする場合は、努力しようとするひとが差別されている。第四の、事前に組織によって決められている場合は、その条件に応じて差別がされないわけがないであろう。

分配の条件が、肌の色や性や出自や国籍とされる場合にこそ、今日では特にこれが「差別」と呼ばれている。他方で、もし、まったく分配されないひとがいるとすれば、それは「奴隷」

と呼ばれるだろう。それらの条件の設定は、すでに述べたように、組織維持のための内外の敵の設定による。社会全体においては、国家のイデオロギー（偽りの認識によって生じる思想ないし政治的意識）がその条件を支えている。

ところで、この分配に関しては、しばしば社会保障が論争の種になる。社会保障とは、障害者などの社会的弱者が、才覚や努力次第では僅かしか受けとれないとき、それよりも多くを分配される、ないし補塡《ほてん》される政策である。しかし、それは単なる配分の問題ではない。安全の問題である。

というのも、事故や病気でだれもがそういう立場に追い込まれる可能性があるのだから、そこでもし放置され見捨てられるとなれば社会に不安が醸成され、トラブルや犯罪が増えるであろうから、社会保障が多くある方が、社会は安全なのである。

ところが、障害者に対して健常者がそれを補う義務があるとする「ノーマライゼーション」という思想が、西欧にはある。不運なひとは救われるべきだとか、貧困はあってはならないとか、人間としてみな平等に尊重される社会がよいとかの意見もそこから来る。そのようにして、現代でも「市民社会」について論じるひとは、国家を、「道徳の理想を実現するもの」として捉えているのである。ノーマライゼーションの思想は、キリスト教的ドグマ（教義）に由来する道徳にすぎない。そうした宗教的背景によって密かに反感と差別が醸成《じょうせい》されるのだが、宗教のもつ危険性についてはあとで論じることにしよう。

もし、人間は平等に尊重されるべきだから全員平等に分配すべきだと主張するひとがいたら、そのひとには、前提において、貧しいひとへの差別があるのではないだろうか。貧しいかどうかということと、尊重できるかどうかということは、本質的に異なっている。豊かになったひとを尊いとするのは、カルヴィニズムに由来するのであろうか（マックス・ウェーバー『プロテスタンティズムの倫理と資本主義の精神』）、資本主義のイデオロギーである。資本主義においては豊かなひとが優位であるといわれるが、金力がひとに対して効果をもつのは、困窮しているひとに対してでなければ、お金を「尊敬する」ひとに対してである――そのようなひとを尊敬することはできないだろう。

分配の平等よりも、まず貧困者への資本主義的差別感情を捨てるべきではないだろうか。それぞれの所得に違いがあるのは、さまざまな理由と事情があるからであって、貧しいということだけで、怠け者だとか才覚がないとみなすべきではない。愚かだから貧しいひともいるが、愚かさだけが貧しさの原因ではなく、愚かでも豊かなひとは多くいるのである。

†平等性のドグマ

それにしても、である。こうしたキリスト教的、および市民社会的な「平等のドグマ」がいつのまにか、共産主義にすら入り込んだのであった。神のもとでの平等を地上に実現したいひとびとが、共産主義をも乗っ取った。

マルクスが嫌っていたものは、資本主義のイデオロギーを信じ込み、制度や組織が特定のひとびとに有利に働いているにもかかわらず、自分もそれに便乗して、おこぼれにあずかろうとして失敗するひとの惨《みじ》めさだったのではないだろうか。現実を直視せず、才覚を磨かず、努力をせずに、ひとりでに果実を得る立場に立ちたいとする大衆だったのではないだろうか。

だから、マルクスが所有の観念を否定したということは、そのこと自身の正しさによってではなかったかもしれない。なぜなら、資本家階級から「奪われている」ということに気づくということは、それも所有を前提しているのだからである。

人間の本質は労働であるとして、マルクスが所有の観念を否定したのは、現実の生活条件を吟味する合理的な思考をするようにひとびとに目覚めさせ、みずからの労働として、真に自分の生産したものを自分の所有にするような才覚と努力を期待したからではないのだろうか。

しかし、共産主義者たちがしたことは、平等という名目で、分配が少ないという意味で不平等な状態にある多数者が、少なくとも現状よりも多くを得ることができるという理念を喧伝し、それによって権力を握り、資本家階級が独占していた富を奪い取ることだった。

レーニンは、トロツキーを追放して国家を作り、党が資本家階級に取って代わったばかりでなく、あまつさえ帝国を築こうとしていた。失笑せざるを得ない弁証法がそこにある。どんな理念でも構わない、思考しない大衆から、騙《だま》したり脅かしたりして自由と富を奪う「才覚」のあるひとたちが、いつでもどこにでもいるということだ。

トマ・ピケティが、今日も富裕層と一般人の資産の格差が拡がりつづけていることを指摘している（『21世紀の資本』）。それは確かに不平等なのではあるが、その裏返しの状態、資産をひとと平等に所有することが、一人ひとりの生の意味ではないであろう。

†政治的意識

ひたすら平等を唱えるひとたちは、才覚ないし努力の不足するひとたちであり、——まさにニーチェのいう「奴隷道徳」だが——、それが多数派であるから支持を得る。だが、そうやって騙されたり脅かされたりすることなく、真に公正な社会にするためには何をしたらいいのか。

マルクス／エンゲルスは、「支配的な思想は支配階級の思想である」（『ドイツ・イデオロギー』）と断言し、ひとびとが日常において社会状況を正しく意識していないから、あてがわれた思想を前提にして自分の態度や振舞を決定してしまい、いつまでも自分の置かれた状況を改善できないでいると述べた。

それでかれらは「万国の労働者よ、立ちあがれ」と述べたのであった（『共産党宣言』）。もし社会が才覚や努力次第で豊かで安定した生活になるようにできていないとしたら、つまりつねに資本をもっている方が有利で、労働するひとびとは最低賃金になるように仕向けられるばかりであるとしたら、ひとは、もはや唯々諾々《いいだくだく》と労働していることはない。ひとは自分の目標を変え、そうしたことが実現するような社会を作りだすべきだろう。だからこそ、ひとは自分が労働者であるという「意識」をもたなければならないのである。

今日でも、ひとは、社会においてさまざまに「意識」をもつべきだといわれる。実際、国民の代表を選ぶために投票に行くという意識をもっていないひとたちがおり、女性や少数者や外国人の差別についての意識をもっていないひとたちがおり、あるいは自分の支出入についての意識をもっていないひとたちがおり、格差が拡大しつつあることへの意識をもっていないひとたちがおり、勉強して自分の実力を身につけることへの意識をもっていないひとたちがいる。それらのことについて、みな「意識」をもつべきなのだ。

ここでいう意識とは、気づいていること、そのことに配慮していることである。日々の生活や人間関係については、ひとは意識しているのが当然である。食事や服飾や人間関係のこともあるし、トラブルに遭遇しないように、よいことが起こるようにと意識している。その意識によって、うまく立ち回ることができるだろう。

他方、自分が置かれている社会状況についてはどうか。就活で差別されて自分が社会的弱者であることを意識させられるひと、勤めている会社が倒産して自分が産業構造の変化に左右されていることを意識させられるひと——何かないと意識しないのが普通である。

そのなかでも、政治にいたっては、ニュースを見、本を読んで勉強しないと分からないことが多い。社会全体がどうなっており、どんな思想が、制度や政策を使って社会をどんな方向に変えようとしているか。「意識高い系」という語が流行ったが、それは正統とされる思想に過剰に同調した意識をもつひとのことであった——政治的意識は低いということだ。

なぜひとは、自然に社会全体の状況を知ることができないのか?——それは、ジャーナリズムが機能していないからという以上に、イデオロギーがあるからである。

偽りの認識によって欺かれた思想をイデオロギーと呼ぶ。マルクスのいう資本家と労働者の階級対立が本当であろうとなかろうと、イデオロギーとして思想が与えられてしまっている。それによって社会状況の認識が歪んでいる。それは、どの社会でもあてはまる。

そのことは、意識をもつべきだとされるどんな主題についても、例外を許さない。ルイ・アルチュセールは、すべての国家にはイデオロギーがあり、それは学校や教会や、その他さまざまな儀式のなかで埋め込まれると述べている(『イデオロギーと国家のイデオロギー装置』)。だれがというよりは、相互に牽制しあってそれを埋め込みあうことで社会が成りたっているというのである。

その意味では、社会の現状を批判する政治的意識についても同様である。階級対立があるという意識も、共産主義革命をすべきだとする意識もイデオロギーであった。どれがイデオロギーでどれがそうでないかは、さしあたっては区別がつかない。イデオロギー相互を比較検討して、いずれかに軍配を挙げることができるほど、われわれの思考は無垢《むく》ではない。思考の前提となる思想が、すでに特定のイデオロギーに賛同するように仕込まれているのだからである。

イデオロギーとそうでないものを見分けることはできないのか。しかし、それはできなくはないと思う――思考をゼロからやりなおすなら、すべての思想のイデオロギー性があきらかになり、そのいずれが未来に向かって正しいかそうでないかが識別できるようになるであろう。

2　意識と自我

†理論としての近未来

わたしはいま、近未来の社会がどのようなものになるかについて考えているのだが、読者はそれを単なる「意見」とみなすだろうか、それとも、社会のさまざまな情報に接し、社会とこれからの変化を「想像」しているとみなすだろうか。

だが、意見や想像は、理論とは異なる。理論とは、人間が何であり、人間が集まって何が起こるかについての首尾一貫した推論に基づいて述べたものである。わたしの述べることが、近代の哲学者たちの理論、および現在の近代主義者たちの意見や想像と違うとしたら、それは、かれらとは違った人間観や歴史理論に基づいているからである。そして近代主義のイデオロギーを暴露する哲学的方法論にのっとっているからである。

近代主義の哲学を批判するのは、それほど難しいことではない。時間と言葉について注意深くしてさえすればよい。時間の同一性を否定し、言葉の永遠性を否定すれば、近代哲学の普遍主義は崩壊する——それを『差異とは何か』と『いかにして思考するべきか?』に書いておいた。一九世紀末ころから、このことを実行した哲学者たちの思考とともに、——哲学を復興しようとする意図のもとであったにもかかわらず——、ポストモダンが到来したのであった。

では、ポストモダンにおける社会の構成原理とは何かということになるが、まずは意識とは何かから出発し、社会がどのようにしてその視野に入ってくるかを検討することにしよう。そして、人間経験のどこで「政治」が生まれてくるのかを発見することに努めよう。

そのことについては、わが国では、近代化に際し、透谷や漱石などによって、とりわけ「自我とは何か」というように問題にされた。しかし、われわれは、——デイヴィッド・ヒュームの有名な議論があるが(『人間本性論』第一篇第四部第六節)——、自我は実在しないというところから出発しなければならない。少し遠回りになるが、つきあっていただきたい。

†政治的意識と自己意識

マルクス／エンゲルスが問題にしていたのは、社会における政治的意識であった。自分が属している社会がどのようなもので、どんな仕組になっていて、自分の位置づけがどうなっており、自分はどう行動すべきかについての意識である。

とはいえまた、「意識」とは、事故にあったときにその有無や程度が問題にされるような、生理学的生物学的な概念でもある。

その場合、意識があるとは、――「見当識」ともいうが――、いまここがどのような状況であるか尋ねられたら答えられるような、あるいは振舞によって判別できるような精神状態のことである。ホモ・サピエンスにかぎらず、多くの動物に見出だされる。

意識とは「気づいている」というのが原語だが、政治的意識と生物学的意識とは、まったく別の概念におなじ「意識」という名まえがつけられているとは考えない方がいい。政治的意識と生物学的意識、これら二つの意識概念はどのような関係になっているのであろうか。

一九世紀末の哲学は、ドイツのフッサールであれ、フランスのベルクソンであれ、アメリカのジェイムズであれ、少しあとの日本の西田であれ、「意識の流れ」のようなものを自我の基本的特性として捉えていた。意識を探求すれば、自我がどのようなものであるかが理解されるとしたのである。この点では、精神分析のフロイトも、そこから出発して、逆に無意識の特異性を見出だしたといえる。

これらの思想に共通していたのは、人間において見出だされる意識は、見当識というばかりでなく、「自己意識」であるということである。「自己」とはセルフ、――イヌが自分の尻尾を追いかけるように――、動詞の目的語が主語と一致するということである。自己意識とは、わたしが何かを意識しているだけではなく、自分自身、つまり意識しているというそのことを同時に対象にしている意識である。「意識的に」といういい回しがあるように、状況や環境に反応して、単に感じたり行動したりしているだけではなく、自分が反応していることや、それをしようとしていることに気づいているということである。その結果、意識的でなかった場合とは違った振舞をすることもある。しばしば誤るとはいえ、自分にどの程度の意識があるかをも、自分でも判定することができる――酔っているときなどは怪しいが。

†意識という病

とはいえ、自分の行動に、つねに自己意識が伴っているわけではない。習慣でしたことや、酔ったときにしたことをあとで忘れてしまうこともあって、それでも日常生活は、問題なくやり過ごせる。夢中になってゲームをするときや、風景を楽しみながら散歩するときや、映画に引き込まれて観ているときは、あとから考えると記憶があるのだから意識がなかったわけではないが、そのとき、意識をもっているという意識はなかったのである。

しかし、その反対に、とりわけ自分を意識させられる場面もある。ひとから様子を窺《うかが》われている状況や、否応なく注目されてしまう状況では、特にそうである。自己意識が強すぎて、どんな他人の反応や自分の状態も意識して分析し、過剰に反応してしまうこともある。それを神経症といい、身体に症状が出るほどであれば心身症と呼ぶのである。

たとえば膝《ひざ》に違和感があるときに、そこに負担をかけまいと「意識的に」歩くとすれば、そのぎこちなさによって余計に痛みを感じたり、他方の脚に別の違和感が生じたりすることがある。しかも、「仕事に行きたくない」などと思っていて、他方では「それはまずい」という考えがあれば、膝の痛みに余計に注目し、単なる仮病ではないほどに痛むようなこともある。

ひとは精神の病があるかないかと問題にするが、「意識という病」といういい方もできるように、そもそも自己意識そのものが不自然なものであるといえなくもない。動物のように日々の生活に専念していればいいところを、自己自身を主題にして虚しい問いにのたうち回ることがある。些末なことが、あたかも人生を左右する大きな問題のようにしてたち現われ、そこでもがき苦しんで、際限がない。思考がそうした自己意識の迷路に閉じ込められたときには、そこから逃走することが必要である。

したがって、われわれにとって、自己意識は両価的（アンビヴァレント）なのである。賢くあるためには、ひたすら意識を徹底するよりも、必要に応じて自己意識の水準を低下させ、過剰な反応をしないようにすることであろう。その意味で、古来、アルコールやその他の酩酊剤が愛用されてきたのであろうが、それはそれで依存症になって、そのことばかりを意識するようになるという別の神経症に陥《おちい》りもし得る。

とはいえ、自己意識なしには、思考は不可能である。ヘーゲルのいうように、そこから事物の認識や類的存在や相互承認や主人と奴隷の弁証法までは進んでいきそうにはないが（『精神現象学』Ⅳ）、少なくとも、ソクラテス以来の伝統として、思考するためには、同時に自分が何を思考しているかを思考していなければならないということはあるであろう。

そしてまた、思考なしには、政治的意識、自分の置かれている社会状況の正確な認識や、自分が巻き込まれている出来事の展開の正しい予測はおろか、行動における意識のコントロールもできないだろう。それゆえ、古来、デカルトやパスカルを代表として、多くの哲学者が、「思考してこそ人間である」と述べてきたのであるに違いない。

†〈わたし〉

デカルトは、確かなものを見出だすためにすべてを疑うということをみずからに課し、その結論として、「わたしは思考する、それゆえにわたしは存在する」と述べている。思考するかぎりにおいて、「わたしの存在」は、原理的に疑い得ないというのである（『方法序説』第四部）。

デカルトがすべてを疑ったとき、自分の身体の存在をも疑ったのであるから、かれはただ自分の思考のみから「わたしの存在」が確かであると結論したわけである。はたしてそのようなことが可能なのか。というのも、まっさきに気になるのは「わたし」という語が指しているものは何であるかということである。デカルトはそれをどのようにして知ったのか。

「わたし」という語は、奇妙な語である。たとえば「樹木」であれば、多くのひとが樹木というおなじ対象をその語によって指差《ゆびさ》すことができる。他方、「佐藤さん」のような固有名であれば、たとえ同姓のひとがいても、ひとは知人のそのひとだけを指差すだろう。

ところが「わたし」については、自分自身を指すつもりで語っているのだが、他人が「わたし」という語を使ったからといって、自分自身が呼ばれたとは思わない。逆に「わたしはジンギスカンです」などと述べたなら、――歴史上そう述べることのできるひとが一人いたのは確かだが――、わたしは精神科を受診するように勧められることだろう。

「わたし」という語は、実は、言葉の表現の外にあって、それを語っているひとを指し示す語なのである。それぞれのひとに〈わたし〉があり、その意味は、言葉で述べられていることが、述べている当の人物にあてはまるということである。

「ひとは仕事をもっている」と述べるとき、必ずしも「わたしは仕事をもっている」という意味ではないが、「わたしは仕事をもっていない」ということを含んでいるわけではない。逆に、「わたしは仕事をもっている」と述べれば、「仕事をもっていないひともいるが、わたしはそうではない」ということを意味している。他方で、そのおなじ表現で、「あなたは仕事をもっているか？」ということや、「わたしは以前は仕事をもっていなかった」ということや、「忙しくてあなたの希望には添えない」ということをも含意させることができるであろう。

何をいいたいかというと、「わたし」は、「わたし」単独では何も指し示してはいないということである。それは、語るべきことがあって、それが語られている相手や状況において、その言葉の言外の意味を示すものとしてしか使用されていないということである。デカルトのように懐疑を尽くしていく場合には、当然ながら消え去ってしまうはずの曖昧な語なのである——ではデカルトは、「存在するわたし」という語で、何を指し示そうとしていたのだろうか。

ここでの「わたし」は一人称の主語、フランス語で「ジュ」の訳語であるが、日本語にはそれに相当するものがなく、「わたし」という語が空間的位置関係や社会的人間関係から転用された語であることをふまえるならば、なお一層そのことが謎になるだろう。

†幼児のファンタジー

幼児が、しばしば自分のことを「わたし」とはいわず、自分の固有名で述べることはよく知られている。言葉の通例の用法によって、呼ばれる固有名が自分であるとするのは間違いではないのだが、幼児はやがて、それを「わたし」というような語でいい替えるようになる。

それ以前、「わたし」の指す〈わたし〉がどうでもいいようなとき、そこでは何が起こっていたのだろうか。そこには、世界に事物や生物たちしか存在しなくて、自分もまたそのひとつでしかないという、幼児には、おとぎ話のようなファンタジー（空想ないし幻想上の出来事）が生きられていたに違いない。

言葉でもって完結した世界が物語られるとき、幼児は、事物や生物たちもおしゃべりをする、ただひとつの世界のなかで生きることができる（オング『声の文化と文字の文化』参照）。そのなかに固有名の自分がいて、生きてそれを聞いている自分と同一かどうかを気にしないでいられるからであり、だれが語っているかを意識しないでいられるからである。

しかし、そこに、だれか他人が登場してきて、そのファンタジーが否定されるという事件がいつか起こる。幼児は、そのことを通じて、自分には経験されていない世界が、それを語る人物の背後に控えていることに気づかされる。〈わたし〉とは、自分とは異なって語る何ものかのことである。ファンタジーのなかの魔術師ではなく、ファンタジーそのものを破壊したり、与えてくれる何ものかである。

幼児は「物語をして」といっておとなにせがむのだが、それはおとなが新たなファンタジーの扉を開いてくれるからである。だが、おとなは突然、「もう寝なさい」といいはじめる。ファンタジーは、幼児に物語という世界経験の土台を与えながら、その破壊を通じて、幼児を現実の世界へと連れ出すのだ。

世界とは、現実とファンタジーの交錯である。おとなになってもファンタジーの世界に潜り込んでしまうひともいれば、恋人との二人だけのファンタジーに浸っているひともいる。家族の団欒《だんらん》も、親子の愛についてのファンタジーとして語られる。父も母も、それぞれただの人間であると知ることは、子どもにとっての、ひとつの重大な課題である。父も母も、万能に幼児を支え、助けることができるわけではないのだ。

サルトルに、「他人は地獄だ」という有名な一句がある（『出口なし』）。その意味では、他人とは暴力なのである。ファンタジーの、荒ぶる強面《こわもて》の破壊者である。否、もっとずる賢くて、ファンタジーのなかに入り込んでかわいい動物を演じたりしながら、最後には冷酷な現実へとひとを突き落とす。とりわけ他人を利用しようとするひとにとっては、それはありふれた手段である——サン＝テグジュペリ『星の王子さま』のキツネはそこまでではなかったが。

だが、じかに現われる他人、ファンタジーの破壊者の暴力は、それとは質が異なっている。それは、ある意味では、ただ、現実をともに生きようと呼びかける親ないし他人なのだが、幼児、および発達障害といわれるひとにとっては、その他人こそ恐怖である。

「わたしは……」とそのひとが口に出した瞬間に、それはファンタジーを破壊するだけではなく、現実の世界には「砕けた鏡」（クザーヌス）のように数多くの〈わたし〉がいて、決して世界がひとつのファンタジーに完結したりはしないのだということを教えようとしているのだからである。

その世界が、ひとつの完結したものでなければならないとして、理論的に追究するひとたちもいて、ときに哲学者を自称したりもするのだが、それは幼児期のファンタジーの名残りなのであろう。それは「近代」という、多くのひとたちに共有された巨大なファンタジーが終わったあとでは、なおさらである。

†自我の非存在

世界にはたくさんの〈わたし〉がいて、わたしもその一人なのだということを幼児は知る。他人が自分のファンタジーを破壊するとともに、自分も他人のファンタジーを破壊することができる。とはいえ、それを実行して、もし他人がそれを拒絶したときには、〈わたし〉のファンタジーの世界は自己崩壊して砕け散り、〈わたし〉は残ったファンタジーのかけらを急いで掻き集めるしかないであろう。しかし、それはどのようにしてか。

ヒュームが述べているように、ひとは「自我」そのものを経験することはない（『人間本性論』第一篇付論）。「自我とは知覚の束にすぎない」（第一篇第四部第六節）のだからである。この一句は、哲学史上の最も有名なスキャンダルのひとつとなったが、自我が存在しないということは、おそらくは、つぎのようなことである。

ひとは自我の本質として、意志をもつということを挙げるかもしれない。しかし、意志は、自分自身にとっては、自分がこれからすることを宣言する言葉と、その言葉をしばしば思い出すという程度のことでしかない。思い出すかどうかは意志によってできることではないのだから、行動をコントロールするものとしての意志が存在するわけではない。

他方、意志は、他人の言動の目的合理性や一貫性や整合性を読み取られる場合に存在すると想定されるものであるが、その言動のさなか、心中に、それらを意識した言語表現があったかどうかはどうでもいいことである。ウソをついているかどうかは、それとは別の、誠実さについての判断である。意志は、行動を知って行《おこな》ったかそうでないかを区別するための帰責論的、法的な概念なのであり、日常生活に、その法的思考を適用したものにすぎない。意志は、法が成立したあとに生まれた概念であり、人間の本性にあるようなものではない。

他方、サルトルは、「自発性」という経験として、反省をしてはじめて捉えられる自我の、たえず自分を創造することによってのり越えていく運動を見出だしている（『自我の超越』）。とはいえ、これはかれがのちに述べる、「意識は無である」ということと同義であって（『存在と無』第一部）、心的なものとしての自我は存在しないという意味になる——ところがサルトルは、だから自我を無から創造しなければならない、みたいなことをいうのだ。

むしろ、自我という意味での〈わたし〉とは、経験のなかに見出だされる何ものかではなく、世界と自分の未分化を破壊する「他なるもの」の暴力の源泉として、他人の身体に原因として仮想された人格的同一性（パーソナル・アイデンティティ）のことなのである。それを「自我」と呼ぶのであり、他人が自分の言動にどう反応しているかを推察することで、それが自分にもあると仮想するのである。

つまり、こういうことだ。風景のなかに他人の身体があって、独特の動作をするばかりでなく、自分の方に向かって働きかけてくる。自分の背後にだれもいないとすれば、それは自分に向かってそうしているのであり、その自分が含まれている風景を想像するならば、他人に働きかけ得る自分の身体がそこに含まれているに違いない。つまり、「語りかけられている」ということが分かった瞬間に、語る〈わたし〉がいるという、そのことがはっきりと理解されることになるであろう——ラカンのいうような「他者の欲望」は必要ない。

動物の身体にも行動の中心として、状況に全体的に反応し、またそれ自身の身体を保全しようとしている何らかの原因性は見出だされる。しかし、動物に自我があるわけではない。動物は、本能によって行動するといわれるが、その意味ではロボットと同等である。ＡＩのように、状況への反応を学習によって変えるにしても、自己意識による反省でそうしているわけではない。

†自己と自我

「自己（セルフ）」は、物体にも動物にもある。それぞれが主語とされ得るからである。主語と目的語が同一であるようなものを自己と呼ぶ。しかし、ひとは、自己を対象とすることでその動詞を違う動詞に変えたり、その動詞に否定をつけてとりやめたりすることができる。これをもって反省するという。「反省（リフレクション）」が、ポジティヴに、あるいはネガティヴに、原因である自我に反射（リフレクション）され、——サイバネティックスのノーバート・ウィーナー風にいえば「フィードバック」されて（『機械と神』）——、動詞で表現される自己の言動が変更される。

自分自身のそうしたフィードバックの経験は、他人の行動にもそれとおなじものを想定させ、それをもって他人が何らかの「意図」をもっていると推測させる。とりわけその動詞の変更について述べる言説が、事実であろうとなかろうと、その自我の意図と呼ばれることになる。

自分もまた、自分のフィードバックの経験が他人に推測されるという前提で、自分をそうした言動の原因とみなすだろう。自分一人では、そうしたフィードバックを意識することもないであろうし、それを言葉で説明する必要もないであろう。とすれば、ひとは、まず他人の自我を捉え、それを通じて自分の自我についてのイメージを形成し、そのイメージにのっとって〈わたし〉の意図、つまり自分の自我の意図について語るのである。

他人の身体に見出だされたその自我は、いま他人の言動を捉えようとしているこの自分の経験に基づいて捉えられた他人のことである。他人の自我は、推測であるばかりでなく、言葉を語り、他人を主題にする際の前提であり、一切の人間関係と政治的問題がはじまる情動の始原である。

「わたし」という語で、人間はみな対等に行動の原因となるばかりか、その振舞のそれぞれを、「運動」ではなく、「行動」として捉えられるようになる。そこからはじめて、社会のなかで生きている〈わたし〉が、それであるだけではなく、「社会に生まれてきた」とか「社会に出る」とか、意識できるようになるのである。

ひとはやがて、自分の自我について問われ、ただちに経験のなかにありありと自分を見出だすことができるようになるのだが、それはすでに言葉をしゃべり、思考することができるようになっているからである。

したがって、デカルトの、「わたしは思考する、それゆえにわたしは存在する」というときの「わたし」は、すでに社会に生まれてきていて、言葉を介して他者と出会っている〈わたし〉のことでなければならない。おのずから理性的であるような、孤立し、それ自身に完結した「自我」なるものは存在しない。もし自我を事物のように捉え、その性質を論じるなら、「わたしとは何か」を見失ってしまうことになるだろう。

3　自我の揺らぎ

†自我についての意識

ひとは、動物の観察にわれわれとおなじ自己意識をもち込んで、そこに悲しみや怒りや、寂しさや愛を見出だしすらする。しかし、動物に自己意識はない。動物には、自我がないからである。

人間にも自我はない。しかし、言葉を通じて、自我の経験は獲得される。語る〈わたし〉という、相互承認されたフィクションとしてである。貨幣のようなものである。しかし、そのフィクションは、単なる幻影としてただちに消え去るのではなく、情動を伴った経験の一区画を形成する。「知覚の束」にすぎないにしても、それを束ねるものとして、その〈わたし〉の意識を対象とする自己意識も生じる。それが、自我である。

「情動を伴う」といま述べたが、情動（アフェクト）とは、単なる感情のことではなく、他人との関わりにおいて生じる感情、他人の感情に巻き込まれるようにして生じる感情のことである。他人の自我について考えるとき、――動物を観察する場合とは異なり――、自分の自我についても考えなおさせられる。わたしの自我は捉えられ損なってはいないか、親密度に応じて柔軟に表現されているか、わたしの自我は変わってきているか、と。

そのときの自我は、単に事物のように他人たちに示されているだけではなく、自我について反省された自我として、その自我をすばやく改変しつつある自我である。状況や環境や慣れに応じて言動を変えるということが、意識的になされるのだからである。

多くの他人たちの一人として自我を捉え、その場その場で自我がトラブルなく対応しているとすれば、反省はただちに終息し、いつも通りに振舞う自然な態度に行き着くだろう。自我は見損なわれていないし、注目を集めるほどでもない。複数の自我のあいだで相互に調和するように、うまく表現されている。場に収まっていて、他人たちのあいだでトラブルのもととみなされることもなく、邪魔にされることもない。

しかしながら、自分に捉えられた自分の自我は、他人たちの自我によって経験を切りとられた他人の自我の写しでしかない。そのため、相互に見出だされる自我の差異に応じて、自我はつねに動揺させられないではいない。

「プライドが傷つく」などというが、自我が見損なわれていると感じられる機会がしばしばある。尊重されるべきときに、無視されたり軽視されたりする。いるのにいないように扱われる。とすれば、自我が望ましい扱いを受けるように、それまでとは違った言動をとろうとするであろう。それがまた、トラブルを引き起こすこともある。しかし、逆の場合もある。実際よりもよく見られて期待されているのに対し、自我にそれに対応する言動がとれないこともあり、それがトラブルを引き起こすこともある。

さらには、自分の自然な言動から他人たちに推測された自分の自我が、自分にとって違和感あるものであることがある。明るく楽しい人物と思われているが、自分は努めて明るくしようとしているだけで、いつも虚しさを感じている、といったような場合である。そのことを他人たちに認めさせようとする言動もまた、トラブルを引き起こすだろう。

†プライド

ヒュームが情念の種類において真っ先に取りあげたように、自我とは、自己意識によって反省された単なる対象ではなく、プライドという情動とともに対象化された経験である（『人間本性論』第二巻）。

プライド（pride）は、ホッブズによって、自然状態からすでにある「自負心 glory」（『リヴァイアサン』第一三章）と呼ばれ、パスカルによって「自尊心 amour propre」（『パンセ』一〇〇）と呼ばれたが、自分の価値をより高く見せること、自分の欠点を覆い隠すことというように、理性に反した非難すべき情念として論じられてきた。ルソーは、自然状態における「自己愛 amour de soi」と区別して、理性こそが自尊心を生みだすというように、それには反対していたが、しかしよくない情念としていたのは同様である（『人間不平等起源論』）。

今日でいう「プライド」は、その内容が充実していれば自尊心（誇り）のことであり、空疎であれば虚栄心（見栄《みえ》）のことであろう。ヒュームは道徳的なバイアスを捨てて、快に発して自分と関わる感情としてそれを説明しようとしている。そして、それを規定する条件として、他人から見られること、世間一般で捉えられることを挙げている（『人間本性論』第二篇第一章）。

それは、言動や振舞がおのずから生じるのではなく、観客を前提して、そこから評価されることを目指してなされるときの感情である。もし自我が先行して存在しているとすれば、こうした感情は生じないであろう。自我とは、プライドと呼ばれる感情のことであり、――幼児にとってのぬいぐるみのようにして――、他人の評価にこだわりながら、「生きる」ということの価値も含め、その価値の存続に執着するような感情である。

自分の自我については、他人たちよりも多くの状況証拠を知っているとはいえ、それでも自分なりに推測するしかない。とはいえ、自分の自我として捉えたものは、――反精神医学を唱えたレインが『引き裂かれた自己』や『結ぼれ』において精密に論じているように――、どこまでいっても他人の自我を観察する視点からは逃れられず、その視点も自我の一部に含まれるのだから、自分の自我は、客観的なものとなるどころか、特定の他人から捉えた独特の自我ですらないのである。

しかも、観察された他人の自我には、すでにそれを捉えようとしている自分の視点が含まれている。もし、自分が問題にするような要素をのみ他人たちに見出だして、他人たちがそれをどのように扱っているかばかりに注目するとしたら、それは、他人たちの自我とはなおさら異なったものとなるであろう。「自分の利益ばかりを考える」とか、「心が狭い」とか、「厚かましい」などと、ひとを道徳的に非難するひとがいるが、そのひとは、そこに自分の自我を見出だしているのであり、だからしばしば見当はずれなことばかりをいうのである。

独我論者の真理もそこにあって、かれらにとって、他人の自我は自分の自我のヴァリエーションでしかなく、自我とは、自分と他人の二枚鏡から出現する悪魔のようなものでしかないのである。

†親密さと疎遠さ

自分の自我として認識したものは他人の自我の特殊例にすぎず、それを認識しつつある自分、かつ言動を調整しつつある自分とは別のものである。こう考えると、他人たちが見た客観的な自我などなく、特定の他人たちから見られた自我が、自分が認識した自我と対応するかどうかだけが問題だということになる。

もしその他人たちが自分のよく知る人物であれば、相互に言動を調整して、他人の見る自我と自分自身の見る自我とが調和するようにし、他方、その他人の自我も正確に捉えているという状況も生まれ得る——夫婦のいきつく理想が、そのようなものであるかもしれない。

しかし、もし他人たちが自分からは縁遠い場合には、他人の見る自我と自分が見る自我とは大きく隔たっていながらも、そのひとたちの期待する自我を演じることもできるであろう。このような関係はだれにでも大なり小なりあって、親密な他人との関係における自我と疎遠な他人との関係における自我に、ある程度の乖離があって普通である。

逆に、もし疎遠な他人に向かって親密な関係であるかのように振舞うなら、今日では、ハラスメントと呼ばれて非難される。あたかも家族の人間関係にあるかのように部下を叱責すればパワーハラスメントであり、妻にしても許されることを他の女性にすればセクシャルハラスメントである――一世を風靡した青春映画『卒業』(マイク・ニコルズ監督、一九六八年)も、いまでいうならストーカー映画である。

親密なのは、いわゆる家族的関係であり、疎遠なのは、いわゆる社会的関係である。他人との関わりにおいて、親密か疎遠かという関係が否応なくあるとすれば、自我はつねに二重であり、大なり小なり分裂している。自我は、そうした転換、ないし移行をくり返す。だからといって、自我は自我自身が分裂している、二人いると感じるわけではない。そうした転換や移行をするのも自我なのだからである。

あるときは、自我は疎遠なひとたちに囲まれて、妙に演じている風であり、あるときは自我は落ち着いていて、居心地よく過ごしている。そうした二つの場のあいだで、演じていてさえも快適であるような場を築くことはできなくはない。それこそが、いわゆる「プライド」なのであって、プライドとは、名誉、名声、地位、評判であり、それを求めることなのである。

†本当の自分

多すぎるものを望んだり、調整能力に乏しい場合には、親密さと疎遠さの、そうした転換や移行が大きなストレスになるであろう。ひとは、調整を断念して疎遠なひとびとのあいだに居場所（エートス）を見つけるか、長い苦労のもとに調整を終えた親密な他人とのみ接するようになるであろう。しかし、それもできないときには、レインのいうように、やがて実質的にも自我の分裂を感じることになるかもしれない。二重人格者のように、あるいは亡霊のように、ひとはみずからを感じることとだろう。

一方では、他人たちが見出だす自分の自我について正しいと思いながら、他方では、それを不本意であると考え、親密な他人たちのあいだですら演じているように感じるかもしれない。「本当の自分」ではないという、そうした居心地の悪さを感じ続けるかもしれない。

疎遠な他人たちとずれのある自我の関係とおなじ関係を、親密な他人たちのあいだでもつようになり、その結果、だれとも単に調整しているだけであって、落ち着く場所がないと感じるようになるかもしれない。

疎遠な他人たちとの関係を親密な関係にもち込み、あるいは親密な他人たちとの関係を疎遠な関係にもち込み、どちらの側でもトラブルに遭遇して、心休まる場所がなくなってしまう。出会うのは、ただ最大公約数的な一般的な他の自我だけであり、自分はその他人たちのあいだで、決して理解されていない自我であると感じる。

どうしてそのようなことが起こるのか——そこからひとは、そうした自我、すなわち親密さと疎遠さのあいだの確かな隔たりをもつことのできない自我がどのように形成されてきたのかといった、自分の育ってきた過程に関する歴史理論を形成するかもしれない。それは、裏を返せば、どうやったら適切な親密さと疎遠さの隔たりが作られてきたのかの理論でもある。それが、精神分析の目指した理論であったように思う。

†精神分析

一般には、多くの子どもたちは、親密さに満ちた関係のなかで自我を見出だす。身体の快とともに周囲のおとなたちが与えてくれる快と、およびそれを制止されることの苦。その制止とは、事故や病気を防ぎ、やがて自分の成長のためだったと成長したあとで知らされることになる制止である。

とはいえ、実際のおとなたちにもそれぞれに自我があるのだから、子どもの言動が単に不満だったり、子どもの快や苦を気にもとめなかったりすることがあるだろう。その場合、子どもは、「成長のため」ということでもなく、自分よりも力をもった他人たちにどう対処し、自分の言動をどう調整していくかを学ぶだろう。フロイトは、こうしたことを「現実原則」と呼んだ。

しかし、ここで、あとになって、自分の成長のためだったとはどうやっても思えないようなことが起こる。フロイトによると、すべての父親は息子に「母親と寝たがるなら去勢するぞ」と脅《おど》かすのだという。エディプス・コンプレックスである。それをうまく受けとめないと、将来の親密さと疎遠さの関係が混乱したものになるというのである。

従来は、そのようなトラブルを解消してしまう宗教があって、その問題を解決してくれていたに違いない。神がみな平等に、親密に接するからである。それに対し、フロイトは、親と自分の関係を歴史的に再構成することによって、適正な親密さと疎遠さの隔たりを確立することができると考えた。それは、自我は何によって与えられているかという、宗教的な意味での「存在」からの回答に対して、自我はどのようにしてこうなったかという、医学的な意味での「歴史」からの回答であった。

とはいえ、この回答は難しい。なぜなら子どもにとっての苦渋の二〇年間は、親の人生のたかだか四分の一にすぎない。子どもが必死になるにしても、親はその場その場を凌《しの》いでいるにすぎないのであって、せいぜいそれに何らかの方向づけを行うだけである。覚えてすらいない細かいことが、悩みを抱えている子どもにとっては、忘れられた重大事となってしまう。

ところが、フロイトはそれを裏返しにする。「抑圧」と称し、子どもが忘れているが親は覚えていることがあるはずだとして、親の暴力や裏切りがあったと推理するのである。

親密であるはずの家族のなかに暴力や裏切りが満ちていたとしても、それでもそこで育つのだから、それが子どもにとっての親密さであり、自分が寛《くつろ》げる子宮に準じた状態である。暴力をふるう親やネグレクトする親を護《まも》るために、——それ以外の家族を知らないのだから——、子どもたちは自分が悪いのだといって、弁護しさえする。

「抑圧」があるかどうかということよりも、子どもが成長して、ついに親の態度の問題点を見出だす歳になったとき、むしろなぜ、そのひとの心に、子ども時代の期待と失望の回想のようなものがくり返し起こるのかと問うべきであろう。精神分析よりも、むしろ家族イデオロギーの分析が必要なのではないだろうか。あるいは、愛に満ちた家庭のファンタジーを捨てることが「おとなになる」ということなのであって、それで十分なのではないのだろうか。

†アンチ・オイディプス

フロイトには、母親への性衝動を厳しく咎《とが》めた父親がいたのであろうか、しかしすべてのひとにそのような父親がいるはずもない。母親が自分のことに専念して子どもをネグレクトすることもあるだろう。だが、すべてのひとにそのような母親がいるはずもない。

去勢すると脅かされながら殴られた男の子、家族や親戚からレイプされた女の子、それは確かに深刻なトラウマである。だが、重要なことは、すべての子どもがそのような目にあうわけではないということである。

子どもは成長の過程で幾たびもトラブルに出会う。それは、家族内ばかりでなく、学校でも道路でも商店においてでもである。そこで親密な関係と疎遠な関係の適切な配分を学んだ子どもは、社会に適応することができるだろう。しかし、そうでない子どももいる。あるいは過剰適応によって苦しむ子どもがいる。ところが、それがすべて家族の人間関係の歪みに由来するとフロイトは主張し、おとなになったその子に、「父を殺し母と寝たい」というエディプス願望をもっていたという記憶を植え込んで、その縺《もつ》れた情動のなかに迷い込ませようとする。

ドゥルーズ/ガタリが共著『アンチ・オイディプス』によって主張したことは、フロイトの思想が、社会において生じるすべての問題を家族の人間関係の問題に還元し、父と母と自分とのあいだにある関係の堂々巡りに追い込んで、社会において生じている問題を見えなくしてしまうということだった。

だれにでも社会でのトラブルは生じる。上司との人間関係や、仕事の難しさや、将来の生活設計の分かりにくさや、夫婦喧嘩も含め、さまざまなトラブルが生じる。そのとき精神分析は、すべては家族との人間関係を子ども時代に戻ってうまくやりなおせば解決するという誤った思い込みを吹き込む。「やり直したい(リセットしたい)」とは、単に普通のひとが心に抱く平凡な願望にすぎないのではないか——そんなことはできないのだが。

ここで、一九世紀、資本主義の発展に伴って、生産を担っていた旧《ふる》い家族体制が解体され、核家族が、愛の名のもとに親密な人間関係を約束する組織という役割を与えられるようになったということを思い出してもらいたい。そのなかで子どもが発見され、子ども時代に特別な意味が与えられるようになったのだが、その延長でエディプス・コンプレックスの神話が創作されたのであった。しかし、見てきたように、親密な家族（家庭）は資本主義発展の過渡的現象にすぎなかった。今日、人権の保障された社会的人間関係と同様に、愛に満ちた家族的人間関係も、すでに虚構になりつつある――そこに病的現象が生じているにすぎない。

精神分析だけではない。ほかにも上手にしゃべる技巧や感情をコントロールする技法を教えるビジネス本や自己啓発書が多くあり、ちょっとしたコツのようなものにすぎないと説得しながら、ひたすら自分を変えることを要求する。これは精神分析の、受け容れやすい、商売上手の別バージョンであろう。あるいは、「うつ病」や「発達障害」等の病名をつけて、まだ知られていない脳の機能障害のせいにする医師たちもいる。

そこでは、それまでは個性と呼ばれていたものが、――扱いにくく定義できない人間関係についての表現であったものが――、突如として「病気」になる。「障害を個性として捉えよう」という呼びかけがあるが、何と語義矛盾したレトリックか。それが「障害」であるとした以上、個性であることを否定したわけである。

そこには、『橋のない川』（住井すゑ）がある。川に橋のない社会では、泳げないひとは障害者である。舟をもっているひとがそのひとを渡してやるべきなのか——しかし、障害者を支援する義務が求められる社会よりも、——「サイモン&ガーファンクル」が歌うように——、橋が架けられた、障害が生活や労働の条件として析出することの少ない社会の方が望ましいことは、いうまでもないことである。

精神医学は、社会において生じている問題から目をそらさせることしかしてこなかった。自分を変えて、健康になるという「あなた」自身の問題として捉え、社会の真の問題を告発してはならないと、暗に脅迫するのである——もちろん逆向きの、単なる個人的なコンプレックスを社会問題として騒ぐひとたちも多くいることは忘れてはならないが。

社会の問題とは、政府がよい政府であるかどうかという問題、つまり社会で生じる人間関係の条件、経済的関係や既得権益の再分配方式や教育や社会保障の問題であり、それを政府がうまく調整組みたてをしているかどうかといった問題である。とはいえ、それを考えはじめると、そもそも社会とは何かという大問題に遭遇してしまうのである。

4 身体と生の次元

†個人と社会

回り道をしたが、以上によって、ようやく本書の本来の問いかけ、「社会とは何か」という問いに戻ることができる。近代は終わり、資本主義は人間と機械をハイブリッドにする新たなステージに向かい、諸個人が、最も疎遠なはずのＳＮＳの出会いを親密な関係に投射して、匿名ながら直接社会に曝《さら》されるような関係が生まれつつある。

このように、個人が直接に社会に曝されるのが、資本主義の新たなステージである。それはまさに、近代当初にホッブズが描き出した近代市民社会そのものではないかと思われるかもしれない。ホッブズは、社会ないし国家はリヴァイアサンという人工人間の怪物であり、個人という分割不可能な最小単位、アトムからなる統一的集合体であるとしたのであった。

だが、ホッブズの記述をよく読むと、その個人とは成人男性であり、家財一式のほか、女性と子どもと家畜を引き連れて、みずからの力で自己保存、すなわち生存と生殖を営む主体であった（『リヴァイアサン』第一三章）。そして、自然状態においては所有権がないので、自分の身体や武器や道具とともに、それらをたえず他の個人から奪われないように守り続けなければならないとされていた。

このように個人が引き連れる一連の事物や動物は、自己保存するためのその個人の「富」である。それに対して国家は「コモンウェルス（公的繁栄）」と呼ばれるが、公共の富という意味でもある。すべての個人の力が合体され、すべての富が集められた巨大な「人工人間」が生まれ、法が施行され、そのあとで各個人の富が「財産」として安全に保持されるようになったのである。

それゆえ、所有には二重の意味があることになる。ホッブズのいう意味で「奪われないもの」としての所有であり、他方では「自分のものにする」という意味での所有である。前者は、所有権を配分する社会制度上の手続きによって自分に帰属させることのできる「財産」の所有である。後者は、技能や知識や身体や道具や人間関係のことであり、収穫した作物の、翌年に畑に植える種のように、汗をかいて習熟し、対象に働きかけることを通じて獲得されるものである。それを「富」の所有と呼んで、区別すべきであろう。

アーレントが、この意味で富と財産とを峻別し、富が生命活動を維持するための条件であるのに対し、財産は、たとえば土地の所有のように、国家によって登記されて成立するものであるとしている（『人間の条件』第二章）。個人の富は、国家が成立すれば、法によって「財産」として登記され、個人に配分されたものということにされる。遺産相続には税金が課せられるように、それは真の富ではない。規定が少し変われば容易に剝奪されもするものなのである。

ホッブズによれば、一旦国家のもとに組み込まれた個人は、たえず法に参照してその行動を決めなければならなくなる。とはいえ、当時、自己保存のための生活必需品の生産は、社会においてではなく、個人において担われることが前提されていた。国家は、外敵と戦争をする以外は、もっぱらそれら諸個人間の契約の保護と紛争の調停のためのものであった。

しかし、現代においては、個人と社会の関係は、それとは異なっている。現代の個人は、ホッブズが当然のものとして想定していたような内面、自己保存のための家族、一連の事物や動物を引き連れてはいない。自己保存もまた、――脳死による臓器移植の例からもあきらかなように――、社会において財産や契約として規定され、あるいは社会保障と厚生政策によって可能になる。身体もまた「財産」なのである。

ホッブズのいう個人が「着衣の個人」であるとすれば、現代の個人は、一身をもって社会に接している「裸の個人」というべきであろう。

自己保存、すなわち生存と生殖の条件が社会に対して剝きだしになっている富なき個人の群れ――残された内面の最後の砦《とりで》が「プライバシー」であるが、ネットと監視カメラ網のまえで、それも風前の灯である。プライバシーとは、原義が「特別に除外されたもの」であり、ホッブズが前提していた女性と子どもと家畜たちのような、生産の条件として自己防衛すべき「富」のことであったが、すでにそのようなものはない。ＳＮＳで発信され続ける無数の日常生活のショットを思い起こせば、まもなくそれも、どうでもいいものになるのであろう。

†社会的組織と身体組織

「一身をもって社会に接する」といま述べたが、それはどのようなことであろうか。

われわれは自我をプライドにおいてしか認めず、そこにすべての言動を統合するような理性的主体を措定しなかった。自我が実在しないのだから、それに対応する「人格」も実体としては存在せず、人格的な振舞は、社会的ないし法的規定によって規制されながら生じる特定の経験にすぎないことになる。そのような、自我を媒介しない主体なき身体として、ひとは直接に社会の他の諸身体に出会っているのである。そんな盲目で匿名の身体的世界のありさまを、少し垣間見てみることにしよう。

もし身体を統合する人格的主体が存在しないとしたら、当然、身体を単位とした人格によって構成される集団という捉え方も意味をなさず、社会には、二つの組織と流通とが、混淆したものとして見出だされることになる。すなわち、一方には心（精神）があり、他方には、——その概念のもとなのだが——、心臓がある。一方は、通常の意味で、物質を変形して人間身体の活動を延長したり補完したりする集団の組織と流通であり、他方は、——その状況に応じてドキドキしたりはするものの——、生理学が対象とする、細胞が集合して代謝によってたえず組み替えなおされている身体の組織と流通である。

マルクスは、政治や文化を上部構造と呼び、経済を下部構造（実在的土台）であるとしたが（『経済学批判』序）、それとは異なった社会の二重性を、構造という機械仕掛ではなく、組織と、――「組織」と原語はおなじだが――、有機体の二重性において見出だすことができる。

組織（有機体）という語は、従来、動物身体において個々の要素が全体の目的に従って配置され機能している体制を指していた。ルネサンス期、ダンテは『帝政論』において、社会は身体のような有機体として秩序づけられなければならない、それが神の指令であると主張していた（第一篇第三章）。さらにジョルダーノ・ブルーノは、神をさしおいて、宇宙全体が一個の有機体、つまり動物の身体のように組織化されているとした（『無限、宇宙および諸世界について』第四対話）。「物活論（質料動物説）」である。宇宙の質料が物質ではなく、動物（みずから動くもの）であるとする説である。

なるほど、われわれの社会では、概して、目的をもって秩序づけられている集団を「組織」と呼ぶ。形態はさまざまであるが、企業や組合や公共団体や政府や軍隊である。「機関（機械）」と呼ばれるのは、その組織から離れたところから命令が届くような場合である。「システム（体系）」と呼ばれるのは、組織が繋がりあっていて、合成されて機能するとみなされている場合である。「ネットワーク」と呼ばれるのは、命令系統が曖昧で、機械的にしか結合されていない場合である。今日では、大多数のひとが、何らかの形でそうした組織に属し、賃銀を受けとって生活している。それは、家族しか従業員のいないファミリー企業の場合も、フリーランスの場合も同様である。

われわれは、普段はこうした組織をしか、組織として意識していない。朝起きて出勤するとは、服を着て、バスや電車に乗り、あるいは道路を歩いて橋を渡り、門を入って、そこで働けば給与を受けとることのできる構築物のなかに入っていくことである。その構築物を占有する組織があり、道路も交通機関もまた別の組織としてある。

ひとは、このようにして、組織の秩序のもとにある。組織のなかで与えられた指示を受けとり、自分の態度を決め、行動する。さまざまな構築物のあいだで、さまざまな道具やノウハウを取捨選択して使用しながら、組織から評価される行動を目指して労働する。

ところが、こうした組織のなかには、隠された第二の組織がある。構築物のいたるところに設置されたトイレ。壁によって隠されているその一画で排泄している無数のひとびと——国会議事堂のまえを行進するデモの列と同様の、トイレに並ぶひとの列。

あるいは、昼休みともなれば、レストランのまえにできる行列。そのなかで、また屋台の周辺で、何と多くのひとが摂食していることか。そこでは、泥や汚物をとり除かれ、形成された野菜や肉を、何と多くのひとがつぎつぎと口中に放り込み、咀嚼《そしやく》していることか。どんなにきれいに飾りつけられた料理であろうと、ぐちゃぐちゃに粉砕して唾液と混ぜあわせ、喉の奥の暗黒の入り口へと呑み込ませていく。それらはどこに行くのか——そう、細胞が集合してたえず組み替えなおされる第二の流通のサイクルに入っていく。

否《いな》、そればかりではない。上司に呼びつけられて叱責され、心臓がどきどきすることはストレスと呼ばれるが、仕事を期日に向かってこなしていく行程とは別に、同時に、身体の「非特異的症状」（セリエ）がその仕事の仕方を変えさせる（杉晴夫『ストレスとはなんだろう』参照）。社会的組織と身体組織とがそこではセットになっていて、われわれは、それらが行動においては切り離し難いことを当然のこととしていながらも、なぜかつねに別の文脈の問題として語るのだ——身体のなかを貫く社会組織を描いた横尾忠則の『Operation』（二〇〇一年、個人蔵）を見よ。

†剝きだしの生

思い起こせば、排泄物や食材ばかりでなく、人間身体の表面の無数の雑菌や細胞の破片や毛や分泌物、汗や涙のような体液、臭気と呼気とが纏《まと》わりつき、それらを衣服や香料の覆いでごまかしながら、たえずトイレや排水口やごみ袋のなかに流し込んでは、ひとはそんなことはなかったかのように、清潔でピカピカに身体を整える。

身体そのものは、思考の対象である。ひとは他人の見かけの美しさに讃嘆し、あるいは自分の健康状態を心配し、その動作や仕草に現われる人間関係を心配して、身だしなみを整え、日常どのように振舞うべきか考えあぐねる。われわれは、よい、美しい身体をもつことを望んでいる。しかし、その有機体は、思考からするとおぞましいものを含んでいる。

人間身体に形と美を与える皮膚という器官は、われわれの社会的行動とは別系統のネットワークのもとにあって、一塊となった細胞と諸器官が詰め込まれたずだ袋である。『マーターズ』(パスカル・ロジェ監督、二〇〇七年)など、この袋を切り裂くスプラッター・ムービーというジャンルの映画があるが、それはもちろん生理学の啓蒙映画などではなく、生を剝きだしにすることで観客の人生の何かを埋めあわせているのであろう。

アガンベンは、われわれの思考対象としての身体的生活を「ビオス」とし、そのしたに「ゾーエー」としての「剝きだしの生」があると論じた(『ホモ・サケル』第一部)。

皮膚のしたにあるものは、生理学の教科書にあるような、秩序だった諸器官の系統ではない。教科書は、皮膚の外へと引きずり出され、社会的組織と同様にして解剖学的に捉えられた機械仕掛の図像を描いてみせるのであるが、生きている身体はそうではない。

しかし、それは、隠しおおせるものではなく、われわれは病気になったり、事故にあったり、性交渉や戦争のさなか、人間身体の内部の匿名の肉塊と骨格の暴露や、諸器官の機能と体液の漏出《ろうしゅつ》に直面させられる。皮膚という美の器官の表皮を一枚剝ぐと、そこにピンク色のもろもろの内臓と灰色の骨格とが、映画『エイリアン』(リドリー・スコット監督、一九七九年)の身体のように、粘着性の液体まみれになって蠢《うごめ》いていることが見せつけられる。

アリストテレスは、最も酷《ひど》い拷問の例として、皮を剝がれた屍体《したい》と抱きあわせて縛られることを挙げていた。フロイトは、ひとが性交渉するときには、互いの身体の不潔感をのり超えなければならないと指摘していた。

「生」ないし「存在」の名のもとに一貫しているはずと説得される「人生」のなか、ところどころに開いている神出鬼没の孔としての、ひとは死や性へと飛び込まされる。美化されるまえの死や性は、飛び込んでいきたくなるようなものではない。ひとは、ただ老いをなるべく遠ざけようとしながら、ひたすらそこへと吸引されていくばかりなのだ。

眠ろうとするとき、排泄するとき、性交渉するとき、怪我をしたり病気になったりするとき、歳をとったと自覚するとき、死につつあるとき……、われわれは普段意識しないこうした下部の組織と流通とを、有無をいわさず意識させられる。死は、人格に備わるものではなく、身体組織に由来《ゆらい》する。整然としたわれわれの組織の見かけ上の美しさに隠された生の秩序が、われわれをわれに還らせる。

そのとき、人間身体は、——われわれがどんなに執着しようとも——、生においてたち昇り、生に萌え出でた幻である。何万回何千万回と、ひとは人間身体の美しさを、何とさまざまなキャンバスのうえに描いてきたことだろう。しかし、幸せな過去の回想と同様にして、それだけ、それが幻想として、容易に消え去ってしまうということなのだ。

†生命政治

ひとは身体を「有機体」とみなし、人格である個人の行動と生存を支える単なる仕組として捉えてきた。とりわけデカルトは、それを皮膚という器官に包まれた「精神の質料」にすぎないと断言していた(『省察』第二)。

他方、生命は、古来、「魂」として、生まれるときに各身体に付与され、死ぬときに奪われるような、有機体とは別のものとみなされてきた。アリストテレスは質料と形相を対として、生命を有機体の「活動」としたが、それでも個々の器官とは別に生命があると捉えていたわけである(『霊魂論』)。

しかし、死によって残されるのは、ただのぼろ屑の塊である。それは腐敗し、ばらばらになり、溶解し、生の流通のもとに還《かえ》っていく。生の流通——腐敗していく汚物と咲き誇る花畑のせめぎあいのなかで、細菌から大樹やクジラまで、喰い喰われる無数の身体。その相互依存と目まぐるしい移動のダイナミックスは理解できても、その目的や階層分化や進化の理由などは、人間の意識にとっては理解することのできないものである。そこでは、無数の生物たちが無限に多様な形態をとって、そのさまざまな細胞を、たえずみずから滅びながら再生させ、相互に他の生物たちとのあいだで交換し、流通させ、一大スペクタクルを産出している。

そのような生の秩序に属しているわれわれの身体をネグレクトして、われわれはまったく別の精神の世界を風景から切りだしたうえで、生の秩序を祓《はら》い続けてきた。それに「欲望」という名を与え、精神にとっては外的な、有機的身体の気紛れな要求とみなし、理性によって制御して、抑制したり活用したりすべきものだと捉えてきた。

しかし、欲望のそうした見方は、精神の自己認識の陰画にすぎない。理解され制御されるようなものは欲望とは呼べない。理解を絶していて制御できないから欲望なのである。それを欲望と呼ぶことは、生の正しい認識ではなく、生に対処する単なる技法にすぎない。むしろ、欲望と呼ばれてきたものは、理解を絶してわれわれの経験の一切がはじまる生の秩序の表出であり、それが何であれ、それこそが精神の対象をも産みだしているのである。

アガンベンは、フーコーのいう「生命政治」を、このゾーエーを支配しようとするものとみなしたが、わたしは、そこまではないと思う。生命政治は、ゾーエーを隠蔽し、それをただの粗野な暴力のようにみなして忌避させるために、ビオスの健康の主題にのみ注目させようとする政治のことである。心の問題を心臓という器官の問題に、精神の問題を、脳もしくは身体器官に準じた精神組織の問題にするのである。

病気や事故によって、ときおり意識に暴露されるこの剝きだしの生。それを隠蔽《いんぺい》して、本当は存在しない価値のためにそれぞれの人間身体を奴隷状態に置こうとするのは、まさにフーコーのいう、健康へとひとびとを隷属させる政治である（『現代思想史入門』第一章参照）。

生命政治は、社会的組織と身体組織を別の文脈に置き、身体組織を、――統合失調症もその一例だが――、病気がその統合の欠如であるような有機体として理解させる。生の秩序それ自体は、われわれが社会で行動する秩序からすると第二の秩序であり、闇である。われわれの社会秩序はそれを前提し、それに対応したものであるというイデオロギーのもと、それを不可視化してきたのである。

†身体と意識

生命政治とは、ひとびとの意識を自分の身体の健康状態へとたえず差し向けようとする政治である。それによって、権力に対抗しようとする政治的意識を捨てさせようというわけである。とはいえ、それでなくても、ひとは自分の健康を意識するものなのではないだろうか。

ひとびとは、古来、どんなときに調子がよく、何をしたら悪くなるのかについての自分なりの理論を作ってきた。身体のなかでどんな反応が進行しているからなのか、医学的にはほぼ間違っているにしても、だれしもそうした理論をもっている。怪《あや》しげなものを飲んでみたり塗ってみたりと、魔術的なものもあれば、あるいはジンクスにすぎないものもある。

ほかにやるべきことがあるときには無視し得るほどのちょっとした異変であっても、時間ができ次第、つぎつぎに身体の抱えている問題として、身体の異変が意識のもとに浮上してくる。この異変、単に不便だというだけではなく、それ以上に悪化して、つぎにやるべきことにとり組めなくなるのではないかという不安へと変じる。その結果、昨日まで気にならなかった身体の異変が、今日は意識の全幅を占めている。医学的知識を通じて客観的に理解しようとしても、自分で組みたてた理論がつぎつぎに生まれ、ひとに非合理的な行動をとらせるのである。

さきに神経症として紹介したが、意識をそのように変容させるのは、あきらかに自己意識の働きである。生の秩序においては、意識は、自己保存にとっての障害物を対象とするだけで十分のはずなのだからである。

この自己意識を、デカルトやフッサールのしたように、安楽椅子に座って腕を組んで、「わたしとは何か」と反省するときに見出だされるようなものとは考えないようにしよう。そのような哲学的使用法もないわけではないが、日常生活においては、何かを意識すべきとするときに、自己意識は生じている。自分の身体の健康を意識するときも、そこに、まさに自己意識が生じている。

自己意識を、動物と共通の脳の機能と説明しておけば、意識がどのようにして生まれてくるのかは問いにはならない。脳は身体の一部なのだから、それは生存と生殖のための身体の一機能だということになり、意識の統一性は身体自身の統一性に由来するということになる。

だが、身体の統一性によって意識があるのなら、どうして意識が身体活動を損なったり、それに対立したりするのだろうか。欲望を制御しようとする精神のようにして、どうして身体から独立した、意識自身の目的や価値があるかのようになるのだろうか。

身体から発する意識と、身体の振舞についての意識から発した意識は、しばしば混同される。混同されるというよりは、その両者が相互に相手を賦活《ふかつ》しあうことで自己意識になるのであろう。もし理性と欲望とで身体経験を区切るなら、われわれの経験の、何をも見ることができなくなる。意識とは何かという問いを、もう一度、「思考するわたし」からではなく、生の次元、身体からやりなおしてみる必要がある。

†不眠症の意識

意識が出来事の重大さに比例して明晰になるのならいいのだが、一匹のハエにも煩《わずら》わされ、車の運転中にハエを追い払おうとして事故を起こすひとの意識のような、取るに足らない意識によって、行動の目的や身体の保全が見失われることがある。

意識は身体を統合して危険を避けることもあるのだが、身体の作動を分裂させ、身体を損壊《そんかい》させることもある。真に意識を必要とする危機的な出来事から脱したあとも、——PTSDといわれるが——、そうした出来事に準じるものを探しだし、それと同程度の危機感をもって対処しようとしたりする。その結果、気候の変化や身体のちょっとした不調や他人の何気ないひとことまで、重大事件のようにして、意識は四六時中その対処に掛かりっきりとなってしまう。

それで安全が確認されてもまだ不満ならば、意識はやがて政治や社会など、自分にはほとんど関わりのないものにまで対象を拡げ、健康についての理論ばかりでなく、政治や社会についてのひとつの理論を構築しようとしたりまでする。湿疹のような最も身近な身体の縁《ふち》で起こることから、地域、自然、一三八億光年の宇宙の涯《はて》まで、意識は自在に行き来する——とはいうものの、それらは意識の対象としてはほとんどおなじスケールのものにすぎないのではあるが。

ゲームや食事や飲酒などの気晴らしならまだしもだが、そうした意識の活動は、ひとびとのあいだにトラブルをもたらし、本末転倒ではあるが、実際にも危機的な出来事を作りだしたりもする。そこにこそ、政治から目をそらさせるものとしての生命政治の狙いもある。身体の不調の問題に意識を専念させようとする政治である。

平和で安楽な生活を望むなら、なるほど意識が容易に眠るように訓練する必要があるだろう。感覚を鈍くして、何でもうまくいくと思い込むように、未来を繊細に捉えないようにするとよいだろう。そうすれば、よく眠ることができるに違いない——『葉隠』でたえず死を自覚する生き方について語った山本常朝は、「若いひとにはいえないが、実は眠るのが好きである」と吐露していた(聞書二)。

とはいえ、意識は、その本性において、眠ってはいないことなのだから、意識が自己意識として自分の意識を意識し続けるかぎり、意識は何か対象を見つけようとする。自己意識は、単に意識を意識するというだけでなく、意識に執着することである。意識は、自分の意識をいっときも離そうとせず、つねに視野の片隅に入れておいて、何かあると即座にそこに戻ろうとする——プライド、自己意識の我執《がしゅう》は単なる感情ではなく、自己意識の本性なのである。

ある意味、人間の意識とは不眠症のことなのだ。意識は決して眠るまいと、つねにその対象を探している——プッチーニのオペラ『トゥーランドット』のアリアが命じるように。

意識するのも、眠ろうとするのとおなじ自分なのであるから、そこには分裂と対立が生じる。眠りたいという意識と、意識しようとする意識がせめぎあう。とすれば、現実とは入眠時幻覚の世界なのであろう。それでひとびとは、自分のファンタジーについてばかり語るのである。

そう、意識の語るものは、——最も覚醒していると意識しているときにすら——、総じて、白日夢の世界である。眠りのなかでも目覚めている。モンテーニュが指摘したように、いまは眠っていて夢を見ているのではないと、どうしていうことができようか(『エセー』二の一二)——それこそが、本来の〈わたし〉なのではないだろうか。

そのような〈わたし〉を受け容れられないひとですら、最後には死を、それは意識にとっては、眠りから二度と意識が再生してこない可能性のことなのであるが、それを思い煩《わずら》ってさらに眠れなくなったりもするであろう。

†見られる身体

ひとが意識につき纏《まと》われるのはなぜだろうか。そのわけは、フィクションである自我をいくら解明しようとしても仕方ないことなのであって、ただ身体が見られるということによってのみ説明できる。そこからこそ、嫉妬や羨望、プライドや、その裏返しの劣等コンプレックスがはじまるのである。

たとえば、あるひとがジャンプをしてみるとする。そこにいたひとによって、上手にジャンプしたというように見られる身体と、上手にジャンプさせた自分の身体とは、決しておなじものではない。その仕草の美しさや滑らかさが必ずしもジャンプを可能にしたのではなく、それらは可能になったジャンプの結果なのだからである。

しかし意識は、ジャンプするだけではなく、見られることによって、その仕草の美しさや滑らかさを意識する。そして、自分の身体の行動とは、すぐに食い違った振舞をしはじめる。身体と合致した動物的な意識なら、跳べたものは跳べたのだし、跳べなかったものは跳べなかったものなのであるが、そこに「跳べることはよいことである」や、「跳んだ姿は美しい」とか、「跳べるようにと努力することは重要だ」といった意識が紛《まぎ》れ込むと、動物的なそうした原初の合致は崩れてしまう。

自己意識とは、意識についての意識というばかりでなく、意識と身体の関係についての意識であり、他人たちから見られた自分の身体についての意識である——スピノザのいい方では、「自我とは身体の観念」である（『エチカ』第二部定理一三）。

見られるわたしの身体は、写真に撮られた他人のように見える身体ではない。自分が知覚する身体は、後頭部や背中がなく、腕や胸のさきしか見えない。フランシス・ベーコンの絵画作品のような捻《ねじ》れた身体なのである。

知覚対象としては他人の身体とはまったく異なったものなのであるが、それを両眼視のようにして同一の身体にすること。ヴィルギリウスの人体像のように、——円と正方形で食い違うというのがヴィルギリウスの本意であったが——、右に円を、左に正方形を見るようにして、われわれは、そこに自分のひとつの人体を見出だしている。

すなわち、おなじ身体をもつことへの希求。同一の身体とは、その形態における同一性、ファッションや仕草、表情の同一性であり、行動様式の同一性、そこに、「自我」のイメージが与えられる。自我とは見られたわたしの身体、およびその形態と振舞である。ひとつの全体として多様なものを表示するもののように虚構されたイメージである。

ひとは、その自我と他人から知覚された自我のずれに悩み、あるいはその自我の時間的統一性からのずれに悩む。実際は、自我が存在するのではなく、自己意識と記憶とが存在し、それによってその都度自我イメージが再生されているだけである。それは虚構なのだから、その場かぎりであって構わないのであるが、他人たちがそれを許さないし、それればかりではなく、自我の所有が、自己意識の源泉となるほどに、アルコールなどと同様の依存症を生むのである。

自我というイメージ、つまり「人格（ペルソナ）」を介しての他人たちのそれぞれの自我ないしそのアバターとの多様な利害関係の場として社会がある。そこにおいて身体が生命活動を行う条件も与えられる。自我の身体、自己意識としての〈わたし〉は、この自我のイメージを介してわたしの身体から発する意識に干渉する。今日の社会において、社会的秩序と生の秩序の二つの秩序に引き裂かれるときにこそ、ひとは人格、意識あるものとして身体のなかに生まれてくる。自我についての意識と自己意識とが、たえず葛藤を起こすようになるのである。

†身体の所有

身体と意識の動物的合致のもとでわれわれは生きているのだが、われわれの自己意識にとっての問題は、その崩れた合致に対してある。意識は危険に対して生じるものであろうが、意識をなくそうとする意識の、あえて崩したものを統合しようとするこの奇妙な努力——自分の意識自体が危険を惹き起こすものとなるのだからである。

美しいジャンプをしようとする努力を出現させるのは、自我ではなく、相互に身体を知覚しあう場という意味での社会である。身体を変容させるのは、努力する意識だけではない。出会う他人たち、病気や事故といった偶発事、要するに複数の身体のあいだで出来事が起こり、身体を変容させる。出来事こそが、みずからを展開する主体であって、意識はそれを受容したり抵抗したり、身体と行動を通じてそれを理解しようとしているのである。

ひとから見られることを知らない赤ん坊は、自己意識をもつことができないであろうし、自己意識をもっていない場合には、意識と身体の差異は気づかれないままであろう。すなわち、ただ世界が現象しているにすぎないであろう。

子どもは成長の諸段階において、おとなたちから対象化され、比較され、それを通じて、身体について意識するようになる。よりうまくできるようにと、飴と鞭を使って訓育されるばかりではなく、子どもは、やがて自分で自分の身体を訓育するようになる。

すなわち、意識が突如として身体に命令を下しはじめるのではなく、自身、すなわち自分が身体と一体となって、経験のなかに忘れられるように工夫を重ねて生きていく身体がある。必ずしも全面的に対象的ではないにせよ、自分が蒙《こうむ》るもの、意識させられるものとして自分の傍《かたわら》にあり、それを使いこなして何の問題もないようにするまでの訓育を必要とするものなのである。

それが、マルセルのいう「所有された身体」である（『存在と所有』第一部三月二十七日）。意識が突如として身体へと生成して行動するのではなく、あるいは意識が命令を下して身体を自在に操《あやつ》るのではなく、――アリストテレスやパスカルやヒュームによって「習慣」という日常語とは異なる意味の不適切な名まえが与えられてきたが――、試み、くり返して自分のものとしてきた身体である。まさしく所有したものであるからこそいえることだが、それは労働や訓練によって獲得した果実によって増強されていく身体でもあれば、病気や老化によって衰亡していく身体でもある。

所有権が社会によって規定されるものであるにしても、こうした身体の所有を通じて、ひとは所有とはどのようなことかを知るのであり、所有の観念をもつのである。

社会における意識がここで動物的意識と出会い、自己意識があることから生じる難点を超えて、自己意識が生じてきた理由が見出だされる。自己意識による身体の所有においてこそ、個人が「社会に出る」ということが、家族や主体を媒介する必要なく実現する。アリストテレスのいうのとは別様な意味で、人間とは「社会的動物」なのである。

社会的組織と有機的身体とが別の次元を構成しているように見えるのは、人格的な自我による人間精神の相互関係が、社会という独自の次元を拓くからなのではない。ただ、ひとは身体上部の器官である「顔」をその標識として、――レヴィナスがそれを実体化して道徳の根拠にしようとするのだが（『倫理と無限』）――、そこに「人格」を見出だそうとする。だが、いくら眼を見つめても、「自我」と呼ばれる幻を除けば、そこには自分の顔が写っている小さな洞窟をしか発見できないだろう。

自我とは、言葉によって分離した社会的組織のレベルと有機的身体のレベルを埋めあわせるためのフィクションにすぎないのである。そこに生じる自己意識は、動物として発する意識と社会的諸問題への意識との差異（ズレ）の効果にすぎない。

その意味で、自己意識は、自分に生じた意識を意識するあまりに、あらぬ不安をもたらして行動の障害となるのだが、他方では、そうした意識をしないようにと制御して、意識と身体のあいだに再統合を確立しようとする――いわばマッチポンプなのである。

†現象的身体

メルロ＝ポンティのいう「現象的身体」とは、ひとが何かにとり組んでいるときには忘れられ、行動そのものとして感じられるような行動の基体である（『知覚の現象学』第一部第三章）。かれはそれを、生理学的に捉えられた「対象的身体」と対比して、われわれが経験している身体の、精神とは切っても切り離し難い事情を説明しようとした。前者はみずから動き、感じる身体であり、後者は他人の身体のように見られ、その機構を推測される身体である——かれはマルセルのいう身体の「所有」は、現象的身体の「存在」とおなじことだと述べている(『知覚の現象学』第一部第四章註)。

認識論的にいっても、生理学的な機械仕掛としての身体からどのようにして精神が現われるかは説明し難いし、精神がどのようにしてそのような身体という機械に働きかけることができるのかも理解し難い。日々の実践としても、自分の身体を機械のように操作しようとしても無理であり、排泄においても、眠りにおいても、性交渉においても、意識は身体がみずから目的を達成するように導くようなことをしかできない。

認識は否応なく実践に干渉し、われわれの日々の生活における行動は、身体とまちまちであるような関係であるのが普通である。それは、意識と身体の、あるいは対象的身体と現象的身体の妥協の産物のような行動である。現象的身体そのものは、——アントナン・アルトーのいう「器官なき身体」のような(『神の裁きと訣別するため』結論)——、究極的な状況においてしか出現しない経験なのではないだろうか。

動物として、ただ身体から生じているだけの意識であれば、それは危険を避け、安楽であることのなかにみずからが失われることをしか目指さないであろう。しかし、自己意識がその意識と対立することで、身体の知らない目標が生じてくる。プライドのためであるにせよ、身体に可能な最大限の行動――芸術、学問、発明、スポーツにおいて、ひとは身体に無理強いをするようになるだろう。そういうことをする自己意識を、「精神」と呼んできたのではないだろうか。

精神の思うがままに動く身体。それは、どんなアスリートにとっても、みな同様に一瞬でしかなく、そのような身体になるための、理論と工夫と、長い訓育が必要である。そして、たとえば競技の決勝のような究極的な状況のなかで、かれらは、身体の生が精神に同意して、精神の目指すものへと向かって精神をのり超えてくれる一瞬を待ち望む。

なるほど、それは赤ん坊がハイハイをし、やがて立ちあがるころ、意識がほとんど必要なかったときのことのようである。あるいは遊びのなかでいつのまにか獲得できた走ることや作ることのように、意識がただ生じるだけのものであったときの身体の魔術的経験の再現である。しかしそれは、成長が終わるとともに、ふと消える。

そのとき以来、われわれはいつもバラバラのいくつもの身体の断片を身に纏《まと》って、困惑しながら生きてきた。行動のさなかにもいうことを聞かない、このちぐはぐな身体。睡眠も排泄も、ちょっとした調子狂いで思うがままにならなくなる。病気になりがちの身体、事故で失われる身体、それがまた他人から見られ、指摘され、評価され、あるいはあえて無視され、あるいは突如として、性的なものとして迫ってこられる身体である。

自己意識は、意識すべき意識について生じるが、意識しないようにすべき意識についてもあってしかるべきであろう。禅のような、意識を捨てる特殊な行動に期待すべきであろうか。むしろ身体は、他人から見られた身体とみずから振舞っている身体とに分裂していて、それを統合するものとしての自己意識もある。だからこそ、ひとびとは、アスリートたちが身体を完全に制御しようとしたり、逆に自分の身体と和解しようとして努力することの意義が理解できるのだし、それを応援しようという気持にもなるのである。「がんばれ！」とは、もとは自我を張れという意味であるが、身体と意識の、この統合のことをいっているのかもしれない。

＊

今日、身体について、科学がそれを生理学的機械として意識することを促進している。つまり、あたかも意識がその機械の効果であるように意識することが強要されている。さまざまな意識のうち、身体の自己保存に属するものの意識を意識して、身体機械の不調とみなし、それを調整しなおすことが意識の第一の課題であるようにと意識させられようとするのだ。こうした自己意識の発生を社会的に規定する体制を、フーコーは生命政治と呼んだ。

ということは、そうした政治がない場合には、意識は別のものへと向かうのであろう。それはどのような対象なのか。

意識が身体から発するままである動物にとっては、身体の異常は世界の異常とは区別できないであろう。意識は生起するすべての現象を受容して、そのなかで生を延長することにおいてのみ働く。もしそれが群れを作る動物であるとしたら、意識は、群れのなかの個体としてではなく、群れの要素として、群れに規定されるとおりに行動しようとするはずである。そこでは、群れが一つの身体である。意識は群れにのみ向かうであろう。

ところが人間は、群れのなかの個体であると意識する。その結果、群れの要素でもあれば、それとは別の特別な要素でもあるというような独特のものとしての自己意識をもつことになる。そこにおいて人間のもつ意識は、単に身体行動の延長、身体の自己保存を目的とする意識ではなく、アルトーのいう「器官なき身体」をもつことへの希求という両義的な意識となって、有機的身体とされる機械装置と敵対するようになるのである。そのことが、つぎの章の主題である。

第四章

政治

——ヒトはオオカミの群れの夢を見る

この章では、各人が理性的主体になることを要求された近代に対し、今日の社会は大衆から成るということについて講じよう。群れであることはヒトの本性であり、それが組織を構成したり破壊したりする論理をもっているのである。

1 女性の身体

†身体の多義性

見られる身体についての考察を、さらに進めていこう。身体が見られるのは、意図を推測されたり、行動のよしあしを評価されたりするためばかりではない。とりわけ女性の身体は、生理学とは別に、その形態と姿勢と仕草とを通じて男性に性的興奮をもたらす。それは対象的ではあるが、客観的ではない。ひとによって異なって捉えられるという点では主観的である。

男性の身体も、主観的に見られるのではないかといわれるであろう。すなわち、社会的地位や性格や年齢や教養を表示するものとしてである。事実とは完全には対応はしないが、ひとびとはその指標を切実に求めており、とりわけ顔貌や体型などから、それぞれになにがしかの一般化をしている――ドラマではしばしば美形の軽薄そうな人物が医師や弁護士を演じているが、そこには別の論理があるのだろう。

あるいはまた、座り込みやデモや暴動などの場合の、多数の身体が岩や樹木のようなものとして点在するさまや、さまざまなタイプの制服を身につけた一団の姿もあり、事物や機械に身をやつして個々の身体から目をそらさせるような場合もある。匿名化すること、透明人間になることは、一般化された人物像の裏返しの効果をもつといえよう。

こうした男性や団体の身体は、すでに社会で見出だされるさまざまな表面を構成している。われわれはそれらと諸事物の知覚とをあわせて社会と人間の関係を捉えさえすればよいのである。それに対し、女性の身体は、皮膚のしたの有機的組織と皮膚よりうえの社会的組織の双方にまたがった両義的な知覚ないしファンタジーを供給する。ここに「政治」の出生《しゆつしよう》の秘密が顔を覗《のぞ》かせているように思われる。見られることによって性衝動と女性の身体がとり結ばれる関係が、「個人と社会」のような形式的関係ではない、人間本性と社会状態の実質的な関係を理解させるように思われる。

†見られる性

中空に字を書いてみせたとき、その字は、それを見るひとからは鏡文字になっているが、心理学の実験では、概して女性の方が、ずっとその字をよく読み取ることができるという。そのわけは、女性が幼少期から見られるということに慣れており、他人から見た自分をよく想像できるからなのだという。

男性と女性の差異については、さまざまな議論がなされてきた。だが、その大多数は、政治的ないし道徳的な議論であった。女性が本性的に優しかったり、穏やかだったり、家事や育児が上手だったりするわけではない——それらは、古来の家内奴隷の性格や業務に近い。しかし、それよりも、女性は、見られるという点で特異である。滑らかで凹凸の大きい身体の輪郭線や、すべすべした一様な肌の色艶や、少年に似た未発達の顔の諸要素の配置。女性は、どんな場所においても見られるのである。幼児から老婆まで、いつでも見られる。仕事をしていようと、対話していようと、休息していようと、食事していようと。衣服のした、入浴中の姿までも。犯罪者になることを怖れずに近づいてくる男性たち……、想像を絶している。

男性も少年期には見られるという経験をしたかもしれない。なるほど、自分の身体に対する他人の視線は快感でもある。オカマたちの女装は、見ることの視線を自分自身に向けたものであるように思われる。

女性は、何のために化粧するのか、なぜ活動しにくいひらひらした服を着なければならないのかとよくいわれる。「男性を誘惑するため」というのは、女性でも少数派であろうし、しかもいつもではないだろう。男性の方が、いつでもちょっとした仕草のなかに、勝手に女性の「誘惑」を見出だそうとするのである。さきに手を出しておいて「相手がたたいたから」と主張する幼児のように、自分の動機を相手に転位する——誘っておいて「あなたが望んだから」とする女性側のトラップもないわけではないが、性については、いずれもが誘惑されているのだから、どちらが主体かは、最初から問題にはならないのだ。

†ポルノグラフィー

性は抑圧されてきたといわれるが、フーコーは、それは一九世紀末ヴィクトリア朝時代の特徴であって、少しも一般的ではないと書いている(『性の歴史Ⅰ・知への意志』第一章)。性は、実際、隠しおおせるものではない。それどころか、公然と買売春が行われていた時代には、それは社会生活のひとつとして、他の社会的行動と調和的なものですらあった。

男性の性衝動は、概して、意識に女性の身体を主題とする「ポルノグラフィー」と呼ばれるファンタジーを描き出す。ときおり、あるいはまた四六時中、現実とはまったく異なると心の隅《すみ》では知っていながらも、男性はそのファンタジーに、みずから巻き込まれようとする。

ポルノグラフィーとは、男性が性交渉に対して抱く妄想を映像化したものである。妄想は、現実ではあり得ないものを含むから、単なる想像とは区別される。ポルノグラフィーと呼ばれる妄想的ファンタジーは、女性がかれにとって何であるかを実践的に象徴する。それが、その男性の生き方について物語る。

それは、眠りのなかの夢と似ている。ポルノグラフィーは、空想ではない。空想がみずから展開することができるものであるのに対し、それは意識に纏《まと》わりつき、身をこわばらせ、あらぬ行動へとみずからを駆動するように拘束する。

それに対応して捉えるなら、性交渉それ自体は、眠りに似ている。メルロ＝ポンティが述べるように、眠ろうとするときにすることは、眠っているふりをするしかない（『知覚の現象学』第一部第五章）。あとは身体が迎えにきて、おのずから眠りにつくことができる。同様にして、性交渉の場合には、意識が妄想的ファンタジーとして展開してみせる色情的な状況のなかに、性衝動が生じてくる。それを遂行するのは身体である。

†性欲とセクシャリティ

性交渉において、ひとは相互の身体のなかへと性器を通じて体液の交換をするわけだが、それも、人間の社会的組織とは別の、排泄や摂食とおなじ第二の組織における流通である。個人の意識にできることは、ただ状況を準備することだけなのだ。場合によっては、社会的意味や他人への恐怖から、意識はその邪魔をすることすらある。

性衝動——それも生の一部なのか。性的ファンタジーが現実の知覚ではないと知りながら、その知覚を現実に得るために、無理な工夫を積み重ね、ついには犯罪に走るひとまで出てくる。性にはとりわけ自我はない。性は一体どのようにして平凡な日常のなかに姿を現わし、その非現実への敷居《しきい》を超えさせようとするのだろうか。

食欲も同様なのではないかと考えるひともいるだろう。実際に、性衝動を食欲になぞらえるひともいる。摂食は、それなしには身体が弱ってくるという経験を通じて、いつどのようにそれをするかの習慣ができる。どのようなものをどんなときに食べるかは、文化や生活条件によるが、何も食べないでいることはできない。

そこで、男性には性欲なる「欲望」があって、エネルギーがたまると自動的にそれを解消するための行動に移るなどという機械論的なモデルを唱えるひともいるが、それは粗雑な比喩である。性衝動は漠然としており、それを行動に移さないからといって、何かが起こるということもない。いつどのように性交渉を目指す行動をするかについては、みずから学ばなければならないし、それが可能になるタイミングは相手次第であろう。したがって、「性欲」は核家族を形成するための現代のイデオロギー——男性は妻を必要とするはずなのだ。

とはいえ、食欲についても、単純に肯定され難い面がある。食事を済ませたそのすぐあとから、つぎの食事をどのようなものにするかと、見た目や香りや味のファンタジーがとめどなくはじまり、やはり四六時中、そのファンタジーに巻き込まれてしまうひともいる——ヘンリー・ミラーの『クリシーの静かな日々』を参照せよ。

この摂食のファンタジーも、ポルノグラフィーと同様に、無害なわけではない。くり返し襲ってくる空想に対し、いくら満たしても飽き足らずくり返すひとたち。アルコールや覚醒剤のようにして、ひとを、場合によっては、病的なまでの肥満に追いやるのだからである。

その意味で、「出会い」というファンタジーも同様であるといえるかもしれない。女性の、自分を気遣い、精神的にも支えようとする白馬の騎士としてのメンターへの妄想。男性の、——『アバウト・シュミット』（アレクサンダー・ペイン監督、二〇〇二年）のようなロードムービーによくある——、性交渉が人生の単なる一エピソードにすぎないというような妄想や、——『ブレードランナー2049』にも描かれた——、恋い焦がれて、自分をも犠牲にしようとする人形のような少女の妄想。

あるいはまた、女性か男性かにかかぎらずに、いたるところ、ひとの心を覗き込みあいながらの、お涙ちょうだいのヒューマンドラマもある。これらは、関わりあう他人たちへの暴行、傷害の可能性が少ない分、メディアやSNSの格好の主題となる——そのレトリカルな技法をわたしは使おうとは思わないが。

しかし逆に、これらのいずれの妄想も、ある種の性的なファンタジーであると解することができなくもない。「性的なもの（セクシャリティ）」とは、性交渉に直接関連するものだけではなく、社会生活をとり巻く雰囲気である。これらのファンタジーを、非現実なものとして生から排除しようとする理由も、また生にある。生存や生殖が困難になることがあるからである。

このパラドックスを、どうやって解決しようか。理性の側からのみ生を思考していると、生を推進しているものを見逃してしまう。しかし、生がもたらすファンタジーを追っかけるばかりだと、生は衰弱し、滅びてしまう。反復は、犯罪的ないし病理的な非現実にまでひとをひき連れていくが、それを巻き戻して「われに還る」ための指標もまた生の覚醒として現われる。その境界上にひとは生きている。

†性と生

男女は平等だからおなじ「人間」であるとするのでは済まない、ということは大多数のひとが知っている。キンゼイ報告のように、女性も男性と同様の性欲をもつとする主張もあるが、もしそうだとしたら、女性による痴漢があまり多くないのはどうしてか。「人間」として信頼した男性からレイプされる女性が多いのはどうしてか。

それは、男性が知っているような性衝動が、女性にはないからであるに違いない。女性が性交渉を通じてしばしば望むのは、――いまのわが国においてということであるが――、ある男性との特定の関係に入ること、あるいは一緒にいるのを拒まれないこと、その男性が自分に執着することであるように見える。

これが男性の妄想と対になると、いわば共同幻想としての「恋愛」になるのであろうか。それで結婚して、夫婦の関係を性的関係とおなじものとみなしてしまえば、相手に性的魅力を感じなくなった瞬間に、不倫したり離婚したりしても差し支えないと考えることになるだろう。それは、愛の神経症（愛の程度を意識しすぎる病気）ではないだろうか。

ともあれ、女性には、男性の性衝動も妄想もまったく見当がつかないのだから、ポルノグラフィーを見たとしても、その外観やエピソードを記憶することしかできないだろう。フレドリック・ブラウンのショートショートだったかと思うが、人魚姫の逆バージョンで、「もし王子が人魚に成ったとしたら……」というのがあった。下半身が変化したら、その後は何も起こらなくなってしまう――つまり、女性は男性の性衝動が「いやらしいもの」であることは分かっても、どのような意味でいやらしいかは理解できないのだ。それで、「芸術」などという言葉にも、容易に騙《だま》されてしまうのである。

あるいは逆に、キャサリン・ハキムのように、そうした要素が仕事で有利に働くなら、女性はそれを活用しても差し支えないと主張するひともいる（『エロティック・キャピタル』）。これまで男性たちは、不当にも、女性の所有する性的要素に、対価を支払わないで済ませてきた――

それで営業がうまくいくのなら、同意のもとで特別手当をつけるべきなのだ。

さらに、女性のなかには、男性の妄想するポルノグラフィーの外観やエピソードに習熟して、猛獣使いのように、それを活用して男性を支配しようとするひともいる。ときには、そのように統御しようとするのに相手の男性が反発して、思い通りにならなくなることもあるだろうが、それは彼女が、男性が性衝動において何を感じているかを、真に知っているわけではないからである。それは、動物の性質について知っていて動物の振舞を統御するのとおなじである。そのような女性は、プレゼントや奉仕や崇拝や、場合によっては資産付きの結婚を実現することもできようが、それ自体は理性的な行動であるともいえるのである。

性交渉を、孤立した瞬間の行為であると錯覚してはならない。たとえ行きずりの恋愛であろうと、強制性交渉であろうと、その場面だけで終わる欲望とその充足があるかのように見えるとしても、それがそのひとの人生や人間関係を象徴している。どんな場面にも性的雰囲気をもち込もうとするセクシャルハラスメントについても同様である。

逆にもし、性的関係が、人間関係の親密さと疎遠さの諸段階において親密さを保障する決定的な敷居になるとみなすとしたら、現代における個人としても、それはプライバシーの最後の砦ともなり得るであろう。

それらは、それぞれのひとの、身体を使用するスタイルであって、過食するとか、アルコールを飲むとか、スポーツするとか、ギャンブルをするのと同様に、人生や人間関係の総体において、「したいこと」と「してはいけないとすること」のバランスにおいて生じていることなのである。

つまり、人生であれ、人間関係であれ、ひとつの目的のためにさまざまな行為がすべてその手段になるということはなく、そうした理性主義的人間像は非現実的であって、ひとは多様な行為のそれぞれを、目的にしたり手段にしたりと転換しながら、自分のスタイルを貫くことで社会の適切な居場所（エートス）にいる自分を発見しようとしているのである。

アリストテレスは、人間は社会的動物（ゾーオン・ポリティコン）であると述べたが（『政治学』第一巻）、そのことを「本能」や「脳の機能」や「ミラー細胞」に帰してみても、何も理解することはできないだろう。それは、言葉をいいかえただけである。

「社会的」ということは、相互に見られることにおいてはじまるのだが、その根底《こんてい》には、性衝動とそのファンタジーがある。現代において、性は私秘的なものとして家族のなかに隠されているわけだが、それは家族の社会的位置づけによるのであって、実際は社会に直接漏れだして、個人としての社会的なあり方を、つねに色づけているのである。

†ジェンダー

かくして、生きているということは、さしあたっては「性をもつ」ということであるといおう。性をもつことは、摂食が、身体の社会からの分離を可能にするのとは反対に、身体組織の一部と社会的組織の一部との横断的架け橋をもつということである。

現代の政治状況においては、性は、家族内においては夫婦の紐帯《ちゅうたい》を唯一構成する関係であるとされ、家庭外においては「不倫（ひとの道を外れたこと）」として、社会的人間関係の逸脱であり、家族関係を破壊することとみなされている。

つまり、性は、ひとびとを家族の形成へと誘導するかぎりのものとして、隠されたり曝《さら》されたりしているのである。ポルノグラフィーの氾濫も、広告宣伝における性的仄《ほの》めかしの多用も、ひとびとが結婚へと向かうかぎりにおいて、禁止されたりはしないのであろう。

だが、性は、自由に考えてよいといわれても、意識によって自在になるわけではない。異性愛によって家族を形成することへと向かうとはかぎらない。性は、それぞれの身体の経験のなかに出現する。そのなかに、性を一切なかったようにすることもあれば、自分自身を自分の異性として捉えることもある。今日、生まれながらの性を受容できないLGBTのひとたち、異性愛に反することを肯定するマイノリティのひとたちがいる。

生物学的なオスとメスとして、人間が、生殖器官の差異に応じて男性と女性に分類されるということは、それで男性であるということと女性であるということを尽くすものではない。男性が何で女性が何かは文化的なことであり、時代や社会によって異なっている。

したがって、性を受容するということは、生理学的な条件のもとに、文化的に規定された行動様式をとるということである。同性愛（ホモセクシャル）が肯定された時代では、ひとはそれを目指さなければならなかったし、異性愛（ヘテロセクシャル）の時代には、ひとはそれを目指さなければならなかった。

生殖器官に依拠する性交渉のあり方に対して、それを指標としながらも、社会的に性的役割が振り分けられたものを「ジェンダー」と呼ぶ。身じまいや振舞い方、仕事内容や対人関係における違いが性に応じて規定され、「男らしさ」、「女らしさ」ということがいわれる。

とりわけ女性にとって、身体に対する四六時中の男性の視線が、性の誘惑や暴力の怖れを惹き起こすばかりではなく、いわば管理社会のようにして、そのおりおりに自分の不手際や不作法が見抜かれるとしたらどうであろう。多くの女性たちは、男性の性衝動の内実が理解できない以上、視線をジェンダー、「女らしくしろ」の無言の圧力として受けとめる。

時代の性の文化的規定に反発するひとは、どの時代、どの社会にもいたと思われるが、いまは女性やＬＧＢＴのひとたちが、「マイノリティ」として権利を要求するようになっている。それは核家族の意義が唱えられている今日の状況への批判であり、個人が社会に直接曝《さら》される近未来社会の先取りであるように思われる。

2　イヌ人間

†性の多数性

現代には、性道徳ではなく、「性の政治学」が必要である。男性であるか女性であるかによって、ひとは生まれながらにして、それぞれに生き方が異なるだけだというように考えるべきではない。なぜなら、マジョリティである男性は、自分自身を自由に変えられるのに対して、マイナーである女性は、男性のあり方によって規定されてしまっているのだからである。男性にはただひとつの性、「人間」という性があるだけで、だから「人間について考える」ことによって、自分の生き方を見出だすことができる。女装したオカマにすらなれる。だが女性は、少女であったり、妻であったり、母親であったり、娼婦であったり、老婆であったりすることを、そのときどきに押しつけられる。性質も性格も含め、それは「多数の性」である。

女性にはたくさんの性があって、男性の状況次第で、それを臨機応変に変更することを要求される。女性はおそらくは「少女」に成りたいのであるが（ドゥルーズ／ガタリ『千のプラトー』第一〇章）、——アルキビアデスのような少年のことでもあろうが（プラトン『饗宴』）——、なぜこのようなことになってしまうのか、男性は、産まれて以来ずっと「人間」であったのに。女性に帰属させられるキャラクターは、実のところ、男性の生き方の反映でしかない。男性は、成長するなかで男性のジェンダーを身につけ、それに属する多様なキャラクターからいずれかを選ぶことによってアイデンティティを獲得できるのに対し、女性は「第二の性」(ボーヴォワール)であって、男性に対応するジェンダーの地位に留《とど》められ、その見かけに応じたキャラクターを押しつけられてきたのである。

†人間の本質

われわれはホモ・サピエンスという種であって、そのオスとメスとして男性と女性がいるとされてきた。なるほど、男性であれ女性であれ、さまざまな「人間」がいる。品のあるひとと品のないひと、陽気なひとと陰気なひと、繊細なひとと粗野なひと。まず人間の本質があって、その特定のカテゴリーについてのみ、男性的なものと女性的なものが分かれるように見える。

他方、未開社会における二項対立の論理のもとで、男性と女性はまったく違うとする考え方もあった(ニーダム『象徴的分類』)。男性は太陽であり、右であり山であり、女性は月であり、左であり海である、などというようにである。男性一般が何であり、女性一般が何であって、それは本質的に異なるとされたのである。

現代でも似たようなことをいうひとがいる。男性は論理的で、みな武器と競争が好きで、女性は感情的で、みな子どもとお菓子が好きだとか……。いかに多くの例外を指摘しても、それは「女々しい」とか「男勝りである」といった表現で片付けられる。このいずれが正しいのか。それともいずれも間違いなのか。

オーランプ・ド・グージュがフランス人権宣言に対してただちに抗議したように、すでに多くのひとが、人間と男性はおなじ語、英語で「マン」であって、「人間の権利」は男性の権利しか意味していないということを指摘してきた。つまり、人間の本質を論じるときには、男性についてしか、ひとは論じてはこなかったのである。

本質とは、その種のすべての個体に共通していて、他の種の個体にはない性質のことである。人間の本質を語るためには、女性を枠外にしてはならないが、男性でも女性でもないような中性の人間など想像できないので、ひとびとは人間の本質として、男性成人についてのみ考察してきたのであった。

それでは、男性にも女性にも共通した性質が存在するのであろうか。これまで近代の男性がみずからに規定してきた「自由で平等な個人である理性的な主体」という概念は、女性にも適用できるのであろうか。

そうではない。というわけは、その概念は、男性についてすらも適用できないのだからである。そもそれは、いうなれば、「希望的観測」にすぎなかったのだ。そのような人間を前提した政治学も経済学も、すべては失敗に終わった。完全には遵守されないさまざまな法律や経済的諸制度が、作られては破棄されてきたのが、われわれの歴史である。

†啓蒙のファンタジー

一八世紀の啓蒙思想において、人間は「潜在的に」理性的主体であり、学問することによってその本質が顕現すると捉えられ、学校制度が作られ、ジャーナリズムが発展した。だが実際には、一部のひとだけが、しかも一時《いっとき》のあいだだけしか、理性的主体になることはできなかった。理性的主体であるように見えるひとも、眠るときもあれば、疲れているときもある。だれも四六時中理性的主体であることなどできないのに、どうしてそれが人間の本質なのであろうか。

教養によってひとは理性的主体になり得ると信じられていたが、それは、現に理性的主体であるということではなかった。そうした潜在的ないし目的因的な本質の規定は、そもそも分類学的にもおかしい。本質とは、観察と分類に基づいて論理的に規定されるべきものである。人間本質を定義するためには、人間を、完全性を念頭に置いて捉えておいてその欠如として見るのではなく、むしろ現にある人間に共通した性質を求めるべきであろう。

したがって、「理性的主体である自由で平等な個人が集まって社会を形成し、社会を理想に導いていく」というのは、あきらかに近代西欧文明の偉大なるファンタジーなのであった。

二〇世紀になると、サルトルのしたように、「人間は実存である、本質に先立つ」というような定義も現われる（『実存主義はヒューマニズムである』）。人間本質の従来の定義を否定するばかりでなく、人間に本質があるということそれ自体を否定してしまったのである。それは人間本質が進化論的に定義されつつあることを拒否して、潜在的なものによって規定される「崇高な」人間を再確立しようとする議論でもあった——分類される以上は、必ず本質はあるのだが。

他方、サルトルが厳《きび》しく批判したフロイトの精神分析は、ひとが理性的主体であることができない場合があるとしたら、それは「無意識」という第二の主体が、——むしろこちらが第一だといいたいのだろうが——、意識から隠れて潜んでいて、意識とは別の目的を実現しようとしているからだと考えた（『自我とエス』）。意識の目指す合理性に対して、欲望が目指すもうひとつの合理性が同居しているのだというわけである。

無意識には「イドの怪物」が棲みついていて、ひとがどのような意識をもつかをも規定している……、そんな人間像がどうしてひとびとの心を捉えたのか——それはストア派の理性対情念、キリスト教の天使対悪魔の新バージョンでしかなかったように思う。

結局のところ、人間が理性的であるのは、「本質的に」ではないのは確かである。自分の目的を知っていてその合理的手段として行動を決定するというのが理性的であるということだとしたら、裏を返せば、われわれは、いつも自分が何をしでかすかと心配しているということである。他方、無意識という、意識に隠されたものがあるとする見方は、隠す主体が存在することを前提する。しかし、自分が知らなかったのは、だれかが隠していたからなのだろうか。自我についていてすでに述べたように、むしろ自分の言動を通じて自分の意図することを発見することとは、決して珍しいことではないのである。

われわれは、「主体」であろうとするのはときどきで、それも周囲から脅かされている場合である。いつもは映画を観ているかのように受動的であり、映画によって感動させられるのとおなじように、周囲の風景や気象や、他人や機械や動物の振舞に触発されながら、ただ何気なく行動しているものなのではないだろうか。

†動物と人間

では、現代では、われわれは人間の本質をどのようなものとして定義すべきであろうか。進化論によって、人類は、チンパンジーと別れた祖先に由来するとされる。それ以来、ずっとおなじ種であるとして、一体、人間を他の生物から分かち、かつすべてのひとに共通しているような性質とは何であろうか。

それは、もちろん理性ではない。そもそも「理性」が何を指すかも曖昧である。それは、思考する能力であろうか。しかし、それでは、もしAIがそれを代替できるとしたら、AI機械も人類の仲間に入れなければならなくなる——それでAIスマートロボットに人格を認めるかという議論が起こったりもする。逆に、AIには不可能な思考があって、それが人間だといわれても、その思考が、すべてのひとに可能であるかと聞かれると疑問である。

それでは、ピグミー・チンパンジー（ボノボ）よりも少し高度な知性をもつという定義で満足すべきなのであろうか。かれらにできなくて、人間ならだれしもできるような知的活動を列挙するというのはどうであろうか。だが、逆に、人間はそこにおいてしか、かれらとは異ならないのか——その生活はあまりに異なる。

ベルクソンが定義した「ホモ・ファーベル」、ものを制作するということではどうであろうか（『創造的進化』第二章）。しかし、ハチもビーバーもものを制作する。人類においては、その精度と多様性が甚《はなは》だしく大きいというだけであろう。それでは、地球温暖化など、環境を変えてしまうということではどうであろうか。しかし、地球を酸素の星にしたシアノバクテリアなど、単細胞生物も含めて、一切の生物は、環境を多少なりとも変えながら生活してきたのである。ものの制作は、人間の本質とはいえないであろう。

ところで、未開社会における生物分類法は、レヴィ＝ストロースが分析したトーテミズムに見られるように、人間の部族の分類の代替体系とされてきた。つまり、ウシやウマのような一動物種と並んで人類という種があるのではなく、人間の分類が、多様な生物の分類と対比的なものとして与えられてきたのである（『今日のトーテミズム』第四章）。

さらに、イソップ物語のように、キツネのようなひとや、ライオンのようなひとや、ロバのようなひとが語られてきた。動物の分類が、それぞれの動物の生活形態と行動様式を参考にして、人間の性格分類に使用されたのである。なるほど、マキアヴェリが『君主論』で喩《たと》えたように、キツネに似ているひとも、ライオンに似ているひともいる（一八章）。

そもそも、近代にいたるまで、人間は、近くに住む動物たちとの出会いのなかで、それを敵としたり仲間としたりし、ウシやウマのように、生殖を支配して、食料や道具に使用してきた。動物は、動物園で展示されるような、截然《せつぜん》として区別される生物学的対象ではなく、生活のなかで敵対したり共存したりしてきた対象であった。それは、ホッブズが述べていたように、女性や子どもと連続的に捉えられるケモノなのであった。家畜と野獣を区切る線の方が、人間と動物を区切る線よりもくっきりしたものだったのである。

それが今日では、近い種と遠い種に整理されて並べられた動植物園での配置のなか、人間は、その檻に鏡を設置したロンドン動物園におけるように、類人猿の隣に並ばされてしまう。公平になったというべきであろうか——それでも、イノシシやキジやオオカミのような野生の種と、ブタやニワトリやイヌといった家畜の種の関係について考えるとき、こうした近代の生物種の分類には疑問が残る。

つまり、人為選択によって生じた種については、別の場所に置くべきなのではないだろうか。「種」といっても、ウシやヒツジやイヌの「品種」は、他の生物の「分類種」とは意味が異なる。生物の大分類はまず、「野生のものと飼い馴らされたもの」（モスコヴィッシ）、あるいは理論的なものと実践的なもののあいだに置かれるべきではないだろうか。そして、いうまでもなく、実践的な分類の方が重要である。

さらにいえば、人間が家畜化した動物のうち、イヌとニワトリは別格である。というのも、オオカミの仔を飼い慣らし、キジの卵から雛《ひな》をかえし、オオカミともキジともまったく異なった生活形態と行動様式をもつ動物を、人間が創りだしたのだからである。

ウマやウシやブタやネコも同様の位置づけにあるように見えるが、野生のウマやウシやブタやネコも存続しているのだから、それらはただ「馴化《くんか》された動物」である。それに対し、イヌとニワトリは、人為選択という特殊な進化において生じた、種類の特別な動物なのである。

†イヌ性

イヌは、数万年まえに人類が最初に家畜化した動物であるといわれている。おそらくはオオカミの仔を育て、人為的な交配をくり返していった結果であろう。現在でもオオカミとの交配が可能である以上、自然淘汰によって生じる生物種とは意味が異なる。つまり、イヌと呼ばれるものは、他の動物と並んで分類される生物種ではなく、その形態や行動の特徴をさしおいて、人間と独特の関わりをもつという、特別の意味の「種」なのである。

その点では、キジから家畜化され、空を飛んで逃げることもできず毎日卵を産むという異様な動物であるニワトリも同様であるが、これが単に食肉用であるのに対し、イヌは人間（ヒト）という動物と生活上の深い関わりあいをもつ存在である。

では、イヌとは何なのか。ヒトがオオカミと出会ったとき、それは戦えば勝つことの難しいケモノの群れであり、個体としても獰猛《どうもう》で、到底馴化《くんか》し得るような動物ではなかった。しかし、二〇世紀後半にロシアのベリャーエフが実験したそうだが、キツネを、人間になつきやすい個体を選別しながら何世代も育てていった結果、耳は垂れ、牙は小さくなって、イヌのような形態と行動様式をもつようになったという。それは、ブタになったイノシシもそうであるし、また、ネコのなかには、イヌと一緒に育てられて「お手」や「おすわり」をするものも出てくるというが、これらも「イヌ」の一種であるとすれば、イヌはオオカミという生物種の一種ではない。獰猛で危険なケモノが、人為選択によって人間と共存できるように進化してきた、極めて人間に近い「生き物」のことなのである。

イヌと人間の関係を「友情」という美名で語るひともいるが、イヌは、実質的には献身的な奴隷である。狩猟や警備の命令に従い、進んで命を捨てる。あるいは、人形のように飾られて、指示通りに動いてみせる。多少ひどいことをしても、恨んだり対抗措置をとったりはしない忠実な奴隷である。

土石から鏃《やじり》や土器を作ったように、植物としてはイネや小麦を作ったように、人類は、動物としてはニワトリやイヌを作ったのであるが、イヌは、単なる道具や食材ではなく、人間行動に変化をもたらすほどのパートナーとなった。それは、従順で知性のやや乏しい動物である。さまざまな犬種はあるが、われわれは、イヌという語で、その見かけや大きさと関係なく、そうした規定をもつ特別な動物を理解する。

実は、おなじことが人間にもいえる。ヒトは、ヒトがその交配を決めてきた。それは家畜の交配と同様であり、そのかぎりで、人間も家畜である。女性が華奢《きやしや》な体つきで少年に近い顔をもつのも、男性が大柄で無骨《ぶこつ》な顔をもつのも、それは性淘汰、すなわちひとびとのあいだで配偶者を選択してきたからなのである。

ところで、もしその契機に、男性と女性ばかりでなく、イヌも含まれるとすればどうであろう。イヌの人為選択と並行して、それに連関して人間の人為選択も行われてきたとすればどうであろうか。

逆に聞こう。なぜ、イヌが進化してきたのに、人間がそれにつれて進化しなかったということがあるだろうか。ときに自分のイヌが人間に似た仕草や振舞をすると喜んでいるひとびとがいるが、人間の方もイヌと似た仕草や振舞をしているのかもしれない、とは思いもよらないのであろうか。

アメーバから多細胞生物になり、哺乳類になり、ホモ・サピエンスになったという、一八世紀ラマルク的な単線的進化の発想は、――こんなところに前近代の「血統」という政治的概念が入り込んでいるわけだが――、投げ捨てなければならない。

遺伝子をいくら調べても分からないだろうが、自然界ではみな、同時に生活している諸生物の活動の仕方次第で繁殖したり絶滅したりする。生命圏（バイオスフィア）で遭遇する他の多種の生物との関わりによって進化するのである。

ドゥルーズ／ガタリのいう「退縮的進化」がそこにある（『千のプラトー』第一〇章）。スズメバチのメスの姿をした花をつけるハンマーオーキッドは、オスのスズメバチをおびき寄せて背中に花粉をつけて授粉を行うが、そのように花弁の形をメスのスズメバチの形に似せる進化をしてきたという。ほかにも、ダーウィンの発見したダーウィン・フィンチという鳥類のくちばしの長さが、それに等しい深さをもつ花にあわせて、それぞれに進化しているという。こうした異種生物間において他の種の形態や行動を契機にみずからの形態や行動を限定することを、ドゥルーズ／ガタリは退縮的進化と呼んだ。

したがって、これは何ら比喩ではない。思いつきでもない。イヌと人間も、それぞれがオオカミから「人間イヌ」へ、また原人から退縮して「イヌ人間」へと進化したとはいえないだろうか。人間の本質は何かということであったが、理性的主体としての人間の定義よりも、こちらの方がまだ分類学的には正当であろう。人間本質は、理性ではなくイヌ性である。イヌと人間とに共通の本質が見出だされるのである（拙著『進化論の5つの謎』第四章参照）。

†主人と奴隷

われわれは、オオカミからイヌを作って奴隷のようなものにしたのは、人間が他の人間を奴隷にすることを知っていたからであるとは、考えるべきではない。先史時代のノマドの部族はみな親族であろうから、その身分を奴隷とする人物を定めるのは、血統の論理からして無理である。他の部族を襲って奴隷にすることを思いついたのだろうか——だとしたら、それはまずはイヌのような動物が身近にいたからであるに違いない。

われわれは、イヌ以前の原人とイヌ以降の人間の違いについて考えてみることができる。人類はイヌと出会い、イヌと混淆《こんこう》した群れとなり、それを通じて部族のなかにイヌとヒトがいるということを理解するようになる。すなわち、イヌとともに獲物を渉猟《しょうりょう》する一群の動物としての意識をもつようになる。それゆえ、イヌという血統の動物に対し、ヒトのなかにもイヌであるヒトと、イヌではないヒト、命令されるものと命令するものとがあると理解されることになる。つまり、人類はイヌを飼いはじめると同時に、自分たちをイヌとヒトに分けはじめたに違いないのである。

部族内の特定人物をイヌに指定することが困難であるとしたら、他部族を襲い、あるいは他部族からはぐれたヒトを部族内でイヌとおなじ立場に置けばよい。そうして奴隷制、身分制が生まれるであろう。イヌと人間の関係は、イヌが飼われるようになると同時に、身分という概念として、人間どうしにおいても生じたのであろう。

それでは、ある人物がヒトであり、ある人物がイヌであるとはどういうことか。今日でも「警察のイヌ」と呼ばれるように、また「イヌ死に」といういい回しがあるように、組織内で手先として使われ、簡単に使い捨てされる役まわりの人物がいる。

自分ではやるべきことを決められず、主人につねについて回り、指図《さしず》されるとおりに行動し、指図した人物に喜ばれることを喜びとし、自分を卑下するヒト。イヌとともにそうした人物が出現し、イヌでない人間は、イヌでないことにプライドをもち、自己意識をもった主体であるというようになる。それで人間ははじめて主人となり、その相手であるイヌが奴隷であり、奴隷の身分のヒトになるのである。

ヘーゲルのいう「主人と奴隷の弁証法」（『精神現象学』ⅣA）は、人間とイヌのあいだにこそ成りたつ。林羅山は、「天は尊く地は卑しいように人間には尊卑がある」（『春鑑抄』）としたが、それは、人間本質を主人性の階層によって理解するにいたるまでの、イヌ人間の進化の結果にほかならない。

古代ギリシアでは、女性が「姿は女神で心はイヌ」とされたように、イヌとは卑しい人物の性格のことである。一八世紀の文筆家、サミュエル・ジョンソンは、女性の説教を二本脚で歩くイヌに喩えている。かれらは、女性と人間に共通の本質を見出だしてはいたのだが、その蔑称を通じて、自分たちに内在するイヌの本質を知っていたともいえる——それが何かを知らずに、どうしてそれを蔑《さげず》むことが可能であったろうか。

だが同時に、イヌとして扱われることが侮辱ではない、むしろ自分を見つめるあまりに、それを望むひとすら生じてくる。ドゥルーズ／ガタリは、ローレンス、ミラー、フィッツジェラルド、そしてスレピアンというように、イヌになろうとしたひとたちの例を列挙している（『千のプラトー』第一〇章）。それは戦場の兵士が、ケモノに成ることによって人間を殺せるようになるのとおなじようなことである。

†組織のイヌ

人間の群れが組織をなすようになったのは、以上からすると、オオカミの群れに由来するものと思われる。ひとびとは、組織を人間精神の形成したものとみなすが、組織をなす精神の形成についてこそ思考しなければならない。

組織において、ひとは、ヒトにイヌを見、イヌにヒトを見て、ヒトをイヌとして扱い、イヌとして扱われることに快感をもつ。統制的な組織を夢想しているひとびとと、イヌになることを夢想しているひとびと抜きには、組織を設立し、維持することはできないだろう。ここで身体の有機的組織と社会の組織が連続する。「イヌ」は、ホモ・サピエンスのもうひとつの性であり、男性にも女性にも共通する、ヒトが群れをなす本質なのである。

人間集団にこうした分離、命令する側と命令される側が生じたということは、社会的なものとしての組織が生まれたということである。前近代においては、身分として、組織の階層が血統によって区別されたが、それはイヌの血統がモデルであったに違いない。なぜ、身分が高いひとと低いひとがいるのか、なぜ身分の高いひとから生まれたひともまた身分が高いのか、こうした疑問には、家畜の交配術によってのみ答えられる。血統とは、交配術的知識である。高貴な人間は人間から生まれ、イヌはイヌから生まれるように、卑しいヒトは卑しいヒトから生まれるのである。

　とはいえイヌがさきであるともいえない。むしろ逆に、イヌの卑しさというのは、イヌが卑しい人間を目指して育てられたからでもある。イヌを飼うようになればなるほど卑しい人間が育てられ、卑しい人間が育てば育つほどイヌがさらに飼われていき、そして部族のなかに身分と組織が生じ、ついには命令とそれに従って行動する軍団が生じたのであるに違いない。

　組織は、命令し命令されるのを欲することにおいてはじまるのだが、そこにはオオカミがイヌに成るにつれて、人類に群れの本質が移植されるという進化があったからであろう。男性と女性の関係に交錯するヒトとイヌの関係が、組織というもののファンタジーを可能にした。それは軍団のファンタジーでもあり、ヒトがオオカミに成る、狼男ないし人狼のファンタジーでもある。

　だから、よくいわれるように、暴力があるから国家が形成されたのではない。子どもがいるから愛情に満ちた家族になったのではない。イヌを飼うことによって、イヌに命令する人間が生まれ、そのような人間が組織を作り、家族を作り、国家を作ってきたのである。モースが、「おまえの怒りは遊ぶイヌのようにならなければならない」という、トロブリアンド諸島キリウィナのひとびとの呪文を紹介している（『贈与論』第二章）。すべては、飼い主の手を舐《な》めるイヌのようにしてはじまったのである。

モースはそこに贈与の実質を見出だすが、どのひとにもイヌのような特性が埋め込まれているからこそ、贈与は戦闘とも互換性があり、命のやりとりもすることができるであろう。そうしたなかで、ヒトは家族や国家の一員となり、やがては、機械があるから生活が便利になったと思いながら、ヒトは機械の部品となっていくのである。

機械（マキーナ）の原語の意味は、軍である。イヌは、現代では警察や軍隊の一員であり、企業戦士ないし社畜としてのサラリーマンであり、子ども代わりのペットであり、自動車や掃除機をはじめとする自動機械であり、将来のスマートロボットである。だからこそ、ディックはどう考えていたか分からないが、アンドロイドも電気羊の夢を見るに違いないのである。

ある意味、男はドーベルマンでありセントバーナードであり、女はプードルでありゴールデンレトリバーである。それぞれにオスとメスがいることを忘れてはならないが、それぞれにオオカミの血を引きながら、男性的で屈強なイヌ、女性的でかわいいイヌとして従順に振舞うように育てられる。そこでは、男女の生理学的な差異は、ヒトの仔を生殖するとき以外は無効である。みんな互いに「いいね！」といいあうイヌである。

とはいえ、その根がオオカミとして獰猛《どうもう》であることに代わりはない。吠えかかることも、嚙みつくことも、——そんなひとも多いが——、それはイヌの素性《すじょう》である。イヌになったオオカミのように、ヒトはイヌになったのであり、ひとびとはみな、産まれてきたヒトを、よいイヌになるようにと育てるのである。

子どもたちは、学校に行って集団性を学ぶというが、それは、組織のなかでの位置をふまえて従順に命令を聞くように躾けられ、やがて組織に入って、軍隊であれ企業であれ家庭であれ、組織のために死ぬことができるようになるということなのである。

†原人

われわれは、本当のホモ・サピエンスとはどのようなものかと、問うだろうか。イヌのいなかった先史時代の原人——それはどんな神々しい動物だったろう。それは、ルソーのいう「自然人」のようなものであろうか、ニーチェのいう「超人」のようなものであろうか。

さきに、幼児は、動物たちの語りあうファンタジーの世界に産まれてくると述べたが、それがニーチェのいう超人なのかもしれない。そのファンタジーの方が生の現実で、他人たちがいて、この社会を知覚し、記憶することを強制する暴力によって、数多《あまた》の人間がいる社会として、幼児に対して、われわれの世界が開かれるのかもしれない。

しかし、ヒトはやがて、オオカミの群れの夢を見るようになる。群れのなかの個体として自己意識をもつようになり、つまり群れとして振舞う個体となって、群れのために行動し、群れはその結果、組織となる——オオカミの頭部をもつ「マンウィズ」というロックグループは、バンド（群れ組織）としてのミッションをもつと称している。マンモスを追うひとたち。

もはや孤立した個人は考えられない。いくらそのようなものを想像しても、われわれのなかからイヌ性を消してしまうことなどできないだろう。アーレントは「人間の条件は社会である」と述べているが、それは、——彼女は反対意見であろうが——、イヌと人間がともに作りあげてきた人間動物の群れるイヌの本質から成るのである。

われわれは、そこに性衝動の秘密も感じとる。ひとはどんなポルノグラフィーを好むのか。文化によっても異なるし、個人によっても異なるが、それにしても、——トリたちのようにダンスと接触だけでは不十分で——、妄想的なファンタジーが必要とされ、そこに支配と被支配がもち込まれる。イヌを愛しイヌに愛されるようにして、男と女は愛しあう。ほかの動物たちには必要ないだろうが、それは人間どうしの性交渉ではないのだから、ポルノグラフィーとしてのイヌのファンタジーが必要になるのである。

性衝動の経験とそこから派生する人間関係は、摂食や排泄と同様に、社会的現実に浸透している第二の有機的組織の出没する現象である。それが男女の性を規定しているのだが、性には、異性愛による生殖以外のもうひとつの様相がある。それが「群れ」である。同性愛の感情や女性の性衝動も含め、——飲み屋やランチやゴルフやSNSのつきあいも含め——、性的なものとは群れることである。群れなすこと、それが性とは別のものであるかのように、個人が人格として関わりあっているとされる組織のなかの空気を形成していて、プライドという名の群れの情動のバイアスをかける。否《いな》、むしろそれこそが組織を形成し、維持しているのである。

3　群れなすひとびと

†大衆社会論

人格とは、道徳的なフィクションである。人格を先立てることなくわれわれの経験を記述しようとするならば、見えてくるのは群れである。

イヌと人間のハイブリッド（混成種）、オオカミの群れのファンタジーという概念が、いかに荒唐無稽に思われようと、社会の真の姿を理解するためには、われわれが群れであるということから出発しなければならないであろう。

では、「群れ」とは何か。一八九五年、ル・ボンという社会心理学者が、群れとは、個性が消えたひとびとのあいだで、暗示によって思考と行為が感染していく集団精神にすぎないと述べている（『群集心理』第一篇第一章）。それが文明を破壊するというのである。

他方、一九〇一年、タルドは、ル・ボンのいうような空間的に集合した群れと、精神的に集合している公衆（パブリック）とを区別して、前者には全能の錯覚に由来する無責任さがあるが、後者にはまだ思想信条があって、マスメディアを通じて組織を作ることができるとしている（『世論と群集』第一篇第六節）。ただそれが新たな政治勢力になってきたことが、民主主義にとっての問題なのだという。

少し遅れて、一九三〇年、オルテガは、都会に溢《あふ》れる大衆（マス）は、少数派エリートの生き方の真似をしながらも、それに従おうとはしない主体なき平均人であると説明している（『大衆の反逆』第一部）。虚栄心から自分が完全だと思っていて、他のタイプの人間を排除する性格をもつという。アドルノやフロムのいう「権威主義者」のようなものであろうか、あるいは現代で話題になっている「ポピュリズム」を支えるようなひとたちのことであろうか、レーデラーが、すでにその体制を「大衆国家」と名づけている（『大衆の国家』第六章）。

最初に現われたゾンビ映画が一九三〇年代であることをふまえると、人間を襲う理性なき生ける死人（リビング・デッド）の群れが、大衆のイメージであると想像するのは難しいことではない——その観客がまさに大衆であるのは皮肉である。ゾンビの行動は特に人肉食に偏《かたよ》っているが、それこそが、理性が抑圧すべき剝きだしの生とみなされているのであろうか。

ゾンビ映画は、さまざまなシチュエーションや根拠づけを与えられながら、二一世紀になってますます盛んである（岡本健『ゾンビ学』参照）。映画は、もはや大衆への恐怖ではなく、群れで構成された高度技術社会の様相を暗示している。とりわけ、『バイオハザード』（ポール・W・S・アンダーソン監督、二〇〇二年）のなかで、イヌのゾンビが、恐るべきものとして描かれていることに注目したい。

それはともかくとして、以上のようにして、一九世紀末から二〇世紀にかけて、啓蒙思想の翳《かげ》りのなか、社会に影響をふるうようになった多数の匿名のひとびとの振舞に注目が集まった。大杉栄など、群れを新たな政治の力に結びつけようとした大正デモクラシーの思想家たちもいたが（松山巌『群衆』第四章）、いうまでもなく、その後にファシズムと全体主義の嵐が世界を吹き荒れる。レミングの集団自殺は都市伝説だといわれるが、ハーメルンの笛吹に連れられていった一三〇人の子どもたちのようにして、ひとびとはホロコーストの世界に向かっていった。ニーチェの思想もハイデガーの思想も、そのおなじ文脈にあると思うのだが、大衆がもちはじめた政治力が問題なのか、大衆を煽動《せんどう》する人物が出現するということが問題なのか（コーンハウザー『大衆社会の政治』）——少なくとも民主主義体制は、こうした群れの影響を受けやすいものとして成立していることが、今日いよいよはっきりしてきているとはいえるだろう。

こうした多数者の群れは、近代西欧文明の結末として生じた歴史的現象なのであろうか。あるいは、単にマルクス主義の、革命主体としての労働者階級という議論に対抗するために論じられたにすぎないのであろうか。それとも、——わたしはこう思うのだが——、人類史を貫いて社会の基盤を形成している「群れ」が、たまたま社会の表面に、目立つ大規模な姿で出現してきて、注目を集めるようになったのであろうか。

†欠如としての大衆

群れ、すなわちモッブ、群集、群衆、大衆、公衆などと呼ばれるものは、これまで、ある種の欠如によって説明されてきた。秩序の欠如である。人間には、理性のように完全性を目指すものがあるが、それが不足しているための現象であると説明されてきた。

デカルトも主題とした完全性の観念(『省察』第三)、それは欠如の知覚である。アリストテレスのいう「シモン性(シモンという男の鼻のように凹んだものの凹みそれ自体)」(『形而上学』第七巻第五章)。何か足りないものがある、それが何かは分からないけれども……。とはいえ、ベルクソンは、「ひとは現実を秩序の欠けたものと考えて秩序を認識しようとし、それができないから現実を無秩序と呼ぶ」と批判している(『創造的進化』第四章)。

ひとは、通常は対象を知覚するものだが、同様にして、欠如をも知覚することができる。知覚対象が風景のそれぞれの要素であるとすれば、欠如はまだ見ぬ秩序を風景のなかに見る空虚の知覚である。どんな欠如を知覚するかによって、それを満たすはずの完全な秩序がさまざまに想定されているのである。その秩序は、ときによっても、ひとによっても異なる。ひとびとが争うとしたら、それは、事実上の対象によってではなく、そこにどんな欠如を知覚するかによってである。存在しない秩序を背景として、ひとびとは争う。

大衆（マス）と呼ばれる現象は、その意味で、理性の欠如によって捉えられてきた。オルテガは大衆を非難する。一人ひとりが理性的に振舞わないから大衆なのだが、逆に聞こう、そこにいる全員が理性的であるような集団など、はたして存在したことがあったのか。

理性的主体の集団がはたしてどのようなものであるのかは、そんなひとたちを揃《そろ》えてみせることができないのだから、実験することもできず、それ以前に、理性や主体をどのようなものとして捉えるか、という思想の非理性的な争いのもとにあって、水かけ論になりそうである。

他方、群衆（クラウド）と呼ばれる現象は、組織の欠如によって捉えられる。生物の集団とみなせばごく普通の現象であり、リースマンはそれを「他人指向」として、否定的に捉えている（『孤独な群衆』第一部第六章）。人間がそのようなもの、相互に隣りあうひとの真似をしかしないようであってはならないというのである。

では、群れとは何なのか。市民（シティズン）や民衆（ピープル）として公認され、選挙日だけの主権者として、広報とイメージ戦略によって操作できる対象にすぎないのか。ポピュレーションの「人口」、ポピュラーの「庶民」、ポピュリズムの「衆愚」であるポップなひとたち、消費するときだけの神様として、宣伝とマーケティングによって加工できる素材のことにすぎないのか。

ネグリとハートのいう、越境する外来動植物たちと同様に、国際ビジネスマンであれ、流浪する難民であれ、国境を越えてグローバル化されつつある現代社会に生きる「群集（マルチチュード）」（『〈帝国〉』一―三）。あるいはミュラーのいう、国家のなかにあって「反多元主義（反対の立場が存在することを許容しない考え方）」的なポピュリストたち（『ポピュリズムとは何か』第一章）。しかし、これらの「現象」は、群れの本質とするには、部分的、一面的すぎる。

大衆、群集、ポップといった、以上のような現象に対するカネッティの『群集と権力』の重要性は、いくら強調しても強調しすぎることはないであろう。すべてを群れの特性の分類学に納《おさ》めてしまうこと――群れをポジティヴ（積極的）に「モッブ」として、あるいは動物のようにして、ノリや炎上、暴動や叛乱をまで起こす存在として捉えること。それは欠如としてではなく、確かにひとびとのあいだに存在する。

ニーチェのいう「畜群」、末人たちの群れも、内面を覗《のぞ》きあうポジティヴな群れであったが、ニーチェはそれをネガティヴ（否定的）に捉えていた（『善悪の彼岸』第二章）。だが、われわれは、貴族主義的な偏見を含む大衆社会論を捨てて、イワシの群れのような存在として、あるいは水滴の群れである波のようなものとして、――「ナイルの水の一滴」（志賀直哉）のように――、みずからもその分子であるような人間の群れを捉えなければならない。

群れである群衆や大衆が、一部の理性的なエリートが確立した秩序を破壊したり、悪しきものにしたりしてきたのではないし、逆に、一部の虚栄心に満ちた扇動者が、群れをいいように操作して、群れのひとびとを酷《ひど》い目にあわせてきたわけでもない。それがただ現実の社会だというだけであって、記録もない人類のずっと以前から、秩序形成もその破壊も、よきものも悪しきものも、群れのなかから発生し、エリートなり扇動者としての代表者をしばしば出現させはするものの、群れはただ、たえず姿を変え続けてきただけなのである。

†群れと組織

これまでは、家族であれ、企業であれ、党派であれ、政府であれ、組織が社会を構成しているとみなされてきた。群れはそれに反するもの、それが解体したものだとみなされてきた。しかし、われわれにとっては、逆に、群れから組織の現象が生まれてくるのはどのようにしてかが問題である。

モスコヴィッシは、互いに見知らぬ分子どうしが集まって、その何人かによって伝播される信仰とイメージの電流がその群れを感電させるとき、そこに突然の統一が生まれ、自然発生的に組織が成立すると述べている（『群集の時代』序論）。問題は、何がそうさせるかである。

これを、利害の共通性を認識したひとびとの理性によってであるなどと説明してはならない。

それは群れの定義に反しており、そのようなことをしないのが群れなのだからである。啓示なり、奇跡なり、電撃なりが、突然群れに「理性」を点灯させるのか——しかし、そのことが可能になる合理的な原因がない。

だから、多くの思想家たちは、群れから秩序が生まれてくることを、たとえばマンハイムのように、あたかも軍隊が号令によって整列するようなものだと考えてきた（『イデオロギーとユートピア』II-2）。確かに、一旦組織が成立すると、それぞれの成員は、命令に対応する動作を訓練され、その通りに動くことによって全体の整然とした行進、行動が可能になる。組織全体の秩序、統率者のデザインによる命令と動作の対応は、各個体へのコミュニケーションによって成立するというわけである。

だが、それは、すべての組織について成りたつことなのか。命令には言葉が必要である。仕草による命令があるといわれても、「命令」という明確な指示と強制であるためには、それは言葉を代替したものとしてでしかない。そのような、組織の発展した形態によって組織の成立を説明しても意味がない。言葉のない群れについても可能な組織の形成があるはずだし、また言葉によって命令を受け容れることが可能な組織が、まずあるはずなのである。

†有機体的関係

従来は、身体とその手足、器官とその細胞との有機体的関係が、組織のモデルとして考えられてきた——実際「細胞（セル）」という語が共産党のもとで使用された。その際、個々人の意識によって、有機体とおなじ関係を形成すべきであると考えられたわけだが、しかし、そのようにいう以上は、そうでない組織がまずあるということである。

諸細胞と器官、諸器官と身体全体の有機体的関係は、いまだ生理学的に完全に解明されているわけではない。以前は、軍隊の指揮官のように、脳が指令を出しているといわれていたが、最近では、諸器官のそれぞれ出す微細物質が血流にのって対応する諸器官の細胞に届けられる相互作用の結果であるとする説もある。指令所はいたるところにあり、相互に指令を出しあって全体が調和するということのようである。

群れと個体の関係については、たとえば、鳥類が番《つがい》となるために、求愛のダンスをすることはよく知られている。そのような複雑な動作を訓練もなく行えるとすれば、それは、その一連の動作が遺伝子に仕込まれていて、特定の状況でその引きがねが引かれるからだと説明される。しかし、そうしたプログラムが鳥類の脳のどこにどのような形で書き込まれているのか、遺伝子のなかにどうやってその情報が記載されているのかは知られていない。

ヒュームが指摘したように、理性によってなされるのと似たようなことを動物が行うと、本能は大変なものだとひとは驚くのだが、それは、理性と呼ばれているものと本能に本性的な差異がないというだけのことなのである（『人間本性論』第一篇第三部第一六章）。人間に理性があるとされるのは、ただ人間を動物から区別するためだけの呪文のようなものにすぎないのだ。

ひとは、組織が形成される理由を、身体をモデルにして有機体的関係に求め、群れの個体には組織全体をふまえる本能があるとしてきたが、それによって、なぜそのようなことが可能になるかという問いを棚上げにしてきた。

有機体的関係も本能も、――いかに「オートポイエーシス」（マトゥラーナ／バレーラ）や「社会システム」（ニクラス・ルーマン）や「モビリティーズ」（ジョン・アーリ）といった概念を使用しようと――、その原因や仕組はあきらかにされておらず、ただ「現象」としてそのように呼ばれているだけである。それゆえ、このような「他人ごと」の客観主義的な仮説をわれわれ人間の社会に適用されても、何の説明にもならないのである。

†社会における群れ

社会は、アリの巣やオオカミの群れやセイウチのハーレムにもあって、それが「群れ」というものである。人間の社会も、それら生物たちと共通した自然の群れと見るべきではないか。

先史時代、人類は、文字通り群れで行動していたに違いない。群れであるとは、ただ雑然と多数の個体がおなじ場所にいるという意味ではない。国家とは呼べないまでも、微かな何らかの秩序のもとにあったに違いない。

たとえ近代になって国家が設立されても、逆に、国家はつねに、秩序に反するもの、秩序から漏れだす群れのようなものを伴っていた。ならず者たち、犯罪者たち、精神病者たち、アウトサイダーたち、狂信者たち、スパイたちがいて、そしてまた、暴力団や秘密結社や特務機関のような組織があった。

それに加えて、ペットや家畜や栽培される植物たち、多種多様な無数の細菌類のほか、ネズミやカラスやゴキブリや寄生虫や病原菌といった有害な生物たちが、つねにいた。かれらは人間社会を環境として生きているのに、社会には属していないかのように無視されてきた。戦場にすら、ウマやゾウやイヌや、さまざまな動物たちが駆り出されていたのであるのに。

近代市民社会が形成されつつあった一八世紀、フーコー『狂気の歴史』によると、それだけ多くの犯罪者たち、放蕩者たち、怠け者たち、ギャンブル狂たち、アルコール中《ママ》毒者たちが出現したという（第二部第三章）。だれもがリテラシー（読み書きソロバン）と教養を身につけて、民主主義的、資本主義的生活を構築していくべきだとされた啓蒙の時代に、「市民」として生きようとしないひとびとが、つぎつぎと社会のなかに姿を現わした。

当時の政府は、今日の野良イヌが捕獲されて保健所に収容されるように、かれらを施設に閉じ籠めて、家畜のように鎖で繋いだという。かれらは、市民と呼ばれた産業ブルジョワジーたち、近代社会の経済と政治と啓蒙をリードしたエリートたちとは反対側の、もうひとつの極端なのであった。

近代市民社会にあったのも人間の群れであり、そこにおける擬制としての国家である。国家とは、──アンダーソン『想像の共同体』の詳細な記述を想い起こすべきだが（第七章）──、人間の群れを統合するために生みだされた、人間の群れがすでに統合されているとする壮大なファンタジーなのであった。「朕は国家なり」と述べた王、およびそのもとの官僚エリート階層と、かれらが作る諸制度は、むしろ人間が群れであることを前提していた。

国家は、ホッブズからヘーゲルまで、さまざまな哲学者たちがいうように、理念をかざし、それを理解させる啓蒙によって成立したのではなかった。ひとびとが理想の秩序を形成するために何をすべきかと、学習し努力したから成立したのではなかった。

ルソーが『社会契約論』で、一人ひとりがどう考えるかによって社会が成立するといかに主張しようとも、フーリエやサン＝シモンやオウエンが、未来の理想の共同体についていかに熱心に議論しようとも、大多数のひとびとは、社会がどうであるかを思考しようとはしなかったし、実際、思考することは不可能であった。

社会の群れのひとびとは、状況のなかでの問題解決にしか関心を示さず、そうした問題を生起させた状況自体は見ようとせず、そうこうしているあいだに、それで解決しそうな問題よりも巨大な社会の問題のなかに、いつのまにか巻き込まれてしまうのである。

ライヒやフロムのような知識人は、「なぜファシズムが起こったのか？」と問うのだが、それは国家の実現すべき理念とファシズムとが別の方向にあると考えていたからである。だが、かれらに対しては、「なぜ国家という理念が群れにおいて現実化されたとき、その結果としてファシズムになるとは考えないのか？」と問い返さなければならない。

†群れと形態

ドゥルーズ／ガタリは、「組織」という概念によって細胞から帝国までのヒエラルキー的階層が描き出される思考の「超越プラン（平面）」に対して、すべてが群れの共生として生きられる「共存プラン（平面）」を対比させ、われわれの経験には、つねに「獲物を追う動物の群れ、徒党を組む仲間たち、多種個体群、生物相の問題、要するに数多《あまた》性の問題」が関わっていると主張している（『千のプラトー』第一〇章）。

もとより生物学は、形態分類学であれ、比較解剖学であれ、それぞれの種の、群れではなく、個体の身体をしか対象にしていない。そのわけは、それが認識のための分類にすぎないからである。しかし、実践のための分類においては、人間の生活圏の群れと他の生物たちの群れとが、相互に多種個体群の群れとして対峙している。群れは、個体の性質や行動をいくら調べても、またその集合として全体を見ようとしても理解されるものではない。群れの、完全な統合もないが偶然に任せているわけでもない、その独特のあり方を理解するように努めるべきである。サン＝テグジュペリは、「われわれは一本の樹木である」と述べたが（『戦う操縦士』一八節）、ゲーテが発見したように、一本の樹木も群れなのである（『形態学の予備的研究』）。ダンテが主張したように国家は一個の有機体であるとしても（『帝政論』）、上部の社会組織と下部の生命組織のあいだにあるのは単なる類比なのか、それとも実質的な統合なのか。根であるもの、幹であるもの、枝であるもの、葉であるもの、枝から分かれればそれらがそれぞれに一個の生命体でありながら、全体としては一本の樹木であって、しかもそれを統合する特別の個体があるわけではない。

BBC制作のドキュメンタリーによると、イワシの群れは、全体としては水のなかで変幻自在に姿を変えるが、それを統合する個体がいるわけではないという。襲うイルカの動きに応じて、それぞれの個体が、隣接する個体を側線で感知して泳ぐ。

あるいは、ムクドリの群れ。一羽がどちらかを向くと、すべてのムクドリが一斉に、人間の十三倍の感度でそちらを向くというが、それはたかだか一羽の周囲六方向のムクドリとの関係によるそうである。それが一千万羽となってローマの上空に三次元幾何学模様を描くのだが、かれらにそうした全体像を作る意図があるのではなく、その模様は、幾羽かのムクドリの動作のちょっとした乱れの反映にすぎないのである。

また、昆虫たちの群れ。イナゴは、個体数がある限度を超えたとき、――聖書にもその災禍《さいか》についての記述があるというが――、突如羽をもって空を覆う雲霞《うんか》となる。相互に近くにいるイナゴが共食いをはじめるのがきっかけなのだという。一平方キロに一億匹の飛翔《ひしょう》、それらがぶつかりあわないわけは、気流を揃《そろ》えるために羽ばたきを調整しているからだそうである。

同様にして、アメリカ、モノ湖のミキワバエは、――まさに「ベルゼブブ（蠅の王）」という名の悪魔のごとく――、湖畔の地表を黒く覆っていて、捕食者が近づくと、生きた影のようにして素早く姿を変える。あるいは、サスライアリは役割分担して、その兵隊アリが数百メートルの塹壕《ざんごう》のような道を作り、体を繋ぎあわせて巣を作る。ヒアリは、脚をひっかけあっていかだを作り、陸に近づくとそのいかだを桟橋《さんばし》に変身させる。

この、数多《あまた》の個体によって生みだされる全体の姿は、しかし、多細胞生物の数億の体細胞たちが構成する一個の生物身体と、どの程度異なるといえるだろう。一千万の人口によっておのずと造形された東京の風景と、――世界には計画的に造形されたブラジリアのような都市もあるが――、どの程度異なるといえるだろう――映画『ブラック・レイン』（リドリー・スコット監督、一九八九年）や『GHOST IN THE SHELL／攻殻機動隊』（押井守監督、一九九五年）で描かれていたような大都会。

われわれの生活に欠かせない麴菌《こうじ》などの微生物は、浜辺の生きた影になるハエと同様、みな群れである。南方熊楠が研究した粘菌は、胞子としてアメーバ様の個体になったり、集合してキノコのようなものになったりする。数億の精子たちが一斉に卵管のなかを泳いで、一個の卵細胞に突進するのは、ちょうどヌーの大群が、河を渡って崖をよじ登ろうと突進し、崖を切り崩して道を拓《ひら》くようなものなのである。

†われわれは群れである

要するに、群れを先立てて考えるということは、全体に対して与えられるデザインにではなく、プリゴジンのいうように（『存在から発展へ』）分子の側のちょっとした乱れやむらや揺らぎに、全体が描き出される理由があると考えることなのだ。それなのに、人間だけが、個体の本質として自己意識が措《お》かれるがゆえに、こうした見方から切り離されてしまう。

否、人間についてだけではない。古代のアリストテレスの生物学、近代のリンネの分類法からして、各生物の個体の形態にこだわってきた。それは、おそらくは狩猟採集からはじまった生活上の理由からでもあって、真には学問的要請によるのではなかったのである。狩猟採集は、群れではなく個体を対象とするのだからである。

それにしても、人間を対象とするとき、カントもレヴィナスも、そのひとそれ自身をこそ主題にすべきであるといわないか。裏を返せば、事実上、多くのひとは、対象のそのひと自身をではなく、見かけや、制服や、性や、国籍や、年齢や……、そうした群れとしてしか人間を見ようとはしていないということである。

　地下鉄に乗っているときに感じないだろうか、数多くのチューブ状の暗黒の空洞が都会の地下をスパゲティのように張り巡らされていて、その暗闇のなかを、煌々《こうこう》と明かりを放ちながら、数珠《じゅず》繋ぎされた鋼鉄製の列車が、同時にいくつも、狂ったように突進していることを。

　その窓から覗《のぞ》き込むと、ずらっと並んでスマホをいじっているひとたち、じっと目を瞑《つぶ》っているひとたち、小声でささやきあっているひとたちが大勢いて、座席に並べられたり、吊革にぶら下げられたりしていて、やがて列車が駅に着くと、あたかも内臓の不随意筋的運動か何かのように、ぶるっと振動して、その一部がどっとドアから排出され、また多くの別の人体がどっとドアから吸引されて、あっという間にもとに戻る。

　あなた自身は目的地に向かうために地下鉄を利用しているという意識をもっているのだろうが、すべての駅でくり返されるその光景が、ほうぼうで一斉に起こっているさまについて想像してみてほしい――そう、われわれは群れなのだ。

　岩井俊雄が作品『時間層Ⅱ』（岡本太郎美術館蔵、一九八五年）において、人混みをぬって歩くひとびとの姿をリアルに表現しているが、それが円運動するいくつかの円盤の組みあわせだけで実現されていることに驚かされる。映画『バイオハザードⅣ　アフターライフ』（ポール・W・S・アンダーソン監督、二〇一〇年）で有名になった渋谷のスクランブル交差点の澱《よど》みない人波の交錯も、——日体大の集団行動はさすがに異例だが——、決して各人の理性が他のひとの行動を予測しつつ歩行した結果として生じるものではない。

ドゥルーズ／ガタリが紹介しているが、ルネという数学者は、「蚊柱の公式」とでもいうべきものを考案している（『千のプラトー』第一〇章）。群れから一定程度離れるとUターンするように仕込まれている蚊の本能が、中空に、蚊の数に応じた大きさの円柱を組みたてるのだという。本能といい切るのはどうかと思うが、何であれわれわれが知覚する群れは、単に多数の個体が複合された「形態」なのではなく、何らかの論理のもとに、その姿、むしろ行動そのものを顕示しているのである。

†部分と全体

群れを理解しようとする際の最大の誤謬は、「全体は部分からなる」という、空間的、幾何学的表象にのっとった信念である。ひとは群れを、多くの個体が集合したものとして理解する。しかし、われわれの対象、群れは、全体も部分ももたず、眼のまえの一個のものである。

多くの個体を同時に見るとき、ひとはそれを「群れ」と呼ぶが、部分を集めても全体にはならないのだから、群れは個体の総和ではない。群れ自体がひとつの個体であるが、それは部分としての諸個体から合成されているわけではない。ひとが個体の背後や内部に、「全体」と「部分」を想像しているだけなのである。

ここで「個体」とは、——哲学的概念としてつねに主題にされてきた概念だが——、第一に、生物および人間身体のことである。生物を、統合された有機体とみなすのも、個体は部分をもたないのだから誤謬である。第二には、何であれ、人間が制作する作品のことである。作品を一種の機械とみなすのも、個体は部分をもたないのだから誤謬である。

いずれについてもいえることであるが、個体の「部分」とされるものを見出だしたときには、それはそれで、それぞれひとつの個体であり、それが複合されたとされる最初の個体は、すでにそれが見出だされたときの意味を失っている。

群れを有機的組織、体系（システム）や構造（ストラクチャー）や機械（マシーン）や機構（メカニズム）とみなすのも、誤謬である。それらはある種の「全体」であるが、群れは、部分を集めても全体にはならないのだからである。社会を、群れの群れとしてそのようにみなすのも、同様である。群れを見出だしたとき、すでにそれも個体なのである。

全体と部分の関係ではないとすれば、群れとなる数多《あまた》の個体と群れとの関係はどうなっているのかと問われるであろうか。ある個体を知覚するということ、それがまた群れであるということは、矛盾ではない。ただ、その個体の背後や内部に、全体でも部分でもなく、他の数多《あまた》の個体が想定されるということである。

だから言葉の表現する通りなのであり、群れとはただ、「数多《あまた》の個体」なのである。あるものを知覚したとき、それが群れであるということは、そこに「孤立した個体」は存在しないということなのである。

†モナド

ところが、人間の群れについては、少し複雑なことが起こる。というのも、自分自身が身体という、無数の細菌と細胞を巻き込んだ諸器官の群れでありながら、「自我」という個体として、——それは実在しないとすでに述べておいたが——、多くの身体から成る群れの「全体」を想像しようとするのだからである。

自分を「個人」と呼ぶときには、ひとは、社会的組織という群れの、ひとつの部分として、群れの全体の組織を想像しようとしている。そうやって、自我は、知覚するときには自在に個体を捉えるが、さらに多様なレベルの個体を想像し、そしてまたその関係を想像しながらそれを理論化しようとするのである——超越プランのうえに書き込んでいくということだ。

これは、あの「モナド」のことであろうか。ライプニッツは、宇宙は実体である無数のモナド（単子）とその複合体から構成されていると論じた（『モナドロジー』）。それは、物質としてのアトム（原子）ではなく、魂（心）のことであり、大なり小なり意識をもつ個体であるという。

われわれはそれぞれ一個のモナドであるというのだが、では、モナドは、どのようにして自分がその複合体のなかの部分としての個体であると理解するのか。ライプニッツは、風車小屋の喩《たと》えを使う。風車小屋の内部にいるひとには、風車小屋の全体は推定するほかはないのだが、風車は機械仕掛なのだから、その部品から、数学によって必然的なものとして、その全体の仕組が知られるのだという。

しかし、ライプニッツのいうような、それによって宇宙が一つの必然的な真理に収束する「予定調和」はない。群れの現象は、原理的に蓋然的なもの（おおよそ成りたつもの）である。その確率に応じて、個々のモナドは蓋然的なものを空想し、ないしは妄想し、やがては群れのファンタジーを創作するが、そこに描き出されるものに必然性はない。これを破壊するのは、すでに述べたように他人、すなわち他のモナドである。

ライプニッツは、特筆すべき「群れの哲学」の先駆者であったとはいえようが、しかし、ライプニッツに反対していうならば、モナドには窓がある。というよりはむしろ、モナドには、たとえ死や精神病においてすら、完全に閉じられてしまうような窓はない。さもなくば、モナドは他のモナドを知ることがなく、宇宙そのものを表象することすらできなかったであろう。

SNSの無数の「つぶやき(ツィート)」の事例において、少しははっきりしてきたのではないかと思うが、どんなに歪《いびつ》な思考のひとにも、「いいね!」という声がかかる。映画『セル』(トッド・ウィリアムズ監督、二〇一六年)で、それがバッドエンドとして描かれてはいるが、〈わたし〉とは、目に見えぬとても、群れを背後に引き連れて、ベルゼブブが自分のことをいうときのように、どんなときも「われわれ」なのである。

†群れの現象

現代の数学者たちは、分子的個体が多数集まった現象をコンピュータでシミュレートする。最初、それはランダムだが、要素を一定数まで増やしていくと、群れの形はドーナツ型になり、もっと増やすと一斉におなじ方向に運動するようになるのだという(『ワイアード』第八巻参照)。それにしても、それはなぜなのか。

モーペルチュイは、初めて機械論的進化論を構想した哲学者であったが、そのとき、かれにとっては、蚊柱も軍隊も個体であり、一個の生命体であった(『自然の体系』四七~五一章)。当時「ディアナの樹」と呼ばれていた樹枝状結晶も生命体なのであった。それでは物質と生命の区別がつかなくなってしまうということで、フーコーに批判されたのであるが(『言葉と物』第五章)、かれにとってはそれでいい、すべての分子には欲望があって、そのさまざまな結合において形態が生じるのだから、というわけであった。そのような意味で、すべての形態は群れなのであり、生きるとは、「群れをなす」ということ以外のなにものでもないのである。

現代の科学者たちは、有機物（炭素を含む化合物）から成る細胞を生物の基礎に置いてきたが、細胞も器官も身体も含め、むしろ素材（質料）によってではなく、群れによって生命を定義すべきなのではないだろうか。

問題はＤＮＡや細胞といった要素的素材でもなければ、一個の身体の神経系でもなく、それらが多数で描き出す群れの現象をもって、われわれは生命と呼んできた――そうとすれば、ネットに繋がれた無数のＡＩ機械も生命体とされるようになるかもしれないにしてもである。

そう、その意味で、われわれは群れなのではないか。あたかも脳というひとつの器官が他の諸器官、全細胞を統合しているかのように語られるが、むしろわれわれは、一個の身体としても、一本一本の枝が別の生物である樹木のようにして、諸器官の群れなのではないか。また、社会のなかでは、多数の人間身体のひとつとして、群れなのではないか。

身動きせぬ枝葉のように、沈黙している諸器官は、それでもなお、われわれなのか。無数の小魚のように、黙々と活動している細胞は、それでもなおわれわれなのか。無数のエアプランツ（根なし植物）のように、改札口をすれ違っていく群集は、それでもなおわれわれなのか。

樹木が森を構成するように、数多《あまた》の人間身体が社会を構成する。だが、それはホッブズのいう人工人間としての国家のことではない。ダンテのように、そのまま人間身体を国家になぞらえてはならない。サン＝テグジュペリのいう一本の樹木を構成するものは、下ばえや昆虫たちや鳥やケモノや、飛び交う無数のチリや花粉であり、土を黒くしている無数の細菌の塊であり、日陰であり風であり、酸素とフィトンチッドと風切り音である。われわれが見る一本の樹木の姿とは、そうした生命の場における骨格標本のようなものにすぎない。

社会もまた、もし一個の生命体であるとしたら、それは人間身体からだけ成るのではなく、常在菌や腸内フローラ、寄生生物、多種多様な家畜、ネズミやカラス、そして人間の作るもろもろの道具や構築物、道路や橋、無数の機械、ネットもAI機械もロボットも含めて捉えられなければならないであろう。

個体としての生命はない。多種個体群と生物相のもとでのみ、生命は生命である。むしろ、「死すべきもの」としての自我ではなく、個体としての自己意識が、生命において、みずから生きているものの意識として、どのようにして成立してくるかとこそ問わなければならない。生きているということの意識は、群れによって与えられるのだからである。

ラインゴールドは、その新たな群れとしての「モバイル族」の社会への参加を称揚《しょうよう》していたが（『スマート・モブズ』序章）、われわれはしかし、群れをよいものであるといいたいのではない。寝たきりになった病人を介護するひとが世話する剥きだしにされた身体のように、剥きだしの生としての群れの姿を直視しなければならないと思うのである。どんなに組織だてられた集団であっても、群れであるという性格が完全に払拭されてしまうものではないとだけ、いいたいのである。

4　原国家

†国家という群れ

社会は「統合されたもの」としての国家という理念のもと、群れと国家装置の駆け引きのさなかにある。

国家とは、警察と司法、および軍隊と病院によって、群れを抑圧する装置である。暴力を独占して、群れのもつ潜在的な諸力を、犯罪や狂気として排除する。国家という理念に善が必然的に備わるわけではない。国家という装置は核爆弾とおなじほどの威力があって、その装置のレバーを握る一群のひとたちによって、しばしば社会の諸相が変形される。

こうした体制において、偏《かたよ》りのある果実の分配が可能になり、利益を得るひとと損害を蒙るひととが分かれるが、政治とは、所詮そのようなものなのである。自然のなかにある偏《かたよ》りを運と呼ぶのと同様に、社会のなかでこうした偏《かたよ》りが生じるのもある種の運ともいえるのではあるが、制度や組織をいじることによって、オセロゲームのように、これを一挙に自分のものとするひとの生き方も可能になる。こうしたひとは英雄なのか悪党なのか。勝ったひとが英雄や官軍と呼ばれ、負けたひとが悪党や賊軍と呼ばれる――「判官びいき」というものもあるが。

他方、国家に組み込まれたひとびとの群れは、しかしそこからつねに漏れ出していき、社会はいつしか解体へと向かう。

群れはあるときには政党になり、あるときには無手勝流の組織となって、国家が発する法律をかいくぐる。非合法の組織となり、あるいはばらばらのように見えながら、狂気の出来事に対する情念を喚起して、他の無数の群れを巻き込んで、あるとき一挙にその姿を現わす。警察や軍隊のように身体の訓育によって統制された戦闘能力を身につけてはいないとしても、暴動、叛乱へと群れを導く情動の威力は、警察や軍隊を凌《しの》ぐものがある。群れは容易に国境を越え、あるいはそこを行き来して国家の存続を危うくする。

こうした事情を警察と軍隊はたえずチェックして、原子力発電所のように出来事への情念をじわじわと燃焼させることで、国家を危うくしないように、その勢力を押さえ込もうとする。国家はこれを「危機」として宣伝するのだが、何の危機かというと、それはその国家自身の存続の危機にすぎない。

近代国家形成期に「国家理性」という語が使用されたが、フーコーによると、それは「国家保存」という意味でしかなかったという（『安全・領土・人口』）。何のための国家なのか、国家が国民の安全と豊かさを保障するというのは神話である――それは「地上の神」（『リヴァイアサン』第一八章）にすぎない。

なるほど、国家が存在しなければ、犯罪を犯罪として規定する権力がなく、窃盗や殺人を合理的な手段と考えるひとも出てくるだろう。経済活動をするにも、信用を成立させる諸条件を保障するものとしての国家が必要だと考えるひともいるだろう。

社会を国家秩序の多少の欠如として理解する深くて冥《くら》い思い込みがあるが、国家がしばしば軍隊を使って戦争をしなければ、われわれは国家の存在をすら忘れてしまうに違いない。それは「国家の廃絶」への危機である。だから、国家は忘れられないように、たえず戦争の恐怖を惹起《じゃっき》して、いたるところで危機を作ってきた――こうした無法者たちの群れ。

マルクス／エンゲルスは、国家は死滅するはずのもの――支配階級のための装置であり、国家がなくても安全と豊かさは可能であると考えていた（『反デューリング論』第三篇第二章）。国家という装置は、強大な力と整備された規則で統制されてはいるものの、またひとつの群れである。われわれは、それぞれの群れに属する個体として、国家、すなわち政治家と役人および国家主義者たちの群れと対峙しているのである。

しばしばホッブズに帰される「人間は人間にとってオオカミである」との格言——世界は諸国家から成りたっているのではなく、——正義と不正が容易に転換するシラーの『群盗』で表現されたように——、無数の群れと、それぞれの地域でこれらの群れの流動性を阻止しようとする群れ、すなわち国家装置、つまり国家という理念によって権力を占有する群れから成りたっている。

ロックも示唆しているように、ひとは集まれば、それだけでオオカミの群れのように、留《とど》め難い力を発揮する（『統治論』第三章）。たとえば人狼とは、中世の村落において何らかの罪によって森へと追放されたひとのうち、屈強なものが生き残って山賊のようになったものだという（阿部謹也『中世賤民の宇宙』参照）。グリム童話『赤ずきんちゃん』のオオカミも、狼少年のオオカミも、こうした荒ぶる人間たちの群れのことだった可能性がある。

内外に出没するこうしたオオカミの群れを、分断して排除することが、——「勝てば官軍」といわれるように——、国家という理念によって正統化される。そこにあるのは、政治リーダーたちが行えば改憲と呼ばれ、軍隊が行えばクーデターであるような、国家装置の争奪戦である。個人の窃盗や殺人が非合法なのに、なぜ国家の窃盗や殺人は合法なのか。だから、こうしたクーデターの力とその正統化がいつも控えていて、ひとびとはそれに怯《おび》えているのである。

†郷土なるもの

国家の理念というが、なぜひとはその夢のようなものの存在を信じるのか。そこには、個人の物語と国家の物語の混同と隔たりとがある。「原国家」（ドゥルーズ／ガタリ『アンチ・オイディプス』第三章第八節）、すなわち国家の起源の物語が、個人の育ってきた回想のなかに、確かにしっかりと根を張っているのだからであろう。

国家への愛が唱導されるとき、それは「郷土愛」が換骨奪胎されたものである。国家とは、わが国では、もともとは諸藩の「お家」のことであったが、第二次世界大戦中に武士道が喧伝され、サムライの子孫でもない兵士たちが、家之子郎党のようにして国家のために戦わせられた。しかし、その実態は、英語では国を「ランド（土地）」と呼ぶように、ふるさとのために戦ったのであるに違いない。とはいえ、ふるさとを愛するならば国家のために命を捧げるべきだという論理には、驚くほどの飛躍がある。

なるほど、ひとは、それぞれにみずからの「土地（テリトリー）」をもつ。家や畑のことではない。成人になるまでそこに暮らしたひとならばみな、そうした出生地の回想をもっており、それが「郷土」と呼ばれるものである——ひとびとはお国自慢をするのが好きである。

そこには、地形や気候や風土と人間の生活スタイルの、切り離し難い連携がある。それは

「よいもの」であるのではなく、それを「よいもの」とみなすようにひとは育つ。「ひと」は、土地と風景の産物である。メルロ＝ポンティが、世界のスタイルと人間のスタイルの共通性として説明するのだが（『知覚の現象学』第三部第三章）、土地の生産物によって身体は形成され、その活動様式は土地にあわせて裁断され、幾多の人影がいつも見える風景のなかに、その人影の一人としてみずからを捉えるようにとひとは育つ。

その土地のよさは、他の地域の土地と比較しても仕方のないものである。土地のよさと、土地のよさの基準となる感覚が、同時形成されているのだからである。土地がよいものではないということなら、それは、そう考えるまえに、そこを立ち去るということを意味している。それが定住しているということであり、定住する以前の人間が、その土地において克服されてしまったということなのである。

では、なぜひとはそこに定住したのか。気候や地形や風景がよかったからであろうか。特定の植物の栽培に適していたからだろうか。水利がよかったからであろうか。しかし、栽培し収穫することの意義は、定住してみなければ分からない。だから「土地」は、ノマドの経験するような、つぎつぎと新たな地形が展開する漠然とした拡がりのようなものではなく、それとは別の秩序のもとにある。「土地」というその秩序は、農耕を目的として生じるのではなく、その秩序が農耕を可能にしたのである。

†土地性

ひとは動物として、欲望と感覚のままに生きていたわけではない。文化人類学の調査からは、野生の社会にもある種の秩序が見出だされることが知られている。ドゥルーズ／ガタリは、そこで生まれる秩序を「胚種的流入の抑圧」と呼んだ（『アンチ・オイディプス』第三章第三節）。剝きだしの生が姿を隠し、抑圧されてひとびとに意識されなくなる。抑圧するものは何かといえば、それは苦痛を見るまなざしであるという。

さきに、なぜひとは苦痛を見たがるのかと書いたが、それは、すでにニーチェの問いでもあった。かれは、『道徳の系譜』において、ひとが何らかの侵害を受けたとき、その相手に苦痛を与えることで納得することができるのはなぜか、という問いをたてていた（第二論文四）。侵害と相手の苦痛のあいだには、どんな関係もない。だから、そこで重要なことは、苦痛そのものではなく、身体が傷つけられる苦痛を見るということである。そのまなざしによってこそ、相手の負債が消える――それが「暴力」と呼ばれるものの起源なのであり、それで秩序が維持されるのだ。

ドゥルーズ／ガタリの紹介によると、ある野生の部族では、大勢の見ているまえで、石で背中に傷をつける儀式があるという。この傷は、大地のうえでの舞踊や、壁のうえのデッサンや入れ墨などと同様の、身体のうえへの刻印であると、かれらは説明する。それが登記となって、身体と音声の特別な関係を生じさせるというのである。

その特別な関係とは、言葉である。この登記が、自然のなかの、人間に関わるあらゆる事物を、それに対応した行動のもとで知覚できるようにしてくれるのだが、言葉は音声によってそれを回想させることができるのだからである。

いいかえると、この苦痛へのまなざしによって、人間に「記憶」というものと「知覚」というものが生じるのである。記憶によって事物を知覚し、知覚によって記憶する。フッサール現象学は、それぞれの人間に知覚と記憶がまず形成されたうえで「相互主観性」、すなわちそれが群れ、ないし社会においてどうやって合致するのかと問いにしてきた。生得の観念によって可能になるとするデカルト主義よりも具体的な議論ではあるが、しかし、そもそも知覚と記憶があって群れがあるのではなく、群れがあって記憶と知覚が成立するのである。

したがって、まず自己意識があって、あとで政治的意識をもつのではない。逆である。多くの哲学者たちや精神分析学者たちが勘違いして自我経験の周囲をさまよっていたわけであるが、自己意識は、自我という個人的生の内奥から発してくるのではなく、群れの政治的意識が個体へと限局されたものにほかならない――それを自我へと閉じ籠めるのが政治なのだ。

モンテーニュが種によって知覚が異なることを指摘し、したがって真の世界がどのようなものかは分からないと主張し（『エセー』二の一二）、ニーチェはそれを「遠近法」と呼んだが（『力への意志』六〇三）、問題は「種」ではなく、「群れ」なのであった。ケモノには、事物を捉えるような知覚もないし、回想するような記憶もない。知覚と記憶は、ヒトの群れによって束ねられて、はじめて成立する。

シンプルなことだ。イヌに、「お手」や「待て」を躾《しつ》けるようなものなのである。そのことを、ニーチェは、前掲箇所で、「約束できる動物を育成する」といって非難しているのだが、それにしても、この記憶と知覚こそが、種を植えた記憶から、知覚される果実の「収穫」という概念を可能にしたわけだ。そしてまた、女性を奪われたことの記憶からは、部族相互の縁戚関係という概念が生じたわけだ。

あるいはまた、性交渉における女性の苦痛は、男性によって見られることで、家族という概念を形成するのに役立ったことだろう——レイプはこの原初的な暴力であり、このようにして、権力が、群れのなかから、身体の苦痛が見られることを通じて発生してくるのである。

われわれに、何を回想し、何が回想できないかをコントロールできる自由はない。だからといって、いわゆる「無意識」がコントロールするなどと考えるべきではない。回想は、群れの組織化のために、権力のその状況の折々に応じて、言葉を通じてくり返し個体のもとへと呼び出されるだけであり、近代においても、その事情に変わりはなかった。子どもたちは、学校で何度もくり返してエクリチュール（文字）を刻み込まれ、それによって法やルールを遵守する姿勢が植えつけられた——体罰が愛されるのはそのためか。エクリチュールは、デリダのいうように、もとよりアルタミラ洞窟の壁画のときからイメージの表現だったものであるが、刻み込まれるのが本性だったのである（『グラマトロジーについて』第一部第二章）。

では、それまでは、ひとには記憶はなかったのかと問われるかもしれない。そのとき、記憶とは、認知症で失われるような短期記憶のことではない。そのような記憶であれば、多くの動物にも見出だされる。モズの例が有名であるが、動物たちはテリトリー（縄張り的土地性）をもつ。しかし、それへの意識のことではない。

ここでいう「記憶」とは、テリトリーへの意識についての自己意識のことである。文脈に応じて回想されるような特別の記憶であり、それは結局は、時間を貫いて所有される「土地」のことである——ひとはそれぞれに、カドモスの兵士たちのようにして出自の土地をもつ。人間は、女性の身体からというよりも、土地から産まれてくるのである。

そこに、——「万世一系」もそうだが——、血統の観念も派生する。血統は、植物の栽培や家畜の飼育における交配の技術に由来する概念である。他方でそれは、女性の身体の暗闇の通路のなかからひとがこの世界に登場してくる謎を表現している。この誕生の通路はまた、——動物を祀る伏見稲荷の千本鳥居の産道を思わせる列のようにして——、和辻哲郎のいう「神命の通路」(『日本倫理思想史』第一篇第二章)でもあり、胚種が流入するそこは、抑圧されている剝きだしの生、性の情動も発してくる異次元の宇宙の扉なのである。

†宇宙

半径数百メートルの思考。生まれ育った土地の経験によってのみ身につけた思考——その思考のままに、都市、地域、自然、社会、日本、世界の出来事を、その多様性として理解することは、できなくはない。他人の思考も、都市の思考も、他の地域の思考も、外国人の思考も、昔の思考も、異星人の思考も、まったく知らないままに生涯を終える——大地が人生の意味をあてがってくれるのだからである。

だが、空を見上げてみてほしい。見上げていつもそこにある「天」についてはどうであろう。漆黒の夜の闇のなかで、未開人たちはこぞって空を見上げ、そこに無数の星々が煌《きら》めく「宇宙」を見出さなかったはずはない——それは、「超越プラン(平面)」そのものである。

林羅山のいうように「天は尊く地は卑しきぞ」——星座という、——本当は星々はまったく違う場所にあって並んでいるわけではないのだが——、遠近を無視した星々の布置が神話を作り、数多の神話がさまざまに宇宙を物語る。卵であれ混沌であれ、群れのひとびとにそのはじまりについて語りかける。

星座――地域によって異なるばかりでなく、地球から少し離れると存在しなくなってしまう、夜空に浮かぶ英雄たち、動物たち、神々。欠如の知覚。それらについて夢想して、それで人生の何が分かるのか。

ところが、現代でも、占星術を信じるひとたちの迷信を嗤《わら》いながら、単に表象のたまさかの布置から絶対的な対象を妄想し、たとえ数学を使っていようとも、そのように妄想した対象の相互関係を論じているにすぎない数多くの理論がある――本人も気づいていない地球局在的な星座的思考の数々、それでどうして普遍的理論たり得ようか。たとえば、あるSF作家が「ワープ航法」というあり得ない技術で物語を一旦創ると、あとから出てきた他のSF作家たちが、それを共通の前提にして数多の宇宙の物語を書くようなものである。

今日でも、「宇宙、それは最後のフロンティア」などといわれたりする。それは、TVドラマ『スタートレック』(一九六六〜六九年)のナレーションであるが、だが宇宙は……、それは違う。宇宙は、そうした空間的な場所ではない。

光の速度が有限であることをふまえれば、月ですら、太陽ですら、それはすでに過去の形象でしかない。われわれが見る宇宙はその残像であり、それは、どのひとからも見ることのできる客観的な記憶である。

外宇宙、およびその向こうの漆黒の背景のなかに浮かぶ無数の光点の眩惑《げんわく》は、われわれの人生を構成してきた過去を思い返すときと同様に、夢のような非実在性の世界へと誘《いざな》う。それは、ファンタジーの原型である。過去の回想は主観的にとどまるが、宇宙の、いま知覚されるその過去は、物語られる、だれも経験したことのないものの客観性を保証してくれるかのようである。それで、星座というものが、昔から思考されてきたのであるに違いない。

とはいえ、いまそこで何が起こっているのか――それについてはだれも知らず、何をすることもできない。

宇宙で何が起こっているのかは、理論物理学者たちの論争の手中にあるのではなく、宇宙はいまなお森羅万象、すなわち諸事象の「全体」であるという意味を超えるものではない。月のうえを歩いたひとがいて、つぎが火星であって、火星のうえを歩くひとも出てくるかもしれないが、そうした延長に一三八億光年にまでいたる無数の星々が存在しているわけではない。

月のうえを歩いたひとがいるということで、地動説が正しいと実証され、地球や月や火星が中空に浮かぶ岩石であるということが信じるに足るものとなったのは確かであるが、そこはフロンティアどころではない、何の生活条件の変更をもたらすこともない荒地にすぎない。

ただ、それを可能にした宇宙技術によって、酸素と窒素の薄皮のような地球の大気圏のしたで、人類の歴史のなかで起こったよりもさらに徹底的な核弾頭による破壊が予兆されているほかは、その余技としての通信網によって、ひとびとのメッセージの響きあいが幾何級数的に拡張される、ということが起こったのであった。この拡張されたコミュニケーションに対しては、それによる平和を期待する向きもあるのだが、戦争に負けず劣らず苛酷なものであるという可能性はある。

宇宙とは何であり、死をどう理解し、性をどう理解するか。ひとびとは徒《いたず》らに、剝きだしの生の徴表としての死と性に意味を与える美と崇高と愛の物語を作ってきた。最も抽象的な組織である言語の宇宙のなかで、むき出しの生を見て見ぬふりをするようにと、意識を説得する神話と神殿を作ってきた。

自然を超えるもの——形而上学は、性の固有の発展のなかで、いたるところにすでにあるとメルロ＝ポンティは述べている（『知覚の現象学』第一部第五章）。それは、ありとあらゆる理論がたてられるまえの、——オオカミの遠吠えのような——、群れの論理によって生みだされたものなのである。

†神話とファンタジー

二〇万年以前から、ひとびとが怖れていたのは、天変地異——嵐、地震、洪水、噴火、津波、そして眼に見えない形で襲ってくる疫病や飢饉であり、それらの猛威がかれらの生活を一変させ、惨めな状態に陥らせるということであったろう。

原因があるものは、その原因に対して干渉して、避けるべきものの効果を減殺したり、望むべきものの効果を実現しやすくしたりすることができる。アドルノ／ホルクハイマーのいうように、天変地異に対して、ひとびとは理由を探し、さまざまな祈禱《きとう》や呪文を工夫してきた（『啓蒙の弁証法』I）。そして、やがて、ホッブズのいうように、神という存在をも捏造《ねつぞう》したのに違いない（『リヴァイアサン』第一二章）。

しかし、現代においては、神話は、実在するものの説明とは考えられてはおらず、ファンタジーの素材にされてしまっている。超能力や魔術がふんだんにちりばめられた物語を、神話をよく知らないひとたちが喜んで受け容れて、愉《たの》しんでいる。

それにしても、なぜひとびとは、生活に役立たないそのようなファンタジーを好むのか？——それに、理由がないわけではない。

第一には、子どもたちは、成長というプロセスにおいて、身体がおのずから発達して新たな能力を身につけていくという、超能力や魔術に匹敵するものを実際に経験しているからである。第二には、おとなといえども、——死というもののイメージか——、パスカルも「無限の空間の永遠の沈黙はわたしを怖れさせる」（『パンセ』二〇六）と述べたように、理由なき空虚な全体のなかに自分が放擲《ほうてき》されたくはないからであり、それを埋めあわせるのにファンタジーが役立つからである。

しかし、ファンタジーとしてではなく、宇宙についての理論としての神話は、それが経験を超えているところから、しばしば厳しい対立をもたらしてきた。学問的な争いはともあれ、宗教相互の争いともなると、殺しあいといった実践をも産みだしてきた。宇宙を神が創ったとしても、その神の名まえが違うだけで、あるいは宇宙を創った趣旨が違うというだけで、ひとびとは殺しあいをまでしてきたのである。

そもそも宗教の意味は、何だろうか。現実が悪夢のようであるとすれば、ひとは死にたいと思うだろう。そのとき天国や極楽のイメージは、それをたやすいと思わせるだろう。生きることへの執着があれば、ひとは悪夢の世界から避難して、別の場所を探すだろうが、しかし、その落ち着く先が宗教団体だったということもあるだろう。

宇宙的、宗教的永遠への関心も、多くは身近な人間関係の悩みから引き起こされるように思われる。人間関係への対処を変えれば問題は解決するかもしれないが、そうでなくても、宗教的団体への所属によって問題を解消することはできる。その解消が当人には精神的安定を与えるにしても、宗教が人類にとっての普遍的回答であるわけではないことは、多くの宗教が存在することから見てもあきらかである。

他方、現実がすでに天国になってしまっているひとたちもいる。自分を妄想じみた世界像のもとに置くことができれば、死は恐ろしいものではなくなり、ＩＳ（イスラム国）などの場合のように、その妄想世界の論理に従って、死ぬことすらも容易になる。

ファンタジーは、狂信的な場合には、妄想の世界である。ファンタジーという語は、いまは娯楽のためのものとして限定されてはいるものの、神話としては、政治や経済や倫理を規定し、賦活することのできるものであった。しかし、古代の神話から近代国家、ないしは共産主義社会まで、ファンタジーとしてはみな相対的であるように思われる。

これらのファンタジーは、土地のうえで、天を見上げながらする人類文明の営みによるものであった。ひとはだれしも想像をし、よい場合には空想するといわれ、悪い場合には妄想するといわれながら、やがては精緻なファンタジーを無数に創造してきた。

カントのいう「我が上なる星煌《きら》めく天空とわが内なる道徳法則」(『実践理性批判』第二部第三章結語)……、少し違う意味であるが、確かに天と地のあいだ、超越平面と共存平面のあいだでこそ、ひとは「思考する」という営みをしてきたのである──前方後円墳はおなじ平面に天と地をもっており、それがわが国の思考の、超越を好まない特徴なのであろうが。

†死と共同体

その思考のなかで、ひとはみな死を怖れるということ、その理由は定かではない。もしこの宇宙で、この宇宙のなかに自分の死の意味が書き込まれているとすれば、死は怖れる必要のないものであろう。そうでない場合を仮定して、はじめてそのとき、自分の生が無価値なものとして現われてくる——それで、死が怖ろしいのではないか。

価値のないところでどうやって生きていくことができようか。死ぬことすらひとつの生きる過程であるのなら、どうやって死んでいくことができようか。

とはいえ、ひとが死を怖れるのは、それはいつものことではない。真に怖れる何ごとかから意識をそらすためであるようにも思われる。ひとが死を怖れるのは、みずからがこの宇宙で孤独だからであり、——「さびしさ」とか「かなしさ」といった情緒の問題ではなくて——、支えあってくれている他《た》の多くのひとびとをも含めて、どのひとの人生も無価値だと思えるときなのではないだろうか。

パスカルも、どんなに偉大な人物であっても、「かれらはわれわれとおなじに惨《みじ》めであり、ひとは一人で死ぬ」(『パンセ』二一一)と述べている。それにメルロ＝ポンティが反論して、「死ぬのは一人だが、生きるのは他人とともにである」(『意味と無意味』「英雄、人間」)と述べている。ではひとは、他人たちとどうやって生きるのか。

もしひとが、「死」という出来事の意味を理解できて、受け容れることができるとしたら、それは、ひとがわれわれのあいだにあるからである。おそらくは、それがナンシーのいいたかったことかもしれないが(『無為の共同体』第一章)、しかし、われわれである群れを「共同体」

という美名で覆い隠すべきではない――そのような秩序もまた神話である。

お分かりであろう、神話が必要なのは、――その客観的な記憶によって――、この宇宙に何らかの秩序があって、その秩序が自分で単に想像したものではなく、他のひとびとも、ともに信じるに足るだけの確固としたものと考えられるようになるからである。

近代になると、「必然的」とか「法則的」とか「普遍的」とかいう形容詞を伴う、科学的な言説によってそれが述べられることになるが、それも、神が与えたとされる秩序を知ることを通じて、それによって人生に何らかの価値が与えられるはずだと想定されていたからなのであるに違いない。

†殺人

それでは、価値が自分の人生にはないと思うひとが、自殺するのであろうか。そうではない、自殺するひとが引き較べているその価値そのものがないとなれば、ひとは自殺するというほどの意図すらもつことはできないだろう。自殺するひとにはまだ、なにがしかの神話が残っている。その死が、神話のなかで価値あるものとされるなら、ひとは死を怖れないだろう。むしろみずからの死を賭《と》して、他人を殺そうとさえもするであろう。

かつて、あるテレビ番組で、「なぜひとを殺してはいけないのか」という問いを発した高校生がいて話題になったが、「人格の尊厳」というお題目が、それへの正しい答えだったのではない。おなじ共同体に属するからというのでも、まだ不十分である。

殺人がどうしてなされるのかが、そもそも疑問なことであるのだから、その高校生がなぜそんな問いを抱いたかと、考えてみなければならない――ひとを殺してみたい子どもたちは、「酒鬼薔薇《さかきばら》」の事件ばかりでない、そのあとにいつまでも続くだろう。

殺し殺されるのは、ケモノに属することがらである。だが、それは敵意によってではなく、食欲によってである。だから、ひとはクマやオオカミに畏怖を感じ、それに神、大神《オオカミ》を見る。動く生き物を押さえ込んで喉笛《のどぶえ》に嚙みつき、その口内に熱い血を感じるのはかれらの生であり、そこに敵意は感じられない。

ところが、人間が、相手が死ぬまで戦うのは、獲物に対して、ないし獲物を争ってではなく、欠如によってである。数千円のために他のひとの体にナイフを突きたてるのは、金銭の欠如に追いたてられた無慈悲な人間の所業である――人間だけが悪を行う。

傷害致死ではない。殺人は、傷害致死とは違う。ケモノたちも、縄張り争いなどで、傷害致死を行うことはあるだろう。だが、なぜひとは「殺す」のか――偶発事ではなく、意図的に殺すとすれば、それは防御や復讐のためであろうか。自分が逮捕されないように被害者や証人を殺すということもあるだろうし、殺人することによってお金儲けになる場合があるかもしれない。現代の法律や経済が、理性あるひとに殺人を選ばせる。

だが、それ以上に「殺す」ということに意味を見出だして、ひとは殺しあいをするのである。そのわけは、ロックが述べるように（『統治論』第三章）、相手がケモノであるとの弁明をしながらも、実のところ、自分たちの宇宙とは違う宇宙について口にするひとたちの息の根を止める必要があるからなのではないだろうか。さもなくば自分たちがこの宇宙から放逐されてしまうと感じられるからではないだろうか——ロックは別のところで宗教的寛容を説くわけだが（『寛容についての書簡』）、それだからこそ、それが「宗教戦争」であるということなのだ。

†戦争

なるほど、古代の戦争は、奴隷を獲得することが目的だったりするのだから、なるべく相手を殺さないようにしたかもしれない。戦争に勝つには、相手を殺さず、傷害に留めて相手の負担を大きくする方がよかったかもしれない。

だが、現代の戦争はなるべく相手を殺そうとする。ゲルニカ、重慶、ロンドン、ドレスデン、東京、およびヒロシマ・ナガサキの無差別爆撃のように、できるだけ破壊し、多くの数を殺すこと。その理由は、相手もそうしようとしているからであろう——それが「核兵器」という記号の意味である。鏡に互いを映しあうような、そのような理由は、クラウゼヴィッツのいう

「他の手段でもってする政策の継続」（『戦争論』第一篇第一章）どころではない。戦争をする理由ではない。

聖なる殺人。ひとは自殺する代わりに、――ドストエフスキーの『罪と罰』の主人公のように――、他の神話で生きるひとを殺そうとするのであるに違いない。復讐であれ、救済であれ、その聖戦の攻撃のさなかで自分が死ぬことになったとしても、ひとにはそれぞれ支えるべき神話がある。否《いな》、多くの宗教の教義に含まれるように、召命され、殉死《じゅんし》することこそ、最も価値ある生となるのである。

モンテーニュが、「ゾウは宗教をもつか」という問いをたてていた（『エセー』二の一二）。ゾウがもし平和な動物であるならば、ゾウは宗教をもってはいない。「国のために死ぬべきだ」といわれるとき、国家とは、単なる規範や制度や組織や機関や、ましてやそれにのっとってひとびとの生活条件から運命をまでも強力に変更させる一群の人間たちのことではなく、各自がそこで生きていると思う「神話的国家」のことである。

政治とは友と敵とを分けることであり、国家の理論はみな神学であると主張するシュミットは、この点においてはこのうえなく正しい（『政治的なもの』第一章および『政治神学』第三章）。国家とは、まさに「地上の神」（『リヴァイアサン』第一八章）である。他の神話を奉ずるひとたちを、抹殺するか、せめて帰依させるために、群れのだれもがすべての努力と命を捧げようとする

――その死後の世界を含む神話的宇宙を維持するために。

†国家のファンタジー

神話破壊者たちに対しては、ひとは戦って殺そうとするだろう。哲学者ソクラテスやブルーノも、その対象とされたのだった。自分の命をかけて、自分たちが生きる神話を守り抜こうとするひとびと――自分が生きている価値を無にされるよりはましなのだからである。

そのことは、数十億人のキリスト教徒たちの神話、イスラム教徒たちの神話ばかりではない。仏教や神道の、あるいはもっと少数のひとびとの神話、たった一人の神話にいたるまで、さまざまな水準で、ひとは神話を信じている。

確信犯的殺人者は、しばしば妄想を抱いていたと説明されるが、それは正確な説明ではない。妄想とは、たった一人の神話である。大日本帝国やオウム真理教の信者たちとおなじほどに、たとえ自分一人の神話であっても、かれらはリアルにその神話を信奉し、それに命をかけるのである。

ひととひととの争いは、単に意見や利害が食い違っているだけで起こるのではない。それぞれがその背後に、――欠如の知覚によって想定されるものとしての――、その自分の意見と利害が成立する秩序を背負って戦っているのであり、だからこそ、おなじ秩序、その秩序を支えるおなじファンタジーのもとにいないかぎり、——ハーバーマスにいいたいが——、論理によってあっさりと意見を変えて和解するなどといったことはあり得ない——論理（ロゴス）中心主義自体もまた、ひとつの神話（ミュトス）にほかならない。

そうしたなかで、いつか、群れが凝固するときが到来する。それぞれが、おなじひとつのファンタジーのなかに、競って入っていこうとするときである。「原国家」が姿をとって現われはじめる——完全性の観念の原型にして、群れに本質的に内在する「欠如」の裏返しのイメージ、何かが足りないとのあせりのようなもの。

国家が法律と制度によってすべてを管理しようとさまざまな手段を講じているあいだに、国家をも形成したファンタジーの威力が、土地や血統や宗教を糧《かて》にして、すでにある国家の破壊をも企《くわだ》てる新たな群れの凝集を産みだそうとするほどのものになるであろう。

国家を欲望する群れ——社会のなかの他の多くの群れの諸力を引き出して、社会の状態をあらぬ方《かた》へと導いていこうとする群れ。それに対抗して、今日の生命政治は、かれらのすべての神話を病的妄想として否定して、かれらを排除し、監禁し、薬物によって活動できない状態にしようとするというわけだった——ただ現存の国家を存続させるために。

だが、モスコヴィッシのいう「感電」なのか、今日、人間たちの群れのなかでは、強欲で身勝手な性格の人物が、向こう受けする振舞やひとの心を巧みに摑む弁舌でもって権力を掌握して群れを組織化しようとしている――「ポピュリズム」と呼ばれるもの。

共産主義という理念すらもそのために使用されてきたが、群れと、自由平等な共産主義社会とは調和しない。共産主義者たちが夢見る暴力革命と、ジョブズなどのように、起業してイノベーションを起こして巨万の富を築くアメリカン・ドリームとは、その前提となる資本主義的市場経済の諸制度が、群れのひとびとの支持によって成立しているという点では、似たようなものなのである。

それでもなお、国を滅ぼそうとするものがあるとしたら、それは、――ゲーノも指摘していたように――、土地と血統と宗教である。国家はいつも土地と血統と宗教によって揺さぶられてきた。近代になって生じた国民国家に対し、先史時代の統治、群れの統合のファンタジーがぶりかえし続けてきたのである。

現代の生命政治は、そのような、群れのなかに湧き出してくる国家のファンタジーの芽を摘みとりながら、他方でファンタジーの方をゲームのような「娯楽」にすり替えて、ひとびとをそのなかに閉じ籠めておこうとしているように見える。しかし、すべてがファンタジーなのではない――群れこそが現実である。

＊

性的なもの、暴力的なものは、社会を朧《おぼろ》にさせる暈《かさ》のようなものとして、われわれの生活を彩《いろど》っているばかりでなく、サスペンスのようにして状況が突如として切り替わり、剝きだしにされた生の出来事に遭遇させるという経験をもたらす。この暗転は、摂食や排泄や睡眠に較べると、他人が関わってくるだけに、一層の危うさや怪しさがつき纏《まと》う。

カントは、他人を人格として遇するようにと勧めていたが、だからといって、いつだってわれわれが他人を道具や機械として扱ってきたわけではない。われわれは他人たちを、ただわれわれの群れのなかで見出だしてきた——それだけのことである。

すなわち、だれかが唐突に眼前に出現したり、姿をくらましたりし、突然に大集団となって何ごとかを起こすかと思うと、霧が晴れるようにして、どこかへと去っていってしまう。すべての出来事は、本性的にバッドエンドである。群れが情動的であるとされる所以《ゆえん》だが、それは群れが、性的なものや暴力的なものを本性とするからである。

そういったものは、組織だったものとしての社会生活からすると、余白にすぎないとみなされてきた。組織は、それに対抗して、理性によって設立されるとみなされてきた。だが、むしろ反転図形のようにして、地の方を見てほしい。その、余白と思われているようなもののなかからこそ、部族や宗派や民族や国家など、社会のさまざまな組織が生成してくる——その内在的な論理の、蠢《うごめ》く情動の働きによって。

第五章 道徳

——群れの分子には身体のマナーがある

近代社会は法（ルール）のもとにあるが、この章では、ルールが成立する以前から、言葉なきマナーがあることを講じよう。それが群れを構成する個体に、群れのなかで生きる前提を与え、群れのダイナミックスを産出するのである。

1　群れと暴力

†群れから国家へ

われわれは、ホモ・サピエンスが、「イヌ人間」という、群れることを本質とする動物であり、その群れが、群れの特性をもったまま組織となり、それが社会という場においてさまざまな秩序を自生的に形成してきたのではないかと考えてきた。

というのも、群れには、それが凝固して組織になる理由がないわけではない。何らかの機序によって、未開社会の部族や宗教団体、前近代のムラや封建国家や帝国、近代の国民国家や民族といった秩序が生まれてくる。群れのなかで、言葉、ルール、文字、法律が、宗教的観念と神話的ファンタジーを介して生まれてくる。だが、それをさせるのは何か。もちろん理性ではなく、しかも本能でも有機体の構成でもないとしたら、群れを凝固させ、さらには国家を成立させるものは何だろうか。

いいかえると、英雄が現われてその勇気によって群れを統合し、賢者が現われて言葉を発明し、その理性によって群れにルールを与え、聖人が現われて、文字を使ってその正義の法を制定する、というようにではなくて、群れの情動がいつか言葉へと変じ、ひとびとに理性を発生させてルールが生まれ、法の制定を通じて国家の理念が普及するというように説明することはできないか。それができれば、「社会とは何か」という問いに対して、これまでとはまったく違った視界が開けてくることだろう。

†近代国家

法治主義的な意味で法律を制定するようになったのは、近代国家においてである。それによって群れが新たに組織化され、そこから国家が成立してくるのであるが、それはどのようにしてであろうか。まずは、近代哲学者たちの考えに耳を傾けてみよう。

ホッブズは、人間が共通して推論する自然法によって国家が成立すると論じた。かれは、人間は自己保存という生物学的原理のもとで生きる動物であり、自然状態においては相互の暴力によってたえず死の危険が伴うところから、必然的に「平和のために自由という自然権を放棄して特定の人物に付与する」という結論が、理性によって導出されると考えた。

他方、カントは、少しいい方を変えて、人間の群れは自然法則に従ったものではないが、それは社会的秩序を作るべく理性が与えられているからだと考えた。神が宇宙を創造してそこに自然法則を与え、諸物体も諸生物もその自然法則に従っている以上、自由意志と理性とを与えられた人間は、法則に従っているものとして行動するように義務づけられているというのである。

社会秩序の形成を、ホッブズは、人間は理性によって個々に目的合理的な判断をするが、国家は個人の自己保存の目的に適っているからそれに従属するというように説明した。カントは、人間は理性によって合法則的な判断をするが、それによって個々に、すべての個人に適用される道徳法則が前提されざるを得ないというように説明した。

それにしても、歴史上、どこかに完全な秩序を有する社会が、はたして存在したことがあるだろうか。もとよりプラトンの描き出した「国家」があり、ヘーゲルが理論化した「国家」があったが、それらはみなイデア的、つまり理想主義的な国家であった。マルクス／エンゲルスのいうように空想的であったともいえる。

ホッブズは社会の構成要素として、アトム（不可分割体）としての個人を措《お》き、理性が平等であると前提していたので、同時にすべてのひとがかれのいう自然法という結論に到達して社会契約を結ぶという状況を想定し得たのであるが、今日、その理性が何であるかも疑わしく、平等であるかも疑わしく、したがって、ひとびとがかれとおなじ結論に達するとは考えにくい。

カントは神の存在を前提していたので、唯一の正しい秩序があると主張し得たのであるが、今日、ニーチェが神の死について語ったように(『悦ばしき知識』一二五)、ひとびとの、唯一絶対の秩序を実現しようとする動機は薄れてしまっているように思われる。

†暴力と所有

問題はどこにあるのか……。

カントは、道徳法則を自然法則に匹敵するものとして確立するのは、理性をもつ人間の自由意志であると考えた。自然は力の法則によって運動する。力の大きさと方向がその効果として運動のあり方を決定づける。とすれば、カントに問いたいが、人間の群れもまた力の法則によって運動しているとはいえないか、その自然法則で十分なのではないか。

否《いな》、人間の群れが組織されて出現する「権力」は、自然科学のいう「力」とは別物である。確かにカントのいうように、人間に理性があって自然のなかに法則をもたらす力を認識するからこそ、その認識によって、人間相互に対しては、自然科学でいう「力」とは異なった力が働く。巧妙な説である。自然の力は、認識する必要もなく作動するが、人間相互の力は認識によって作動する。では、群れのなかで働く力とは、どのようなものなのか。

二〇万年以前のひとびとを最も怖れさせたものは、災害や病気よりも、ホッブズの「自然状態」によって説明される通り、人間相互の暴力であったかもしれない（『リヴァイアサン』第一三章）。これはベンタムも指摘していることである（『道徳と立法の諸原理序説』第一七章四節註b）。奪い、強姦し、殺す、ヒトという名のケモノたち——戦場では平凡な出来事なのであろう。

確かに、動物たちのあいだには、こうした暴力はない。これが人間の群れを構成する力なのか。多くの大衆社会論者が、群れは暴力的だと指摘した。組織を形成し、統制するものは、この暴力なのであろうか。

とはいえ、オオカミをはじめ、ハイエナやチンパンジーたちも同種の動物を殺すという。ライオンがハーレムをのっとったとき、それ以前に生まれた仔ライオンを殺すというのは、有名な話である。だから、群れの論理のなかに、仲間の殺害が含まれると結論づけたくもなるかもしれない。ただし、それが人間がするような殺人と同様のものかどうかは問題である。むしろ、同種の動物には手加減する動物種の方が圧倒的に多いことに驚かされる。

動物行動における暴力を、「闘争本能」（マクドゥーガル）や「破壊本能」（モンタギュー）や「攻撃性」（ローレンツ）という概念によって説明する立場もあるが、その場合は、本能という以上、おなじ状況に置かれた個体はみなおなじ行動をするとされているわけである。それを、個体によって異なる人間の暴力と比較すべきではないであろう。

人間が暴力をふるうのは、何かを巡って争う場合である。何かを奪うためには所有の観念が前提されているのに対し、動物たちは何も所有してはいない。「所有」ということを、冬眠する動物たちが餌を集めておくのとおなじような、あるいはイヌが靴を集めるのとおなじような、人間の「本能」とみなすべきではない。マルセルのいうように、身体からはじめてみずからを訓育し、対象を自由に扱えるようにすることを、われわれは所有するというのである。

そこから、食べものや、それを獲得する道具や家畜や女性に対しては、それを奪う理由が出現する。他人がもっているものを奪う方が、自然のなかでそれらを獲得する場合よりも少い労力で済むと見積もるならば、ひとは稲や麦の種を植えるのとおなじ理由から、それを奪おうとするであろう。

これはホッブズも認めていた理性的な判断である。かれは、所有が権利として認められ、互いに奪われるのを防ぐためには、国家権力が必要だと考えていた。それによってはじめて、奪う行為を「暴力」と呼ぶことができるようになるのだが、それは、それを防ぐ国家の体制を「権力」と呼ぶのに対比してである。

とはいえ、所有権と同様にして、暴力も、国家の成立以降に「犯罪」として現象するようになるということではない。むしろ、国家の成立のあとになって、犯罪と対比されて、なお一層、異様な姿をとるようになるのである。

†ルールと暴力

暴力とは何であろうか。マックス・ウェーバーは、カリスマや慣習によって成りたっている社会と、依法的支配によって成りたつ近代の社会とを対比している（『支配の社会学』第九章第二節）。すなわち、近代においては、国家がルールを定め、それに従わないひとに処罰を与えようとするとき、犯罪、すなわちルールに反するものとしての暴力が、国家において定義される。

それにしても、ルールは暴力を誘発し、誘惑する。たとえば立入り禁止の場所に入ろうとしたら、それを阻止する警備員と小競りあいが起こるだろう。だれにも迷惑をかけていなくても、一旦停止しなかったドライバーは、隠れていた交通警官と小競りあいをするだろう。ルールで禁止されることによって争いが生じるようになるのだし、ルールに反すること、そのこと自体が暴力であると知覚されるようになるのである。

あるいは、ルールがないこと、曖昧であることによっても、従来にはなかったような行動をとるひとが出てきて、それで迷惑するひととのあいだに争いが起こるようになるだろう。それまでは自然にすぎなかったものが、想定外の破壊的現象、つまり暴力として見出だされ、それに対処すべきひとが罰せられるようになるのである。

そのとき、国家が権力として姿を現わし、そうしたもろもろの暴力を抑止するものとして認知される。つまり、権力とは、暴力の記号なのである。ルールの定められたところでは、権力は最初から暴力の行使をちらつかせる。それに反するひとを、排除したり殺したりすると脅《おど》かすのである。処罰は自然の暴威ではなく、また古代の法のような復讐（リベンジ）ではなく、「見せしめ」である。見せしめをすることができるのは、権力か、あるいは犯罪者だけである。

とはいえ、犯罪者による見せしめは、ルールに依拠するものではない。もしひとが犯罪者に従うとしたら、それは、その犯罪者による暴力を避けているだけである。犯罪者が見せしめのルールを唱えたとしても、その「ルール」は恣意的に改変されるであろうから、「〜の場合には必ず〜する」といった意味でのルールではあり得ない。

暴力で強制するものを「ルール」と呼ぼうと、それは、国家によって制定されるようなものでもなければ、国家を成立させるようなものでもない。カリクレスのようにして、「法は力による」というようなことがいわれるとしても（プラトン『ゴルギアス』）、それは、ルールという形式をもった命令のことにすぎないのである。

暴力は、本来、ルールを必要とはしないのである——「ルール」という語を使って、その陰に隠れようとはするかもしれないが。約束であれ、習慣であれ、ジンクスであれ、みずから従われようとするものがルールである。ルール自体は暴力ではない。

暴力とルールの曖昧な関係を理解しなければならない。国家を形成するのは、暴力でもなければ、ルールでもない。では、一体どのようにして、国家の設立とルールの制定、および暴力の記号である権力の発生という事態が出来《しゅったい》するのであろうか。

†暴力の二重の意味

しばしば、暴力の嵐のあとに新たな国家が形成されてきた。王が戴冠し、支配階層が画定され、身分が形成されて、その後何十年かの平和が訪れる。暴力は支配階層に独占され、それ以外の暴力が軍隊と警察によって封じられる時代が到来する。

暴力は、あとから見れば新たな支配階層と身分制の確立を目的として生じたかのようである。しかし、ベンヤミンが分析したように、それは、みずからが暴力であったことを隠すことによってである（『暴力批判論』）。すなわち、みずからが法を作っておいて、自身が合法的であることを被支配階層の民衆に押しつける——権力の正統性を説明する歴史物語が書かれ、暴力は敗者の方に割り当てられるのである。

つまり、群れにおいては、ルールのもとで争われるのではなく、ルールを巡って争われるのである。最も強いのは勝者ではなく、ルールを制定し、勝者がだれかを決定する側である。そして、ルールを無視する人間の行為が、——ロックがそのようなひとはオオカミとおなじにみなしてよいと述べているが――、あとになって暴力と呼ばれることになる。ルールを無視するのは、ルールを定めるのと似たような行為であるにもかかわらずである。

したがって、暴力の二重の意味を混同しないようにしよう。第一の暴力は、ルールを定める暴力である。第二の暴力は、ルールによって定義され、あるいは惹き起される暴力である。国家が存在するということは、第一の暴力については忘却することを強制され、第二の暴力ばかりが意識されるようになるということである。

ひとが手足を振りまわしたり、武器を使ったりしたら、それがみな暴力だというわけではない。自然現象であれ、結果として怪我人や死人が出たら、それがみな暴力だというわけではない。「暴力」という概念を理解するのは難しい。というのも、それが単なる現象ではなく、暴力によって確立されるものによって暴力が定義され、似たような行動や結果にもかかわらず、それ自身が暴力ではないとされるのだからである。

†管理社会

近代国家においては、法の支配が目指されて、憲法など、――憲法にはほかの役割もあるが――、ルールを決めるためのルールが定められるようになった。議会制民主主義の体制においては、選挙をし、多数決でルールの変更を決めるが、ベンヤミンが問題にするのは、ルールを決めるためのルールを変えようとするときである。

というのも、ルールを決めるルールを変えるときのルールなど、どこにも存在しないからである。憲法の改定は、しばしばクーデター（国家の一撃）の一種なのであり、新たな支配階層による国家の簒奪なのである。それが、ベンヤミンによると、犯罪という見せかけの暴力の陰に隠されている第一の真の暴力、「神的暴力」である——国家が設立されたいきさつを正統化する物語のなかでの「神話的暴力」からは区別される。

何かをきっかけに、やがて社会の内から外から突然暴力が噴出する。「民衆の不満のマグマ」というような表現があるが、それは天変地異の比喩である。だが、それを、溜まっていくようなものとして、エネルギー概念で理解すべきではない。それは、状況に応じて突然起こる。こういってよければ、いつも暴力が噴出する準備はある。人間が群れになって動くところに暴力、「荒ぶるもの」があり、動乱と殺人が起こる。無政府主義の開幕、アルトーのいう「アナーキストの戴冠」がある（『ヘリオガバルス』）。

マルクスのいう共産主義革命もそのひとつであったはずだが、マルクスはそれを、ホッブズと同様に、理性による目的合理的判断であるとみなしたようである。かれもまた、秩序が理性によって生まれてくると信じていた。

しかし、歴史が教えたように、革命の理想は小市民たち（プチブル）の理性のまえには力はなく、やがて共産主義は威光を失った。ひとびとは、手段としての暴力の正当化をマキアヴェリズム（目的のためには手段を選ばないという考え方）とみなし、どんなによい目的であっても暴力は許されないと考えたからである。

すべての暴力は悪いと叫び、多様なハラスメントを告発し、一切の暴力の徴候を社会から消してしまおうとする「奴隷道徳」（ニーチェ）。とにかく、暴力はいけないことなのだ。そのときの暴力は、国家のファンタジーのもとにあって、第二の意味、ルールによって定義された暴力のことでしかない。

他方、暴動を鎮圧する機動隊、病気を治療する医師たち、弱者の社会保障費を切り詰める行政担当者、死刑を宣告する裁判官、これらはみな暴力の執行者なのではあるが、暴力をふるっているとはみなされない。だからこそ、「手段としての暴力を認めるか」という問いに対しては、暴力という語を使った瞬間に先回りされて、あらかじめ否定されてしまっている。「よい暴力と悪い暴力がある」とすらいわれない――とはいえ、ひとびとは密かにそのことを知っており、暴力を描いたやくざ映画、犯罪映画、バイオレンス映画がヒットする。

暴力は、理性の反対物として、思考することのできないもの、不可解なものである。否、そもそも思考されたものとしての暴力は、真の暴力のことではない。しかし、真の暴力であるならば、その方が理性の知恵よりもずっと強く、過酷である。社会から暴力を追放することなど不可能なのだ。

しかしまた、それは、近未来SF映画でよく描かれているような、管理社会を解放する、美しい、勇気と連帯のたまもののように勘違いされてはならない。

管理社会とは、『すばらしい新世界』などのディストピア小説が描き出す、一切の暴力を犯罪として封じ込めてしまおうとする軍隊組織のような国家、完全に凝固した社会のイメージである。だがそれは、人間が対決すべき敵として、人間の群れの裏返しに想像された超国家のイメージにすぎない。ディストピア小説は、国家が犯罪を行っているのだから、自由な市民はそれに抵抗する権利があるとする、予め準備された神話的暴力の物語にすぎない——近未来を管理社会として捉えるのは誤りであろう。

管理社会とは、群れのなかの暴力、犯罪として規定される以前の荒ぶる暴力の陰画である。しかし、それからの解放の物語は、暴力を犯罪のなかに閉じ込めておこうとする国家のファンタジーのひとつである。自由という名の理性的な暴力を礼賛することによって、群れのなかの暴力を祓《はら》うために描かれるのだからである。

いまの中国はといえば、なるほど管理社会と呼ばれ得るであろうが、それは、そこに自由の欠如を見出だす西欧的な近代主義者たちからでしかないであろう。その自由はまた、リバタリアニストの自由であり、強欲資本主義の自由にほかならない。

†体罰といじめ

群れのなかの暴力、神的暴力とは、どのようなものであろうか。それは、殺人そのものではないが、結果として殺人を引き起こすことを厭《いと》わない何かである。

イサクの燔祭《はんさい》におけるような子殺しや、オイディプス王の父殺しなど、殺人がしばしば神話に描かれて、フロイト精神分析の主題ともなったが（『トーテムとタブー』）、しかし、それは心の問題ではなくて、社会の問題である。

なぜ、事故死ではなく殺人であるということが、これほど大きな問題なのか。重要なことは、動物とは異なって、分からない理由、非理性的な原因によって突如人間が襲い、奪おうとし、強姦しようとし、殺すということである。ゾンビの群れのようである。犯罪においては、結果的に相手を殺してしまったり、逮捕されないために目撃者を殺したりという、合理性のある行為はある。しかし、無動機殺人には、原理的に理由がない。

群れに生きるひとびとの共通の恐怖は、群れの外から、あるいは内から立ち昇ってくるこうした暴力である。何のためか分からない、天変地異に匹敵するもの。暴力は、体罰、いじめ、ファシズムの出現へと向かう、群れそのものの恐怖である。

たとえば体罰。統制を乱すひとに体罰が行われるのならば、ひとはそれをされないようにと理性的に判断して、行動を自己規制するだろうか。そのような推定は、相手に人格があることを前提しているが、もし人格があるならば、ひとはふるわれた暴力に傷ついて反抗的にならないではないであろうし、そもそも統制を崩そうとはしなかったはずであろう。

組織にとって必要なものは、みずから進んでする服従であり、暴力はむしろそれを遠ざけさせ、組織を破壊するのにしか働かない。とすれば、体罰は人格を殺すために行われるのである。組織を統制するためではない。人格を殺してヒトをイヌに戻すこと、群れを作ること、そうした過程において体罰が行使される——暴力団や旧日本軍や日本赤軍の論理である。

あるいは、いじめ。多様な状況があり得るが、たとえば、禁じられていることをした子どもが他の子どもたちのリンチにあうのは、——連座させられる体罰があるというのでなければ——、他の子どもたちに迷惑をかけているからではない。子どもたちは、処罰をしていいのは権限のあるひとだけだとは知らないのだし、なぜそうなのかの理由も分かってはいないからである——かれらが夢見るのは異例のものを排除することであり、それで群れに戻ることなのだ。それを抑止することこそ、自然権として処罰を認めたロックのいう自然状態のひとたちが、国家を形成する理由だったのではないだろうか（『統治論』第八章）。

群れの能動的な作用を知らず、体罰やいじめの原因を理性の欠如に求め、教育によって解決できると考えるひとたちには、体罰やいじめをやめさせることは永遠にできないだろう。

人間に生得の理性を前提するひとたちには、体罰もいじめもハラスメントも、どうして起こるかを説明することができない。それらはただ、自己啓発本のタイトルによくあるように「バカ」がすることなのか？――群れが理性によって統制されて国家が生まれるという近代哲学の理論があったわけだが、逆に、国家には、ひとびとをオオカミの群れにしようとする、無動機殺人にまでいたる暴力が生じる理由がある。

オオカミの群れがどのようなものかは、映画『THE GRAY 凍える太陽』（ジョー・カーナハン監督、二〇一二年）を観ていただきたい。その神的暴力とは、統制があるわけでもなければ無秩序なのでもない、ルールの制定を目指すのでも、その破壊を目指すのでもない、群れの本性において生じるバイオレンス（暴発）。思考することなく、ただちに相手を切り殺すことを勧める『葉隠』がその教本であるが、国家すらも、群れの論理からは免れ得ない。

†国家と群れ

ドゥルーズ／ガタリ『千のプラトー』によると、国家は、群れのならず者たちを軍隊や警察として編成し、群れのもつ始原的な流動性を群れのなかにある粗暴な力と対峙させ、国家の外部と内部のあいだの境界を画定することによって成立するという（第一二章）。

すなわち、外部としての移民や流民《るみん》、および山賊や海賊や外国や害獣に対する戦争、また内部としての暴動や一揆、および内乱や犯罪やゲリラ活動やスパイに対する戦争によって、国境線は画定される。国家は暴力を、市民の財産と安全のためと称しながら、国家の維持のために必要不可欠なものとして抱え込む。生命政治としても見出だされたように、流民としての群れの流動性と、人口としてのその数をコントロールすることで、「原国家」の降臨を維持しようとするのである。

だが、それでもなお、われわれは群れである。一度として国家、真に完全なわれわれの全体なるものを、見たことも聞いたこともないにもかかわらず、それに憧れるような情動を、歌によって絵によって、たえず刷り込まれてきたのである。

なるほど、ひとびとは、政府への不満として国会に向かってではなく、病気だから、許認可を得たいからということで、病院や役所に向かって行進する。そのようなことをするのは、ひとびとが理性的な主体だからではなくて、ハーメルンの笛吹きに連れられたような群れだからである。

群れだからこそ、ばらばらでちぐはぐでありながら、プリゴジンのいう「揺らぎ」(『存在から発展へ』)のようなものから、いわしの大群のように整った全体の形態を作りだす。だからといって、全体を構成する秩序や理念があるわけではない。それはただ、群れのなかに吹き込まれたヒトラーの声、「死の衝動」(フロイト)、死を呼び求める儚《はかな》い夢の世界にすぎない。

群れとは、互いに寄り添う「共同体」ではなく、蚊柱の公式のようにして、それぞれがはみ出してはまたもとに戻るダイナミックな運動なのであり、その現象である始原的な「神的暴力（バイオレンス）」において、知覚される群れの形態が、あたかも何らかの秩序であるかのようにその姿を現わすものなのである。

今日、ひとびとは、整備された道路やビルや橋や港湾や鉄道を見て、またそこにそれぞれに決められた区画に住むひとびとを見て、国家というもののイメージを抱く。だが、その清潔な構造物の背後や地下や、ビルの陰になって隠れて見えない廃墟のようなところにもひとびとは住んでいる。あるいは外部から、いつも移民や流民がじわじわと押し寄せてきて、清潔な都市住民の生活を真似るなり、破壊するなり、あるいは暗闇のなかで収奪するなりしている。

歴史のなかにはしばしば民族の大移動が記されているが、人類は、二〇万年まえから本性的に群れだったのであり、より生活しやすい土地を求めて移動するノマド（遊牧民）だった。定住したひとたちの国家が形成されたあとも、ひとびとは遊牧民や巡回商人や巡礼者として、国境線を勝手に出入りしていたばかりでなく、しばしば暴動や一揆を起こし、あるいは外部の土地に移住したり、あるいは暴力的に侵入し、イナゴのように略奪し、破壊する群れとなるのがあたりまえだった。

間違えてはならないが、決してそれは、国家の政策に合理的な理由から反対したり、新たな国家を建立《こんりゅう》しようとしたりしてではない。ただ、群れが暴力を召喚する。ヒチコックの映画『鳥』（一九六三年）に描かれたような、無動機の殺人、無動機的な暴動がある。群れとは、これらを含めて群れであって、群れがわれわれの本性であり、歴史上、どこにも正統派共同体としての「国家」が存在したわけではなかったのである。

†軍

では、「軍」とは何か。というのも、軍を掌握した人物が、最終的には国家を設立するというようにも見えるからである。しかし、軍という組織は、ひとつの特殊なモデルにすぎない。群れと軍団ないし軍隊とは、さしあたりは正反対のもののように見える。というのも、群れを軍隊にするには、命令する言葉と命令に従わないものを罰する暴力とが必要である。ところが、軍隊の、機械のように統制の行き届いた精密な組織は、実践となると群れよりももっとケモノになり、荒ぶる殺戮者集団になる。だからこそ「軍」なのである——そうでなくて、どうして命のやりとりができようか。軍はこの二つの極端の自在の入れ替わりによって定義することができるのだが、そこが群れとは違うところである。

軍隊というものがどのようにして発明されたかは分からないが、その漢字には戦車が含まれているし、語源からしても、人類が最初に発明した機械（マキーナ）なのであろう。いまのわれわれの生活は別のタイプの機械のネットワークに浸透されており、地表はＡＩ機械に覆われつつあるが、豊富すぎる軍事機械が装備された軍隊のネットワークと、大きく異なる本質をもつわけでもないであろう――それは、電気オオカミ（電狼）の群れである。

いくつかの国家では、軍隊が群れの二つの極端を占有することで、群れの平均的な部分に「政権」が浮上する。それは軍隊を地として生じる図のような陰画的なものにすぎず、そこにはいつもクーデターが待ち構えている。それを恐怖するあまりに、軍隊に出動が命じられ、戒厳令が布かれて軍政がはじまるということまで起こる――コスタ＝ガヴラス監督の映画『Ｚ』（一九六九年）を参照せよ。

「軍」とは、ひとびとが夢見るオオカミの群れのことなのであろうか――群れにはみずから芽生えてくる秩序があって、それはリーダーたちの頭のなかで発明されるようなものではない。

カドモスによって「土地」に撒《ま》かれたドラゴンの歯から無数の兵士が生えてくるテーバイ伝説のようにして、群れの秩序は、群れを組織する計画やデザイン、命令する言葉、処罰するために整備された暴力なしに生まれてくる。イワシやムクドリの群れのように、組織を、群れの生から自成してくるようなものとして捉えるべきであろう。群れるケモノのような生から、土地に埋められることを通じてはじめて組織、さらには軍隊のような機械へと生成するようなもの――ローマ帝国の遠い始祖が、オオカミに育てられたロムルスとレムスであったことが思い出される。

理性や人格など、正義の国家の樹立のための妄想じみた理論は忘れて、——三島由紀夫も抱いたそのファンタジーも群れのなかで理由あって生じたのだと思うが——、まずは、群れにおいて自然発生的に秩序と理性とが生じてくる理由を考察すべきであろう。

2 群れとルール

†ルールとは

人間の群れは、何が作るのか。暴力による威嚇や処罰への恐怖ではない。知性によるデザインとそれへの合意ではない。そのいずれもが、個人の意識が媒介されることを前提しているが、そのような前提によって捉えるのでは、われわれは群れを見失ってしまう。

たとえば、高速道路のカーブを、数十台の自動車が通過していくところを想像してもらいたい。ドライバーが、握るハンドルや踏むアクセルをいかにうまく調整して、他の車やガードに接触しないように保っているか、また自動車という機械自体が、突然ボルトが外れてタイヤが転がったり、タンクが炎上したりエンジンが停止したりしないように、いかにうまく整備されているか、また道路が平らでたいした凹凸や歪みもなく、美しい正しい線が引かれ、何らの落下物も転がってないようにうまく保守されているか、そうしたことを想像してもらいたい。

ほかにも多くの要素があるのだが、これらの条件がみな総動員されて、何事もなくカーブを曲がっていく、引き続く車列がある。だれがこの全体の秩序を望み、それらが調和するようにと配慮しているのか。意識の働きをもつドライバーであろうか。しかし、どのドライバーもただ、自分の進みたい方向へと車を進ませているだけなのだ。

ドライバーたちがそこでどんな行為をすべきかについては、自動車学校の講師や警察官や道路管理者がいろんなことを述べているが、一人ひとりがそれに従っていたとしても、事故が起こらないとはかぎらない。かえって咄嗟《とっさ》の場合には、そのルールを守ろうかどうしようかと思いつくことが、どんなに危険なことであるか。

ドライバーの意識と行為は、そのルールに従おうとそうでなかろうと、事故が起こらないためのひとつの条件にすぎない。ルールに反した行為で事故が起ることがあるからといって、その裏返しに、ドライバーがルールに従った行為をしてさえすれば事故は起こらない、と考えるのは誤謬推理である。

このようなことを述べると、カントの道徳法則は蒸発してしまうのだが、行為する本人がルールを意識していたかどうか、ルールに従って行為しようとしていたかどうかは、ルールが実現しようと目指していたものと、直接は関係ない。行為しようとする意識によってした行為がそれに対応するとはかぎらない——落語にあるが、焼いている「サンマを見ていろ」といわれて、ネコがくわえていくのを見ている与太郎は、やはりルールが分かっていない。

ルールとは何で、どう働くのか。それは、ひとが共存し、競合したり協働したりするすべての場面で見出だされる。

たとえば、野球のルールでは、ホームとピッチャーマウンドとの距離が定められている。その距離は、最も剛腕のピッチャーが最速の球を投げて、最も好打のバッターがかろうじて球をバットに当てられる距離である。

同様に、ゴロを打ったバッターが、そのボールをとった野手が全力で投げて、セーフになるかならないかの距離が、ホームから一塁までの距離であり、盗塁しようとしたランナーが、キャッチャーが投げてアウトになったりならなかったりする距離が、ホームから二塁までの距離である。

これらのことは、最も上手なひとどうしで成りたつばかりでなく、——重要なことだが——、下手なひとどうしでも成りたつのだし、それによって上手なひとと下手なひとの差がはっきりする。それが野球というゲームである。

したがって、ルールとは、単にそこに示されたものを行為に適合させるというようなものではなく、事故にあいたくないという思いや、全力でプレーしたいという思いが満たされるための条件である。ゲームにおいては明示されているが、それ以外の場合には、現実の社会的人間関係を成立させるためにあって、必ずしも意識されていない諸条件のことである。

したがって、ルールとは、行為の上位にあって行為に適用させる基準のようなものではなく、諸行為のど真ん中を走っていて、行為のよし悪しを区別させる線のことである。行為を何らかの全体や文脈のなかで、それとして知覚するために前提される条件のことなのである。

†日常の曖昧なルール

たとえば、サッカーで相手を倒すというファウルをしたかどうかは、相手が倒されたというシミュレーションをしたかどうかとは裏腹なことであり、しかも力のかかり具合も曖昧であるのだから、レフェリーはただ身体どうしの触れた具合や姿勢だけで判定するし、上手なシミュレーションも能力のうちとされたりもするであろう。

しかし、日常生活では、たとえば電車事故があって、ホームで突き飛ばされたのか、混んでいたから体が触れてしまっただけなのかは、大きな違いである。満員電車のなかで、手が女性の体に触れてしまったのか、意図的に触れたのかも、大きな違いである。

そのような場合は、ルールに対する判定だけで納得されるようなことではなく、ルールが規定する行為の可能性の条件が問題になる。さきに述べた例では、高速道路のカーブにおける、ドライバーの意識と行為以外のもろもろの条件のことである。

たとえば、「歩く」という行為に関していえば、そこにルールがあるとすれば、前提として、平坦で安全な地面がなければならない。そのうえで、走ったり立ち止まったりするのではないとすれば、その速度は、他のひとの歩く行為との連関によって決まる。足が地面から離れないかどうかは、競歩においては問題であるが、普通の意味では、走って転びやすかったりする場所でこそ、歩くべきだというルールの意味は理解されるだろう。

そのルールは、自分の行為が損なわれないためだけでなく、ひとと快適に共存し、競争したり、協力したりするためのものでもある。他のひとにぶつからない速度で歩くとか、物音をたてないようにするとか、車道や芝生に入ってひとに迷惑をかけないようにするとかである。

ゲームにおいては、ホームとピッチャーマウンドとの距離のように、行為の可能性の条件が明確に設定されているが、しかし、日常生活についてはそうではない。それゆえ、ある行為がルールに適合しているかどうかを判定するのは難しい。

したがって、言葉で明確にされているルールとは別に、曖昧ながら、ひとびとが日常生活において従っているルールがあり、おなじようにルールと呼ぶが、それらは区別すべきものなのである。言葉にはならないルール、いいルールがある。それは、どんなルールであり、だれが決めたルールであって、それに適《かな》っているのかどうかについても、どうやって判断すべきかよく分からないルールである。

†自然法再考

こうしたおのずからあるルールは、西欧中世においては、「自然法」と呼ばれていた。それは、「神の法」、すなわち神の設計や意志に由来するとされていた。それが、近代になっても、「法の支配（権力を超えた法があるとする概念）」や「人権（「自然権」として人間に生まれながら備わるとする権利）」という理念となって、今日まで続いている。この点については、権力よりも法が上位にあるというのはおかしいとして、シュミットが、神が奇蹟を起こすようなものとしての「例外状態（権力に内在する超法規的事態）」を主張するわけである（『政治神学』第一章）。

ロックは、自然法という発想のもとで、自然状態においては、ひとは、理性に基づいてよいことと悪いことを判別できる「良心」があるのだから、悪いことをするひとを処罰する司法権をもっていると主張した（『統治論』第二章）。ノージックはそれを受けて、一人ひとりが処罰されていいとされる理由が成りたつための「最小国家」の条件を考察する必要があると論じた（『アナーキー・国家・ユートピア』第一部第三章）。

かれらに共通していたのは、人間がみなおなじように理性と欲望をもつのだから、道徳的な善に普遍性があるはずだという信念である。その信念は、神が宇宙と人間を創造したという神話に基づいている。

しかし、理性と欲望の対比はすでにヨーロッパ的であり、世界中のひとがその対比によって善悪を捉えるとはいえない。そもそも喜怒哀楽の対象や表現が、土地によって異なっている――メルロ＝ポンティが指摘しているが、日本人は怒ると笑う（『知覚の現象学』第一部第六章）。

神についてもっと深く考えていたパスカルは、自然法を主張するのは、既得権益をもつひとが自分のルールを正統化しようとしているだけだと批判した（『パンセ』二九四）。山ひとつ越えただけで、また高度や緯度が少し変わっただけで、何が善で何が悪かは変わる。かれによると、それはルールではなく、慣習にほかならない。

だが、慣習とはいえ、山を越え、高度や、緯度が変わっても、――それらは偶有性にすぎないのであって――、ひとびとの交流において生じる紳士協定のようなものがあるのではないか。グロティウスが「あえて神なしで考えても成りたつ」としたタイプの自然法であれば、あり得なくもない。たとえば、何であれ「さきに来たひとから使用する」とか、「ジャンケンやくじ引きで決める」といったことである――ジャンケンは日本発祥の、三すくみの奇妙な決定法ともいわれるが。

それはルールというよりも、「マナー」と呼ばれるべきものであろう。だれもそうしたルールを作らなくても、また、そのようなルールがあると学ばなくても、おのずからその場で提起され、慣習化されるルールがある。その内容やレベルやスタイルは、文化によってまちまちではあるだろうが、文化の交流によって相互に類似していくということはあるかもしれない。

†ルールとマナー

ホッブズは、マナーという語を、礼儀作法のように善い悪いとされない、単なる「やり方」として捉えようと提案している（『リヴァイアサン』第一部第一一章）。

それはなぜか。かれは、自然状態にすでに何らかのルールのようなものがあることを認めたくなかったからではないだろうか。自然状態は無法の戦争状態であって、マナーもないということでなければならなかったからではないか。

しかし、マナー、ルールのようなものは、行為の条件としてつねにあり、他人の行為と関わりあうかぎり、どこにでも、ないことはない。われわれは近代の法律に慣れているので、作成され明示されたルールに関してのみ行為が規制されると考えがちだが、実際には、どんな行為も、――自然条件もあることだし――、何らかの条件によって規制されないでは生じ得ない。ベンタムはそれを「サンクション（義務づけられて動機を生じさせるもの）」と呼んでいる（『立法と道徳の諸原理序説』第三章第二節注）。

行為を律するものとして行為のうえにあるルールばかりではなく、ルールは、始原的には、行為のあいだにある。つまり、類似した諸行為のあいだで善悪を規定するルールがある。そして、「あった方がないよりもよい」とひとびとに理解されるルールには、従われるだけの理由がある。

それゆえ、ルールのない状態というものはない。まずは黙せるマナーがあり、さらにそれが言葉にされて狭い意味でのルール（掟）となり、さらに明文化された法律として罰則を設けられるようになるという諸段階が考えられ得るであろう。

しかも、たとえホッブズのいう自然状態であっても、――ホッブズはその状態でも言葉はしゃべられているとしていたが（『リヴァイアサン』第四章）――、マナーに少しでも言語表現が関わるだけで、まったく違ったことが起こる。すなわち、すぐさまそのルールに反しているということ自体が問題にされるようになるのである。

マナーは言葉でなされた約束ではないし、心のなかで唱えられる「暗黙の合意」や「黙契」でもない。それにもかかわらず、しばしば、「正しいマナー」について語るひとたちがいて、タクシーの乗り方やスマホの使い方など、古来のマナーのないことにまで、したり顔でマナーを説く。マナーについて説くひとたちは、しかし、それだけですでにマナーに反しているとはいえないか。

マナーが言葉で上書きされると、それはもはやマナーではなくなって、「ルール」になってしまう。そして、ルールに反していることそれ自体が悪いとされるようになるのだが、そのことは、それをルールとしては知らなかったひとにとっては不条理でしかない。

たとえば、サッカーでは、負傷者が出ると相手チームはボールを蹴りだしてゲームを中断するが、それを再開するときには、そのチームにボールを渡すのがマナーであるとされている。これを無視するチームがあっても、ファウルを取られるわけではないが、全力を尽くしあうはずの、まさに観客が観たがるようなゲームが、ただの喧嘩のようになってしまうだろう。

ホッブズの述べるように、ルールに反しないことが「正義」と呼ばれるものであるとしたら(『リヴァイアサン』第一五章)、それでは、人間の群れが作ってきたマナーの秩序が軽視されすぎてはいないか。たとえば混みあった店内のような場所でどう振舞うかは、ホッブズのいう個人の行動の目的を実現するマナー(やり方)によってだけではなく、他人たちの振舞とのあいだでのマナーのよし悪しによって決まるのではないか。

正義を「平等な分配」(アリストテレス)や「自然法」(トマス・アクィナス)であると考える場合、それらは西欧のマナーをルールとして一般化したものだとも解し得るが、ルールを守るということ以前に、マナーを重視するという正義もあるのではないか。マナーのなかにはルールにするのが不適切なものがあって、そこに人間活動の本質を目指すようなものがある——たとえば性交渉は儀式のようなものなのであるが、それはまさにマナーを要するものであろう。

†マナーの理由

典型的な例として、食事にはマナーがある。とはいえ、よく知られているように、文化に応じてそのディテールは多様であり、しかも対立することも多い。食器をもっていいか、音をたてていいか、会話すべきか等々、際限ない。

重要なのは、マナーの具体的内容ではない。「土地」ということですでに述べたが、それぞれの文化において、複数のひとびとのあいだで、何がよくて何が悪いかということがすでにある。それは、複数のひとびとが、互いの行為を見あい、聞きあい、触れあっているということからくる事実である。

一人で食事をする場合、一切のマナーを無視して食べているひともいるかもしれない。手づかみで、鍋に頭を突っ込んで食べるのもよい。早く食べられて後片付けも早いという合理性はある。一日中食べていたり、適当な時間に食べてもよい。おなかがすいたときに、てっとり早く食べるのが快適だともいえるだろう。

それを、「イヌのように食べる」という。未開人たちもそうしていたのだろうか……、いや、そうではないと思う。なぜひとは、そのような食べ方をするひとと同席したくないのだろうか。

食事を「楽しむ」とはいえ、満腹になることを楽しむことと、味や香りや過程を楽しむこととは異なる。イヌのように食べることを卑しいと呼ぶのは、人間のイヌ性に由来する。

ひとと一緒に食べる場合、食べる量や速度を他のひとにあわせなければならない分、それで気苦労は増える。一定量の食料しかないとき、ひとは分けあわざるを得ないわけだが、だれがどれだけを取るか――そこには、さらに緊張が走る。

ケモノたちのように食料を巡って闘争するのは、全員にとって不利益である。勝ったものが一人で多く食べるにせよ、急いで用心しながら食べるため、満足度はその量には比例しないだろう。適切に分配されれば安心感があって、量が多かっただけよりも満足度は大きいだろう。一緒に食べる場合に量や速度をあわせることは、安心を増やし、気遣いを減らす。

そうしないひとが一人でもいれば、腐ったリンゴの例のように、そうしない方が有利との判断が生まれてきて、雪崩《なだれ》を打ったような競争になることもある――だから「鍋奉行」が出現するわけである。安藤昌益が鍋を象徴的なものと捉えていたが、少しは関係があるかもしれない(『自然真営道』)。

マナーの原型は、闘争と強制、裁判と処罰がはじまるまえに、自己抑制によって調和を生むことであり、どのようなやり方であれ、他のひとたちにあわせることである。その調和を破るひとがいれば、闘争と強制の、際限なく荒《すさ》んだ暴力の状態に群れを移行させる。

しかし、逆に、そうした調和を保つひととのあいだでこそ、協働や分業が可能になるともいえる。だからこそ、今日でも、人間関係を構築するために、しばしばひとは一緒に食事をするのであり、互いにマナーに適《かな》っていることを見せあうのである——それでマナーを説く商売も出てくるのだが。

正しいマナーを教えようとするひとは、——ネットで急増しつつあるが——、マナーを知らないひとや、マナーを修正しようとしないひとにもまして避けるべきである。そのようなひとは、マナーを語る際のマナーを知らない——マナーの正しさは、ルールの正しさとは異なるのである。

なるほどそのひとの教えは、マナーを知って相手に失礼のないようにしようという姿勢のひとには役に立つと思われようが、そもそもそうした知識によって失礼がないようにすることができると考えること自体が失礼である。それでは、利害損得を考えてする演技ないし詐欺ではないか。

マナーは、落語『長屋の花見』のようにして、ただひとの真似《まね》をするようなものではないし、覚えておいて自分がセレブであるかのように見せかけるためのものでもない。マナーとは、ムクドリでもサルでもおなじように、理由はともあれ、その場で相手のやり方にあわせようとすることなのであって、文化が異なれば相手のマナーも異なることを互いに前提して伝えあおうとするコミュニケーションのことでもある。

マナーとは、接するひとびとと類似したことをすることであるから演技であるといえなくもないが、そこにルールを見出だして真似《まね》をするという、強い意味での「演技」からは区別しておくべきであろう。

†儀式とマナー

以上から、マナーをルールから峻別して、人間行動を規制するものをすべてルールに還元するのをやめることにしよう。といって、マナーはホッブズのいうように、単なる「やり方」として知覚される行為のことではない。動物の振舞とも共通するが、それはムクドリの振舞のように、群れを構成する行動の要素である。そこには、日常でひとびとが何気なくする行動の連鎖として、言葉があれば、よいもの悪いものとして物語られるようになる「出来事」の原型が、すでにある。

生物学的な「群れ」の概念と倫理学的な「マナー」の概念と……、学問は領域を超えて進まなければならない。ひとびとがルールを作りだすまえに、群れが群れであるためのマナーがあり、それは他《た》のどの生物の群れとも共通した原則である。

ひとがマナーにのっとることとは、ムクドリが周囲六羽の動きを見て自分の動きを決めるようなものであり、それは、あるサルの群れが、揃《そろ》ってリンゴを洗って食べるようなものであって、人間の群れもまた周囲の人間の動作を見て自分の動きを決めるのである。

箸のもち方ひとつがそれほど大事なことかと問うひともいるだろう。なるほど、それ自体はたいした災厄はもたらさない。それは、トリの羽づくろい行動と同様の、儀式のようなものである。儀式もまた、それぞれの動作に意味はない。

マイケル・チウェは「共通知識」と呼んでいるが、儀式とは、「互いに知っていることを知っている」ということであるという（『儀式は何の役に立つか』）。神話があれば、その儀式に従わないと災厄が起こるとされることになるかもしれないが、儀式はそれ以前からあって、群れのひとびとが喜んで参加するというのが、まさしく群れの現象であった——それがついには人身《じんしん》供犠《くぎ》といった無動機殺人の儀式によって、群れを神話宇宙にとり結んだりもするのではあるが（バランディエ『舞台の上の権力』第一章）。

儀式の手順はともかくとして、もしマナーをルールとして覚えるとしたら、それは、ほとんど外国語を学ぶようなものである。逆にいえば、母語の言葉をしゃべるのは、いつのまにか覚えたマナーにのっとるのとおなじことである。言葉以前のマナーというものがあり得るのかと問うひともいるかもしれないが、——拙著『いかにして思考するべきか？』で論じたように——、言葉以前のマナーがなければ、ひとは言語をもつことができなかったであろう。言葉を語ることそれ自体も、ある種のマナーなのだからである。

重要なのは、マナーをルールとして覚えることではなく、マナーの違うひとをマナーが乏しいひとと取り違えないようにすることである。マナーが乏しいひとは、自分のマナーばかりに執着するひとと同様、一緒に生活や仕事のできないひとであるから遠ざかった方がよいが、マナーが異なっていても、それをみずから修正しようとするひととなら、かえって愉快な生活や創造的な仕事ができるだろう。

こんな風に、「空気を読む」のは日本独特の倫理ではないかと思うひともいるだろう。しかし、どこにでも暗黙のうちに守られているマナーはあり、日本の倫理の特徴は、それに反するひとをはっきりと意識して、排除しようとするという点にあるように思われる。

西欧のようにはあえてルールにせず、ぬえのようにしてだれからともなく特定のひとの言動を押さえつけ、枷《かせ》をはめようとする日本の組織——マナー独自の効果を熟知したこのあざとい支配体制は、カフカの『城』が表現していた、あえてルールを隠すことによる支配体制とは逆向きの別バージョンでもあるのではないか。

そんな変な組織の仕組はどうであれ、否、何とかしようとスサノオのように暴れるほかないことも多いのだが、とりあえずつぎのことだけはいっておこう。

特定のマナーを知っているかどうかは二義的であり、マナーをもっており、かつ相手のマナーがあることも尊重して、それにあわせようとすることが最大のマナーなのである。

†ルールと言葉

したがって、徳はマナーにある。マナーの基準は美醜である。「汚いこと」はしたくないように、正義は美しく不正は醜い。したがって、マナーというものは、それにのっとっていないひとがいたとしても、そのようなひとを非難するようなものではなく、「ノーブレス・オブリッジ（高貴なひとの義務）」として、むしろのっとっているひとを賞賛すべきものなのである。たとえば、対向車や周囲の車の動きを微妙に感じとりながら、危険を回避しつつ澱《よど》みなく運転するということをしないひとは、マナーがないというよりは、車を運転する周囲のひとへの感受性や、そのひとたちの運転の仕方にあわせる技量がないのである。マナーの欠如は、マナーの否定や無視ということではなく、感受性や技量が不足しているともいえる。非難するよりも、かれらがみずから学ぶのを待つほかはない。

それでも、それを「見える化」して、すべてルールとして明快に規定せよと主張するひとも出てくるであろう。そのことは、自動車が道路の左側を通行すべきであるとされるようなものである。それは道路交通法という「ルール」によるものではないかと思われるであろうが、そもそもどちらかに決めておかないと自動車は正面衝突してしまう。江戸時代、武士が刀の鞘がふれあわないようにと左側通行をしていたマナーのように、その意味では、道路交通法は、マナーを明文化したものであるといえる。

しかし、一旦ルールが決まったとなると、別のことがはじまってしまう。シルバーシートが設定されて以来、「年寄りはシルバーシートに行け」という若者や、「若者はシルバーシートに座るな」という年寄りが出てきた。そのわけは、それがルールと解されたからであって、「ルールに反していること」が気になるようになるとともに、ルールに反しても構わないと考えているひとがいるという想像だけで、怒りという別の情念が生じるようになったからである。

そのような情念は、体の弱いひとには席を譲ろうという、従来のマナーには伴ってはいなかったはずである。マナーに反するひとへの、ただマナーに反しているからという怒りは理不尽であり、そこにはルールとマナーの混同がある。

ルール化されたマナーは、マナーとはあきらかに異なっている。ひととおなじようにしていれば、食物を得られたり、危険を避けたりすることができることが多いのだが、ルールとなればその利害損得を考えはじめ、その瞬間に、そのひとはマナーを外れてしまう。それは、ちょうど、善をなしたひとが、それを口に出した瞬間に「偽善」、すなわちひとから評価されるためにそれをしたということになってしまうのと同様である。

さらには、たとえばトイレに行列を作るというルールが定められたとしたら、それは、割り込みをすれば他のひとよりも早くトイレが使えるという新たな行動を可能にする。いわゆる「囚人のジレンマ（抜け駆けが可能なために互いの利益が損なわれる状況）」である（佐伯胖『「きめ方」の論理』第五章）。ルールが言葉で明確にされた分、その反対のことも明確にされてしまい、マナーとしてはなすべきではなかったことをしようとするひとたちが出現する。

「ルールは破るためにある」というひともいるように、ルールができれば抜け道を探すひと、そのグレーゾーンを活用するひとが出てくるし、そのルールを前提に新たな行為を企てようとするひとも出てくる。それを避けるためにあえて表現の曖昧なルールが定められるとすれば、それはどんな行為なのかの解釈が分かれ、いよいよ他のひとに、それぞれの都合や心情で、非難したりしなかったりするという、想定外の行為を生みだしてしまう。

ルールとは、厳密に定義しようと、あえて曖昧に定義しようと、必ず弊害が生じるという扱いにくいものなのである。しかも、暴力を禁じるために制定されたルールであっても、奇妙なことに、ルールに反するひとに対してルールを守らせようとする新たな暴力を誘発する。ルールとは、闘争と強制といった暴力をもたらすものなのである。

そのわけは、ほかでもない。ルールが言葉で制定されるからである。ルールは、マナーのように曖昧だったり内容が変動したりしないように、言葉によって明示されるが、その明示のための言語のルールが別途にあって、それで二重化されてしまう。言葉によってたてられたルールは、言葉の適用についてのルールによって、いわば「二重分節（言語は音韻の分節と語の分節の双方で成りたつとするマルティネの概念）」されており、もはや、単にマナーを明示したものではなくなってしまうからなのである。

†タブー

マナーに要求されるのは、他人のマナーを尊重しようとするマナーでしかないが、ルールには、言葉と記憶の能力が要求される。その結果として、ルールに従うという意味での「理性」が精神に生まれてくる。まず合理性というものがあるのではない。ベーコンが指摘していたように（『ノヴム・オルガヌム』）、理性が見出だす「合理的なもの」とはルールのことなのである。

理性がルールのあとで生じるのだから、ホッブズやルソーの国家形成論のように、理性によって認識された自然法を全員一致で契約するということは不可能である。少なくとも、かれらの国家は、最初に生まれた社会状態ではない。

むしろこうではないか——原始、唐突にルールが出現したのである。一旦ルールが定められると、ルールが定められなければならなかった理由が忘れられ、そこに太古のはじめからあったものとして、ルールが存在するようになる。それと同時に、そのルールに従う理性と、それに反発する暴力とが発生する。その暴力を抑え込むために、理性が形成する組織によってまた新たなルールが定められ、それによって権力が生じる。その権力が、さらに新たに組織とルールを作りはじめる。こうして、ルールから暴力、暴力から権力、権力から組織、組織からルール、ルールから暴力という際限ないループが生まれる。組織はそうやって、群れのマナーの大地から離陸したのであるに違いない。

それでは、原初のルールとは何のことであろうか。レヴィ＝ストロースが、女性の交換によって社会が生まれたと述べているが（『親族の基本構造』）、それを可能にした「近親相姦のタブー」こそ、それであろう。

群れの女性が他の群れによって奪われたとき、奪われた女性を、戦って奪還すべきか、あるいはその負い目を相手方に背負わせるべきか——そこで二つの群れは、初めて女性を巡って出会う。この異例の女性を介してこそ、群れのあり方は変容し、部族という組織となり、それが永遠なものになるようにと、部族内での婚姻を禁止して「タブー」が生まれるのである。

もともと人間に近親相姦の欲望があったわけでもなく、それで実際トラブルがあったというわけでもなくて、しかしそれ以降、人間はそうした欲望をもっていて、それを実行したら大変なことが起こると理解されるようになった。たとえ遺伝的問題があるとしても、性交渉と生殖の関係も知らない野生のヒトの群れに何が分かるだろう。何か分からないが、だれもが怖れることを怖れる、それに反すれば底知れぬ奈落に落ちていくというキルケゴール的不安が生じる——ただそれだけのことである。

タブーには、いろいろある。イスラム教徒のハラル、キリスト教徒のクジラ、ヒンズー教徒のウシ——タブー自体は、なぜそのようなルールがなければならないかは意識されず、というよりは理解し難いルールなのであって、今日では、しばしばただの迷信であるかのようにいわれるが、しかしそれらは、他のルールを可能にするルールなのである。

タブーとは、すべてのルールが抵触してはならないルールであり、ルールというものがあるというルールであり、——核抑止力のようなものか——、まさに群れから追放されるということの裏返しであって、それが破られるときには自分が穢《けが》れたように感じるルールである——わが国の憲法九条も、そのようなものなのかもしれない。

欧米の憲法は、自然法思想に依拠した国家と国民の契約であるとされるが、いかにその内容が、ユダヤ・キリスト教の神と人間の関係として精妙化されていようとも、こちらもやはり無内容なタブーの域を出ないのではないだろうか。

†法律

以上から、マナーが曖昧なままにあった段階から、マナーがパロール（話し言葉）で語られるルール（掟）の段階、そしてそれがエクリチュール（書き言葉）によって規定される法律（ロー）の段階について考えることができるようになるであろう。

この、最後の、国家が制定する「法律」と呼ばれるルールは、マナーとは直結しないものであるから、ここで少し説明しておく必要がある。

前近代の法のもとでは、フーコーが分析したように、重要なのは法の遵守《じゅんしゅ》というよりも、法を制定した為政者の「意図」であり、法に反することは、住民にとっては君主に対する争いごとにすぎず、処罰とは、八つ裂きの刑のように、君主による報復、民衆への見せしめとしての暴力であった（『監獄の誕生』第一章）。法が明示されていたとしても、単なる行動の指針や目標を示した「ご法度《はっと》」、目指すべき秩序の理念を宣布して、ひとびとが遵守するようにと、意識に直接呼びかけるものであった。

ところが、近代の法律は、法学の父といわれるベンタムの法制改革を通じて、犯罪となる特定の行為や行為の差し控えが明確に規定され、そしてまた、その効果について厳密に規定されて、必要のないところにまで及ぶことのないように制定されるものとなった。そして、ベッカリアが『犯罪と刑罰』において提唱したように、違反した際に与えられる刑罰はその違反に精確に釣りあうように規定され、しかもその目的は、前近代のように報復ではなく、刑務所に隔離して、社会に復帰させるための教育であるとされた。

要するに、近代における法律は、刑罰の苦痛を避けようとひとが配慮する結果として、安全や豊かさなど、目指すべき社会秩序が実現するために制定されたものである。「法治主義（政治は法に明記された規定にのっとってのみ行われるべきとする立場）」の理念のもと、法律は社会のだれもが遵守すべきルールとされ、そのために、ルールは、明確に理解され厳格に実行されるように、首尾一貫した精密な言語表現として与えられるようになったのであった。

したがって、近代の法律は、日常の行為の正不正の基準になるとともに、それを無条件に遵守しなければならないとの義務が伴うものとなる。では、なぜひとは、——マナーや前近代の法にはないことだったが——、法律を遵守しようとするのであろうか。ひとびとが、法律の条文を理解できるほどの知性をもつようになったからであろうか。精密な条文に権威を感じるからだろうか。刑罰や強制執行が条文に従って着々と実行されるからだろうか。

近代においては、法律は、布告される「文」としてである。法と条文は別のものであるが、それが同一視され、法の条文の言語表現を正確に使用し、その通りに実行されることが求められる。そのことは、法律の強制力が、その言語表現によって生じていることを示している。暴力が法律に規定されたやり方で、規定された量だけ使用されるのも、暴力が文によって支配されているからである。そのことが、法律が存在するということを証明しているのである。

近代の法律は、何らかの力をもったひとびとの組織によってではなく、その法律の及ぶ地域の住民によってその存在が支えられている。それは、文字によって記される言葉という意味での「エクリチュール」の本性によるのである。

†エクリチュールとパロール

エクリチュールとは、単に音声で語られる言葉としてのパロールを写し、記録するだけのものではなく、正しいパロールのモデルとなり、それを通じてどのような行為が知覚されるべきかを指定することのできる特別な言葉である。

単に書かれた文章のことではなく、法律や規則、申請書や告示のような文章のことである。人類の歴史において発展した図像表現が、音声であるパロールと対になったときに、文字と音声、書き言葉と話し言葉の対比に加えて、そうした権能をもつようになったのであった。

もとよりパロールは行為の一種であるから、他の諸行為と相互連関させながら使用される。「ああ眠い」などといいながらベッドに行くようなものである。「わたしはベッドに行く」と発話するとすれば、それは、ベッドへ行くのとは別の、「体調が悪い」や「明日が早い」など、ひとに何かを伝えるメッセージとしてである――それで言葉でルール化されたマナーが、いつもぎくしゃくするわけだ。それに対し、エクリチュールは、パロールが行為に対応するように強制する力をもつ。「わたしはベッドに行く」といいながら歩くのは、実際にベッドに向かって歩いていることに対応することでなければならないとされ、それが精密かどうかが吟味されることになる。

ひとは、行為していることを現場中継するような、どうしてそのようなパロールの行為をしなければならないと、当然のように思い込んでいるのだろうか。その理由を契約や暴力に求めるのは、契約や暴力の方が法律によって規定されているのだから本末転倒である。便宜からでもない。法律がない方が、普通のひとにとって、生活はもっと便利であったことであろう。

エクリチュールは、もとはただ文字であり、政治や経済の記録と伝達の道具として、特定の集団が秘密裏に伝承していた技術にすぎなかった。それが住民すべてにおいて使用されるようになるためには、強制的に学習されなければならなかった。一八世紀から国民学校が開設され、集団体操とともに、リテラシー（読み書きソロバン）教育がなされるようになってからのことである（三浦雅士『身体の零度』）。

この、文字を覚えるということは、何を意味するのか。なぜ、文字という自然にはない奇妙な形態を知覚して、しかもそれを、文字とは何ら関係のない音声のコードとして、パロールと対応させなければならないのか——パロールは母の言葉（母語）としてひとりでに身につけたものであるのに。

コードとは、それ自体が「法律体系」という意味であるが、こうした学校での学習の苦痛こそ、法律遵守の源泉なのである。おとなになって文字を書くときに、もはやそのときの苦痛の記憶はないが、だからこそ、文字はいちいち思い出されることもなく、意識せずに筆記されるようになるほどに、身体に刻み込まれ、身体が機械化されているということなのである。

それで、カフカの『流刑地にて』の描写の意味もお分かりであろう(『現代思想史入門』五〇四頁)。犯罪者は、身体に針で犯罪内容の文字を刻みこまれていくが、自分からは見えないので、その意味は分からないままに、出血多量で死ぬ。それを執行する巨大な機械こそ、エクリチュールでできた荘厳な法律体系の隠喩《いんゆ》なのである。

†国家とエクリチュール

それにしても、近代国家は発明された装置にすぎない。前近代においては、単に支配階層と被支配階層とがあって、前者の組織がほぼ強盗のようにして民衆から労働の果実を収奪していたのに対し、近代において合法的に、つまり法というエクリチュールが国家装置に組み込まれることによって、リテラシーをもったその地域の全員から労働の果実を、安全かつ徹底的に収奪できるようになったという次第である。

法律を遵守することはだれにとっても不条理なのであるが、ひとびとは法律の存在を認めるにいたった苦痛の記憶によって、法律を遵守する。法律の条文に書かれていることが合理的かどうか、自分に納得できるかどうかとは関係がない。「書かれている」というだけで、その威力は十分なのである。

ルソーの一般意志のような、そうした事態を正当化しようとする理論があったわけだが、それはベンヤミンのいう国家を設立する神的暴力が、エクリチュールの威力に移し替えられたことを象徴する「合意」のファンタジーにほかならなかった。

「合意」という象徴が意味する内容は、みなおなじ苦痛を感じる身体をもっているということである。だから「一般意志」は、実のところ、『言語起源論』で、初めてエクリチュールの本性を見抜いたルソーが（第五章）、エクリチュールの威力を最大限に実効的にするために考案したファンタジーだったと見るのは、うがちすぎであろうか。

エクリチュールの威力は、他人の身体の苦痛を見るという、先史時代以来の「記憶」とおなじ仕組のもとにある。ただし、動物が語りあう幼児のファンタジーに国家のファンタジーが取って代わり、神話というパロールの物語ではなく、——「エクリチュール」は聖書のことでもあるが——、エクリチュールによって規定された国家イデオロギーを誕生させたのである。

近代国家は、もとよりマナーによって成りたつヒトの群れに、身体の苦痛を見る暴力の儀式から記憶と知覚が、さらに言葉を通じてタブーとルール、およびルールを知ってそれに従う理性が形成され、そしてそこに法のエクリチュールが媒介されて成立したのであった。

3　身体の自然法

†ぼろ屑としての社会

これまで、さまざまな社会理論が現われたが、いずれも、現実の社会が、その理論の示す統合からの欠如であるとされてきた。それぞれの理論の観点からはなにがしかの秩序が見えてくるにしても、その他の部分が必ず残り、それによって見えてきた秩序が台無しにされているというように描かれるのである。

その意味では、社会は、むしろ「ぼろ屑」（ホワイトヘッド）のようなものであるというべきである。それは、社会が何らかの統合によって成立しているわけではないという意味である。社会は分裂している、あるいは何らかの合成物にすぎないといいたいわけではない。統合されていないのにあたかも統合されているかのように語られて、結果として、そのさまざまな欠如として理解されてきたのであるが、むしろ、統合の理念の方が、どうやって発生し、どう機能しているのかと問うべきなのである。

社会とは、もとより「社交界」のことであった（ウィリアムズ『キーワード辞典』）。政治リーダーたち、支配階層たち、そしてまた、——アダム・スミスが『道徳情操論』で述べていたように——、舞台のうえのキャラクターたちのことである。かれらが歴史の登場人物となって、その確執や闘争が社会のあり方を決めているとみなされてきた。だが、実際の社会の諸力は、マキアヴェリが見抜いたように（『君主論』第九章）、それを観ている匿名の無数のひとびとの群れに発している。組織を構成していようと、また一匹狼の群像であろうともである。

今日のひとびとにはその自覚が乏しくて、民主主義の名のもとに、あたかも一人ひとりが歴史の登場人物のように振舞おうとし、国家社会を政治リーダーの観点で論じたかと思うと、ひるがえって、一人ひとりの愛憎の小さな人間関係のなかで、そうした大局とは無関係にもがいたりしている。かれらの国家論、社会論もまた「承認欲求」、自分の周囲の人間関係における優位性を獲得するためのはったりのようにも見える。

サルトルのいうように（『実存主義はヒューマニズムである』）、実存（いまここに生きる〈わたし〉）は、国家と家族のあいだで選択したりはしない。実際に多数のひとびとに影響を行使する人物と、単に意見を述べている人物とは無関係であり、選挙という制度は、その「いいわけ」のようなものである。

ひとびとの意見は、身近なメディアから拾ってきた情報と、社会に生じ得る多様な影響を無視した願望や想像から成るが、だからこそ勢いのある主張となる。実際の政治リーダーの発言であれば失言となり得る意見であるが、かれらの無為は、そうした、自分たちの地位を失いかねない失態への怖れからくるのであろう――そこは、大企業の経営者たちにも共通しているようである。

大衆の意見であろうと、政治リーダーの意見であろうと、いずれも社会をよりよい方向へと導くことはできそうもない。社会がよくなるとすれば、政治リーダーたちの意見が一種の法則によって思いがけない方向に向かい、与えられた諸状況とそこで蠢《うごめ》く大衆の動機とがうまくかみ合うことによってでしかない、とでもいいたくなる。

社会において起こっていることは、個人対国家の抗争ではなく、国家のファンタジー対国家のエクリチュールの抗争である。社会は統合されていないことが本性であるのに、いずれの側も、あたかも統合されているかのようにして、国家を語っている。国家とは、一部のひとたちによる権力の占有の現象であるにすぎないのに、国家という理念によって、社会のすべてのひとが対外的、対内的な闘争に巻き込まれるのである。

†個人ではなく

もはや「個人と社会」という枠組で思考するのはやめることにしよう。ひとは、まず個人としての経験があり、そのつぎに社会がどのようなものであるかを思考し、それによって自分の生き方を修正しつつ、政治に対して意見を主張していくべきであると考えがちである。それが近代的発想というものなのだが、そのようにすべきであると考えさせようとする近代主義者たちが大勢いる。だが、近代的発想は、頭から洗い流してしまおう。それは事実ではないし、そうした思考がかえって混迷を産みだしている。もはや自分を「個人」と考えるべきではない。〈わたし〉は、「個人」ではない。ホッブズが述べた社会を構成するアトムとしての個人、それをすべて集めて社会が形成されるようなものとしての個人ではない。ホッブズ以外の哲学者たちも、自然状態という仮説においては、おしなべて「個人」を前提していたが、ひとが個人として生きるのは、すでに社会秩序がある場所での、例外的なものとしてである。

「個人」を否定したとしても、和辻のいう「間柄《あいだがら》」でもまだ、あるいはもっと間違いである（『人間の学としての倫理学』）。他のだれかがいて、その社会的身分に対応して自分の経験が変わり、それをさらに正しく整えていくべきだというのは事実ではない。それは儒教という宗教的思考であって、そのようにすべきだという「道学者」たちもいるが、そうした思考が現代ではかえってひとを混迷に導くだろう。自分を間柄によって捉えてはならない。だれかのためのものとしての自分であることはできない。そのような状況や人間関係があるとしても、それを一般化してはならない。

わたしが自分を個人であると理解したり、だれかに対してのものであると理解したりしても、それもわたしの思考であり、それがすでに〈わたし〉についての思考ではなく、社会についての、そのなかでのあるべき〈わたし〉についての思考なのである。

思考は、みずからの経験からしか出発すべきではない。すなわち、生存し、苦を避け、快を求める経験。多様な感覚と空想に眩惑《げんわく》され、あるいは苦悩する経験。身体的なもの、身体に外的なもの、他人たちの身体や食物や土地や気象、そのなかで思考するということは、どうやっても「個人的」にはなり得ない。

われわれは、行動し制作するものとして〈わたし〉を捉えるべきである。世界のありとあらゆる対象は、――ディルタイも述べていたように（『世界観の研究』第一章）――、他の数多《あまた》の身体と同様にそうするものとしてしつらえられている。ひとが共通して使用する道具があり、道徳以前に世界を扱うやり方、――それが原義であるが――、「マナー」がある。

ひとは、ひとびとのあいだに産まれてくるのであるし、マナー、とりわけ言葉をはじめとして生活の仕方を身につけながら成長していく。それを除いて人間経験はない。だから、社会や国家や家族の以前に、ひとは動物と同様の群れのなかに生きており、そこから完全に抜けだして、社会のなかの個人、国家に属し、ないしは国家に対決する個人にはなり得ないのである。

境界も所属もあいまいなひとびとの群れ、あえていえば「言語共同体」のなかでわたしは生き、そのなかに家族的関係をも、間柄をも見出だす。だが、その家族や人間関係は、文化によって時代によって制度的に規定されており、いつも偏《かたよ》ったものとしてしかない。

マルセルのいうように、世界に馴染《なじ》むために、まず〈わたし〉は身体を「所有する」。それは、世界を摑《つか》むやり方（マナー）である。そして、思考とともに、世界と身体とが「存在する」といえるようになる。複数の身体がいる世界と、世界のなかにある自分の身体、および振舞のコミュニケーションとしてのマナー、それが思考の前提する世界である。そのなかでのみ、個人とか、他人にとっての自分とか、その他《た》もろもろの社会から切り離され得る起源的実体（「そもそも〈わたし〉は～であった」）が創作される。そして主語として、「わたしは……」と、ひとは、語りはじめることができるようになるのである。

†第一の自然法

群れのなかから組織が出現してくるとき、群れのそれぞれの個体には何が起こっているのであろうか。単なる群れの要素であるときには、みずからの経験を超えることはなく、群れの全体を知る余地もない。しかし、思考とは、自分の経験を超えてすることである。もし群れのなかでの個体であることを知るとすれば、そこにはすでに思考がはじまっている。

だがそれは、他の身体のあいだで自分の身体を対象化するということにすぎない。つまり、最初の薄明の思考は、「他人の身体と自分の身体は同一である」という思考である。おなじように感覚する身体をわれわれはもつと、ひとは前提する。それは事実ではないし、そうすべきだというものでもない。ただ、そうしてしまうものなのだ——思考というものが出発しようとするかぎりは。

自然法とは、——もしそのようなものがあるとすれば——、思考するときに、だれにでも必然的なものとして推論され、それを意識することによって人間相互の関係が規定されるルールである。とすれば、第一の自然法は、「わたしは他人たちとおなじ身体をもつ」ではないだろうか。これは「事実」ではない。というのも、わたしは生まれて以来、わたしの身体のそとへと出たことはないし、その意味で、どこまでいっても他人たちの身体と〈わたし〉の身体は、おなじものではないからである。

コンディヤックの『感覚論』を思い出そう。〈わたし〉の身体は、触れ、感じるものであって、見聞きされるものとしては、——フランシス・ベーコンの描く絵のように——、他人たちの身体からすると捻《ねじ》れたその一部分にしかすぎない。〈わたし〉はうつむいて腹部を見、腕や脚を見るが、背中や顔を見ることはできない(拙著『〈見ること〉の哲学』六三頁)。〈わたし〉は〈わたし〉が語るのを聞くが、その声は頭蓋骨を通してである。〈わたし〉の身体の経験は、知覚される他人たちの身体とは、まったく異なっている。

コンディヤックも書いてはいないが、一体どのようにして、それらをおなじと考えて、それを前提して振舞うことができるのか。しかし、それはできなくはない。マルセルの述べているように、〈わたし〉が身体をもつことによってである。

メルロ＝ポンティはおなじことだというのだが（『知覚の現象学』第一部第六章註）、〈わたし〉は身体であるのではなく、やはり身体をもつ。というのも、身体をもつことによって、はじめて身体を他の身体と比較できるものとして意識することができるようになるのだからである。〈わたし〉の諸感覚、および筋肉と骨格に関わる諸感覚を精練し、あたかも〈わたし〉が身体ではないかのように自由に振舞えるとき、〈わたし〉は透明になり、世界を見渡し、その一角に「わたしの身体」を発見する――そのようにして、多くの身体とおなじ身体をもつものとして〈わたし〉を捉えることができるようになるであろう。

他人たちとおなじ身体をもつということは、諸感覚を精練して、それが他人たちとおなじ一つの世界に呼応するようなものにすることを意味している。ただし、それはアリストテレスの蜻蛉《かげろう》のように、はかない「時分《じぶん》の花」（世阿弥『風姿花伝』）ではある。というのも、本当は、〈わたし〉は「わたしの身体」の生とは切り離し得ず、〈わたし〉が〈わたし〉の身体のそとに出るということは、〈わたし〉が死ぬということなのだ。〈わたし〉は、身体をもつことによって、死を受け容れる――死を先取りすることによって、世界のなかに潜り込む。

†おなじ身体

ホッブズは、自然法を言葉がすでにある世界において捉えていたが、ヒュームやベンタムが論じていたように、言葉を語るようになる以前でもひとは推論をしていないわけではない(拙著『いかにして思考するべきか?』第五章)。それゆえ、ここでは、自然法を、初めて思考した言葉のおぼつかない子どもにとって、だれもが当然のこととして前提し、それによって人間としての思考が進みはじめるような、思考の出発点のこととして理解したい。

すなわち、人間がおなじ身体をもっているのは、単なる事実ではないし、神によって創造されたからでもない。それは、理性によって推論されるまでもなく、意識されていなくても、思考の前提となるルールとしてなのである。

子どもはひとりでに思考するようになるわけでも、次第に思考するようになるわけでもなく、思考のきっかけにおいてこの前提に立つことによって、思考する人間たちの仲間入りをし、その思考が、その後、社会や自然や世界に向かって経験を展開していくようになる。この自然法は、社会的な生き方を規制する法ではなく、人間が相互に社会的に関わる前提条件なのである。思考される対象ではなく、思考の暗黙の前提となる法なのである。

逆を考えてみればよい。もし他人がおなじ身体をもっていないのなら、どんな言葉を使うことができるだろう。「赤い」とか「おいしい」とか、感覚について語られたものが、他の動物におけるのと同様に、他人とまったく異なっていると前提するのなら、どうやってそのことについて語ることができるだろうか。光景に現われる事物の姿は、実際にもパースペクティヴが異なっていておなじ形態ではないのだが、他人から知覚されているものとおなじであると前提しなければ、世界の光景について、何を語りあうことができるだろうか。

†おいしさ

たとえば、「この料理はおいしい」とだれかがいう。もし、そのひととおなじ味や香りがすると前提しないとすれば、「そうだね」などとは答えられない。実際、他のひとがどんな味、どんな香りを経験しているか、だれもそれを経験したことがあるわけではない。全員の感覚が必然的に異なっているとするのなら、「おいしい」という言葉の意味は空虚である。

ひとが「おいしい」というのを聞いて、自分も試してみたいと思うのは、そのひとの身体と自分の身体がおなじであると前提しているからである。とはいえ、自分の感覚も、体調や気分で容易に変わる。あるいは、そのひとが味音痴であるかもしれない。だから、自分も必ずおいしいと感じるとはかぎらない。

ロックが前提したようには(『人間知性論』第二巻第二章)、ひとの感覚がおなじであるとは、決していうことはできない。味や香りがよく分かるひとと、そうでないひとがいる。しかし、自分がおいしいと感じなかった場合には、自分の味覚や嗅覚や体調や気分を疑ってみるのがマナーである。ひとがおいしいというのを聞いて、自分の経験が変化して、おいしいと感じられるようになるということもある。

そこから、ひとに合意を求めたり、多数決のようなことをしたりするひとも出てくるし、おいしさのよく分かるひとの判断を、無条件に信頼するようになるひともいる。その場合に前提されていることは、おいしさは対象の特性であり、ひとによって精度の違いはあるが、人間の感覚には対象の特性に比例した判断をする能力があるとする発想である——それは誤りであるとベルクソンがはっきりと指摘しているのであるが(『意識に直接与えられたものの試論』第一章)。

それにしても、おいしい料理とは、おいしいと感じさせられたときに食べた料理である。他の料理だったらそこまではなかったかもしれないということから、そのおいしさを特定の素材に帰属させようとするのだが、おなじ料理でも、いつもおなじ味と香りがするわけではない。ピュロン主義者たちが指摘したように、「おいしさ」をその対象に内在するとみなすのは、誤謬推理である(セクストス・ホ・エンペイリコス『ピュロン主義哲学の概要』第一〇章)。

あくまでも、おいしさは自分の感覚にとってのものなのではあるが、だからといっておいしさが主観的なものであって、食べるひとによってまちまちだといいたいわけではない。主観的なおいしさというものがあるとしても、それは、好きであるということにすぎない。そこから、「おいしさはひとによって異なる」などと極論するひとも出てくるのだが、厳密にいえば、比較しようがないのであるから、異なるかどうかすら分からないはずである。

好きであるだけなら、「おいしい」と口に出す必要はないであろう。「おいしい」とは、その料理を食べる瞬間に、他のひとの身体と同様に自分の身体で起こる出来事として、その場の雰囲気やその前後の出来事に関わる自分の気分から生じる言葉である。一緒に味わっている相手とともに、その気分が共有できる相手に向かっていう言葉である。ともに「おいしい」といえる瞬間を待ち望み、ひとびとは口々に「この料理はおいしい」と語りあう――自分には味が分かるという虚栄心が入り込むのは、そのあとになってからである。

他方で、そうしたおいしさを破壊するものは、材料や調理の悪い料理ばかりではない。食事のマナーが悪いひと、蘊蓄《うんちく》を述べるひと、味や香りの欠点をいいたてるひとは、おいしさを破壊する。逆に最もおいしさを感じさせるのは、そこに料理を楽しむ空気を作りだすひととともに味わうことである。

おいしくないものの条件を列挙して、その反対物を合成しても、それは決しておいしいもののことではない。おいしいのは、――だれでも知っていることだと思うが――、特別なひととともに味わう料理であり、同様にして、美しいのは、特別なひととともに見る光景である。一人で味わう料理や見る光景は、好きか嫌いかというだけであり、その証拠に、一人で味わう料理や見る光景でも、一流シェフや芸術家なら、客観的に理解できる特別なひとびとへの作品へと仕上げようとするのだし、そうでないひとたちも、SNSにアップしようとするのである。言葉が働く場というものについて思考せず、かつ「おいしい」という言葉が仲間うちで語りあうマナーであることにも気づかず、対象の特性ないし主観的経験を記述するエクリチュール的な言語表現であると思い込んだひとたちが、さまざまな難問と虚栄とを作りだしてきた。

確かにおいしい料理とそうでない料理とがあるのだが、しかし、それはその場の雰囲気や状況において「おいしい」と感じられる確率が高いか低いかということにほかならない。「おいしさ」が分かるといっても、――あとで「感性の総合」の問題として論じるが――、その確率を正しく判断するひとがいて、そうでないひとがいるということにほかならない。

和辻が『風土』で述べていた「さわやかさ」についてもおなじことがいえるのだが、複数のひとにとっての雰囲気に関わる情動的な知覚のみの問題ではなく、すべての事物の知覚についてもあてはまる。

どんな知覚にも他人たちとのあいだでの情動が伴うのであって、リンネの分類に顕著な「純然たる事物」という対象も、いわば学問的な情動、学者相互のあいだでの情動の伴う知覚である。事物とは、どんな情動もないほどに、だれのものでもない知覚において想定された対象のことなのであるが、情動を免れるような知覚はあり得ない。情動を免れる知覚には、そもそも知覚しようとする動機が生じないのだからである。

†共感と反感

おなじことが、正不正についてもいえる。これはベンタムが『無政府主義的誤謬』で述べていたことだが、「正しい（ライト）」ということは、快が苦よりも多いということなのに、それを名詞にして、だれかが「権利（ライト）」といいはじめた瞬間に、すべてが変わる。権利ということで、正しさを構成する諸要因が対象とされ、いつでもどこでもその諸要因が伴わなければならないし、伴うようにする義務が他のひとびとにあるとされるようになる。

日常の出来事において何かが正しいかについては、絶対的な基準があるわけでもないし、多数決や合意によって決まるものでもない。正しいとは、ベンタムによると、「おいしい」とみんなでいいあうようなもので、みな幸福で満足しているということなのだ。そしてまた、その幸福や満足を損なうものを不正というのだが、「権利」の要求のようにして不正を数えあげ、徹底してそれらを減らしていけばみんなが幸福になるというわけでもないのである。

おなじ身体をもつものどうしなのだから、食事の味と香りをおなじように感じると前提し、それを勧めれば互いに「おいしい」と感じられる場合もあるし、「おいしくない」という反論や、さらには「おいしさとは何か」という哲学的論争すらはじまるのであるが、これらもみな、われわれがおなじ身体をもつと前提して思考する結果である。

　ベンタムは、おいしさにおけるような共感と反感を「ファンタジーの原理」といい替えて、これを原理とするときは法律は不可能であると断じている（『道徳と立法の諸原理序説』第二章）。それは、主体なき人間身体の、群れの世界の表象なのだからである。

　しかしまた、共感と反感が社会を形成しているのだし、――ベンタムは「フィクション」という語を使うが――、それによってさまざまなファンタジーが創作される。ベンタム自身、それを知っていたからこそ、快と苦という身体的経験に結合された法的エクリチュールを発明しなければならないと考えたのであった。すべては発見ではなくて発明である（『論理学断片』第一〇章第二節註）と主張したベンタムは、「ポスト・トゥルース」の先駆けだったのかもしれない。

†第二の自然法

　さて、しかしそこから、第二の自然法が導出される。それは、「もしあなたがわたしだったらと想像せよ」というものである。

　事実としては他人たちとおなじ身体ではないのだから、「あなたがわたしだったら」と想像することは、宇宙のはじまり以前はどうだったのかを想像するのと同様に、不可能なことを想像することである。

しかし、想像し得るすべてのものがまた、可能なものでなければならないわけではない。その可能性と不可能性の判断は、過去に起こったことにしか依拠していないし、未来には死という不可能なものも想像可能なのだから、それに較べれば、「あなたがわたしだったら」という不可能な想像をすることは、決して不可能なことではないであろう。

だが、なぜそのような想像をしなければならないのか。そのわけは、〈わたし〉とおなじ身体をもつ他人たちのあいだでこそ、〈わたし〉には、何かが可能であったり不可能であったりするのだからである。

〈わたし〉は、〈わたし〉にはできない経験を経験しようとして、自分とは異なった感覚をあえてもとうとする。ひとりでにはできない感覚をもつこと、それが他人が存在するという意味である。他人が存在するからこそ、何かが可能であるとか不可能であるとか、思考することができるのである。

そこから、自分もそれができるようになりたいとか、ほかのことができるようにしたいとか、自分にはできないことのできるそのひとは素晴らしいとかいうことが理解できるようになる。いろんなひとがいて、それぞれにそのひとができることがあって、人間関係や、さらには社会がそれで成りたっているということを理解することができる。

逆に、〈わたし〉の身体が特別なものであると思考するなら、〈わたし〉の生は完結しており、何ものとも比較することはできないであろう。〈わたし〉は世界の存在と区別できず、何もかもが、起こって当然であると理解される。想像されるものと可能なものはおなじである。というのも、可能なものしか想像されないからである。

そのようなひとが、「わたしがあなただったら」と逆向きに想像するわけだが、そのひとは、そうした不抜《ふばつ》のものを他人の身体に適用しようとして、その結果、「ひとはみなおなじ身体をもっている」という第一の自然法をひっくり返す。感覚は、与えられたものがすべてであるということになり、自分の諸感覚を精練しようとする理由も動機もなくなってしまう。せっかく所有した身体を失って、思考だけでできた抽象的な世界の創作へと向かうだろう。独我論者ないしパラノイア、ないし国家を欲望する国家主義者の生き方である。

すなわち、ドゥルーズ／ガタリの表現にならえば、定住化した人間の群れのあいだに産まれてきた子どもが、一旦は多数の身体のあいだで自分を捉えて、仮想の自我として「脱土地化」されても、その自我が、土地および他の諸身体と一体化するまどろみのなかに戻っていこうとする「再土地化」が起こるのであろうか。

幼児はしばしば相手をぶっておいて、相手が自分をぶったという。ウソをついているのではない。幼児は独我論的ファンタジーのなかにいる。「わたしがあなただったら」と想像し、しかも自分が想像したことと現実に起こったこととの区別がつかないのである。「わたしがあなただったら」と想像するひとは、自分とおなじ振舞ができない相手に無理強いするか、自分にはできないことを隠して虚栄へと向かったりするかである。ひとが「おいしい」と思わないのを馬鹿にしたり、ひとが「おいしい」と思うものを「まずい」と断言したりして、おいしさをともに味わうためにはどうしたらよいかとは考えない。

これは、利他的か利己的かという分類とは、まったく関係はない。あるいは、他人と対面すべきであるとするブーバーやレヴィナスの倫理観とも関係ない。「〜べきである」と主張する、そんな言葉のうえでの推論ではない。それらは、政治状況をネグレクトした個人道徳にすぎず、それが目指しているのは「救済」でしかない。われわれが問題にしているのは、言葉以前の、群れの思考なのである。

「おいしい！」という言葉の発声は、おなじように味や香りを感じるひとがいることを当てにしてする。それは、「あなたがわたしだったら、きっとおいしいと感じるだろう」という意味である。似た仲間たちがいるだけでなく、変わったひととして孤立したりすることがあるにしても、そうした思考をもたらす想像こそ「マナー」といわれるものなのであり、その意味では、第二の自然法は、「マナーにのっとるべきである」という命題に置き換えることができる。〈わたし〉が不器用で孤独であると感じることも、ひとびとのあいだではじめて成りたつことであるのに、自我の同一性（アイデンティティ）ばかりに向かう想像は、人間関係を破壊して、ひとがみなおなじことを思考する凝固した社会や、ひとがみなバラバラなことを思考する液状化した社会を準備することになるであろう。

第一の自然法は同一性の原理であり、第二の自然法は差異の原理である。自分が幸福であるというだけでなく、老子「小国寡民」の教えるような意味で、社会が平和でみな満足することが理想なら、——「自我」は仮想であるにせよ——、諸自我の差異に向かう第二の自然法が必要である。社会で出会う異なった個体の遇し方として、他の自我を差異で捉えるか同一性で捉えるかで、ひとの生き方と群れの組織化のあり方に、大きな違いが生じるのである。

4　群れの境界

†マジョリティとマイナー

身体の自然法を通して、群れの諸個体は群れを意識するようになり、群れはムラやクニなど、なにがしかの組織となっていく。意識とは、その段階では、自己意識であるのと同時に群れの政治的意識である。災害時のように、みなおなじ意識をもっている。そこで、ひとびとは、ルールと自分の居場所（エートス）を巡って議論するようになるだろうし、場合によっては暴力が出現することになるだろう。その後の歴史については、すでに述べた。

では、現代における群れの政治学は、どのようなものになるであろうか。その構図は、自由主義か共産主義かではないのはもちろん、保守かリベラルか、コミュニタリアンかリバタリアンかでもない。ドゥルーズ／ガタリによると、それはマジョリティかマイナーか、というものである（『千のプラトー』第一〇章）。

群れにおいてマジョリティであるということは、まずは自分がマジョリティであることに気づかないということである。マジョリティとは多数派であるが、個体数が多いというわけではない。少数であっても、特権的な待遇を受けているひとびとがマジョリティである。

その資格はいろいろあるが、富裕であるとか、高い地位についているとか、権力があって他のひとびとに身分や財産を配分できるということが挙げられる。そのようなひとびとは、事実に反して、自分を標準的であると捉え、自分と同等でないマイナーなひとたちは、何らかの欠如によってそうなっているとみなす傾向がある。

たとえば、成人男性はマジョリティであるが、かれらは就職活動をして採用されるときに、あるいは職場で昇進するときに、自分が男性であるからだとは考えず、自分に実力があるからだと考える。同様に、何らかのトラブルにおいて自分の意見が尊重されたり、自分に利益になるような案が提示されたりしたときに、自分が男性であるからだとは考えず、自分に価値があるからだと考える。性別が分からないようにして選抜されたり優遇されたりするときには、もっと女性の比率が高くなるという実験があるにもかかわらずである。

したがって、マジョリティとは、社会問題についての「意識」の低いひとたちである。だから、このひとたちの口からは、国家社会についての一家言でなければ、個人道徳のおしゃべりしか出てこないし、マジョリティであることのメリットを自分の功績に置き換えて、自分のプライドの担保にしておいて平然としているのである。

かれらには学歴や家系や地域や財産などのいろんな「担保」があり、それに応じてさまざまなマジョリティが存在することになるのだが、それに対立するのはマイナーなひとびとである。マイナーなひとびととは、たとえ人数が多くても、例外的なひとびとであり、さらに、異常なひと、ないし障害者とされるひとびとである。

とはいえ、実際に、マイナーなひとが、マジョリティのひとたちと論争に入るわけではない。政治的な論争は、マジョリティのあいだにおいてしか起こらない。そして、論争のテーマはといえば、――サンデルのいうリバタリアンとコミュニタリアンの論争のように（『これからの「正義」の話をしよう』）――、マイナーなひとびとの処遇を巡る自分の利害関係を、理念を表現する言葉に翻訳したものにほかならない。そうやって、マイナーなひとびとの運命を握って、振りまわしているのである。

他方、もしマイナーなひとたちが連帯してマイノリティを形成するとすれば、それはマジョリティのひとたちと闘争するためである。マイノリティとは、闘争するために連帯したコミュニタリアンであり、その交渉力によってマジョリティのあいだに地歩を占めようとするひとたちの集まりである。マイノリティとは、権利請求団体や既得権益団体のことである——だから議論は、必ず水かけ論になる。

社会には、さまざまな党派のマイノリティがあって、表立って、あるいは密かに抗争しあっている。抗争は、さしあたっては既存のルールのもとで行われるが、マイノリティはルールそのものを変えるために、つねに神的暴力の火種を隠してもっており、マジョリティはそれを抑え込むために権力を行使する——そのいずれの側にも、国家を欲望するひとたち、あるいはオオカミの群れを夢見るひとたちがいる。

映画『スプリット』(M・ナイト・シャマラン監督、二〇一七年)に登場する多重人格者においては、——多重人格者は人格を信じる文化においてしか症状としては現われないと思うが——、二十三人の人格がマイノリティを形成して、ケモノである究極の人格の出現を待ち望む。その二十三人は、映画のなかでまさに「群れ」と呼ばれており、批評家はそのケモノを悪の権化のように解するのだが、われわれにいわせれば、善悪とは関係なく、それが「オオカミの群れ」

というものなのである――みずからの死の迫る悪夢でありながら、組織を形成する精神。

†障害者

それでは、マイノリティになることもなく、本性的にマイナーであるひととは、どのようなひとなのだろうか。

マルクーゼは、追放されたひと、アウトサイダー、人種差別されているひと、失業者や働けないひと、というように、そうしたひとびとを列挙している（『一次元的人間』第一〇章）。いわゆる社会的弱者である。社会的弱者でありながら、みずから連帯してマイノリティになれないひとたち、連帯する能力や資金に欠けたひとたち、連帯を拒否する生き方をするひとたち……、要するに、群れからはじき出されるようなひとたちである。

どうしてそのようなひとたちが存在するのか？――「あってはならないことだ」などというべきではない。群れには、しばしば異例の個体が伴って普通なのである。とはいえ今日では、そうした異例のものが見出だされたとき、それが異常なものとして、「障害者」と呼ばれるようになりつつある。障害者も、一人のひととして文化的に生きる権利があるとされながら、ひとびとには、そのひとへの差別感情も生じてくる。

とはいえ、人類に翼があるならば、空を飛べないわたしも障害者であり、もし人類がミッキーマウスのように四本指であるならば、五本指のわたしは障害者である。逆にいえば、平均的であって、健常者であるとされる「正常なひと」とは、たかだかそうした仮のものにすぎないのだ。

　健常者と障害者のあいだに線を引くのは、政策立案者たちの発想である。かれらは、「諸国民の富」（アダム・スミス）の分配者にすぎず、たまたまこの時代、市場経済で民主主義で、しかも官僚制と機械化が進んだこの社会に適応できていないひとを「障害者」とすることによって、――支援と称して――、社会から遠ざけようとしているようにも思われる。

　さらに、身体障害者や認知症患者や精神病患者に加え、医師たちが「うつ病」や「発達障害」などと診断を下して、――「ひと助け」ないし営業として――、さらに障害者を増やそうとするのだが、それは、症状のリストを作ってその程度を測るだけの、観念論的な（精神のモデルを作っておいてそれにあてはめるだけの）診断でしかない。

　ホルモン分泌の異常など、脳に原因があるとする医師もいるが、それが、眼に見える生理学的障害として見出だされるわけではない。どんな脳の状態が「正常」だというのか――平均的なひと、社会的に扱いやすいひとの脳と比較しているだけで、正常なひとの脳がどのような理由で正常といえるのかの説明ができていないのだから、原理的には何も証明できてはいないのだ。

とりわけ「発達障害」は、奇妙な病名である。その病名で指摘される症状の一つひとつは、コミュニケーションの困難さや、感覚過敏や、多動や、集中できないことなど、少しずつは健康なひとにも共通したことであり、ただそれらの症状が多く重複して、社会生活が困難になっている場合なのだという。

「発達」というのは、おとなになるということである。大多数のひとが、ひとりでにおとなになったのではなく、困難なことを克服しつつおとなになってきたのだし、克服できていなくても、何とか「おとな」として振舞っているのが実情である。もし「十分におとなでないこと」が病気なのだとしたら、大多数のひとが「発達障害」であるということになるのではないか。

そもそも「おとな」とは何なのか、その定義もなしに発達障害という病名はあり得ない。本来はおとなの精神は多元的で、みずからの得意不得意で社会の居場所（エートス）を見つけていくものだと思うのだが、発達障害でないとされるひとの精神のモデルは一元的で、それは未来のAIスマートロボットに似ているような気がしないでもない。正統派の進化論は目的論を認めないが、とすれば、他人の心が見えないサイコパスのひとが進化型であり、他人の情緒をよく感じとるひとこそ、未来では障害者と呼ばれることになるということも、あり得ないことではない——否《いな》、それがディストピア小説の既定路線なのだった。

ともあれ、一旦病名がつけられると、克服したり、やり過ごしたりする本人の努力よりも、社会的な支援が必要だとされる。本人の責任だったものが、周囲や行政の責任に移管される。子どもが障害の判定を受けることで「特別支援学級」に入れることができて、親の免責になるかのように解するひともいるようだが、一八歳を過ぎたあと、その子がどのような生活を送ることになるかの構想は描けていない（石川憲彦／高岡健『発達障害という希望』参照）。

これに、たとえば「ネット依存症」など、さまざまな新たな病名のリストがつけ加えられていきつつある。病名をつけたからといって、医師が治せるわけではない。病人として社会的責任が免除され、かつ支援される権利の請求がなされる根拠とされるだけである。

†社会保障

これは医学ではなく、政治である。フーコーのいう「生命政治」である。まず分離があり、あとから医師によって線が引かれる。そこから、障害者と行政のあいだでの綱引きと駆引きがはじまる。障害者にとっては、認定されることで支援があるのは、悪いことではない。行政にとっては、障害者に対する社会保障費は、税の配分の政策的な線引きに従うことである。

このような事情は、生活保護についても同様であって、社会的弱者についての、そんな制度（ルール）があるというだけである。ルールがあるからこそ、本来は区切る線のない「正常なひと」とそうでないひととのあいだの見かけ上の綱引きと駆引きとがはじまって、双方それぞれに道徳的な非難が投げかけられるようになる。

社会的弱者に対して「自己責任」ということをいうひとたちがいるが、それは、個人と国家が契約をしているかのような近代主義的なフィクションに基づいている——だれもそんな契約はしていない。実際、事故に遭遇したり生活が困窮した場合には、すべてについて、別様にすればよかったとの回顧的錯覚は生じるものだし、その意味ではすべてが自己責任なのであるが、だれも未来予知ができるわけではないのだから、どんな結果に対しても、自己責任は存在しない。結果をどう引き受けるかというだけである。軍部に引きずられていったあの戦争のなかで、だれがヒバクシャに広島や長崎に住むことを選んだ自己責任があるなどといえるだろう。

論理的にいえば、弱い精神をもつ怠惰なひとが社会的弱者になるからといって、社会的弱者になったひとがすべて弱い精神の持主だということにはならない。強い精神をもって努力するひとが成功者になるからといって、成功者になっているマジョリティのひとがすべて強い精神の持主だということにはならない。

社会保障に関する議論は、しばしば「正義」を巡って行われる。すなわち、社会保障は公正や平等、権利や自由を実現するためになされるとの前提で、コミュニタリアンやリバタリアンなど、そのいずれに重きを置くかの立場の違いからその政策の是非が論じられる。だが重要なことは、それぞれのひとの正義感において、その政策に合意できるかどうかではない。というのも、正義は言葉の正しさとしばしば混同されて、正義のないところでこそ正義という言葉が口にされるのだからである。合意よりももっと重要なことは、正義が問題にされるような状況が生じてこないということではないだろうか——「火宅の喩《たと》え」（『法華経』）のようなものだ。

社会保障というのは、政治的な正義や不正の主題ではなく、また道徳的な褒賞《ほうしょう》や懲罰《ちょうばつ》の主題ではなく、——税金が高いことや選挙対策のばらまきであることへの不満はあるだろうが——、社会の安全と安定に関する政策上の主題なのである。つまり、一人ひとりが不正を感じとるまえに、——「衣食足りて礼節を知る」というが——、それぞれに生活が維持できて、相互のトラブルが起こらないような状態にするにはどうしたらよいかが主題なのである。

社会保障のために、どのような線引きで、どの程度を配分すべきかは、国会が決めるべきことである。とはいえ、財政規律であれ基本的人権であれ、どんな意見といえども、これもまた、それを通じて自分たちの立場を強くするための政治的駆引きの、向こう受けする論拠として探し出されてきたものでしかないように見受けられる。実態としては、これまでに決められてきたことを変更するのは難しいという歴史の惰性と、大多数の選挙民が嫌がることはできないという民主主義の欺瞞のもとで、社会保障政策はこれからもさまよい続けるのであろう。

健常者と障害者の区別は本当に相対的なのか、実質的な差異があるのではないかと考えるひともいるだろう。

実際、介助なしには生活できないひとも多くいる。ひとによって生活していく強さ、ないし逞《たくま》しさのようなものに違いがあって、「生きる力」があるかないかの絶対的な尺度があるのではないか、そのようなひとを明確に画定して、その支援をすることに何の問題があるだろうかと思われるかもしれない。

あるいは、そこから逆に、弱いひと、障害者は滅びるに任せればよいと考えるひとたちも出てくる。優生思想である。だが、そのような主張をするひとが「強者」であるのは、社会制度によって規定されているさまざまな権利と財産のおかげであることを忘れるべきではない。そのバランスのちょっとした崩《くず》れによって、たとえば解雇されたり、財産を失ったり、病気になったりして、どのひともたちまち弱者の側に入ってしまう。弱者は政策が作る。そうした弱者が容易に滅びるような社会は、信頼に乏しい、生きにくい社会なのではないだろうか。

精神の強さということについていえば、その内実は、それこそ社会状況によって異なるというべきだろう。自然状態とまでいわずとも、今日でも容易に変動し得る社会の安全の水準がある。精神の強さの内実は、それによって規定された状況によって異なる。荒廃した社会では、厚かましく乱暴で、ずる賢くたち回るひとが逞《たくま》しい。誠実で真面目なひとは、そこではいわば障害者である。

そうはいってもなお、先史時代においては、身体や精神の能力によって生存可能性に差があったのではないかと考えるひともいるかもしれない。

しかし、そのころは、その差以上に偶然の事故や病気で、だれもが死ぬ確率が高かった。氷河期においては、血液が凍りにくい糖尿病のひとこそ長生きできるひとだったという（シャロン・モレアム『迷惑な進化』参照）。身体の強さ弱さの意味も、いまとは違う。したがって、先史時代を想起することは、現在の社会における逞《たくま》しさとは何ら関係がない。

能力という観点からすると、理想の能力をもつ超人的なひとはいない。しかも、社会的に肯定される能力はひとつではなく、ある能力が、他の観点からすると無能力である。

たとえば、頭のよいひとは、他人の思考を待つのが苦痛であろう。他人に優しいひとは、工程管理が不得意であろう。目的達成に向かって進むひとは、細部に宿るものを感じとるのが苦手であろう。

いくつかの基本的能力が水準以上であると、なるほど健常者と呼ばれるが、しかし健常者である水準は、「生きる力」にではなく、その時代の生活様式と社会保障の水準に依拠している。

あるいは、その水準に対応する能力に依拠している。ひとはそれぞれに、自分の不得意なものを避け、得意なところで生計を営んで、居場所（エートス）を見つけている。おそらくは、それが「個性」と呼ばれるものであって、一元的な能力を想定してひとを序列化することは、そのようなひとからすると無意味になる――「障害は個性である」というのは語義矛盾である。

そもそも能力の規定は、社会ごとの慣習や文化によって異なるので、ある社会では障害者であるひとも、別の社会では健常者である。また、社会保障を多くする社会と少なくする社会とがあって、それによって「障害者」が増えたり減ったりする。しかし、少なくともわれわれはみな歳をとって障害者、すなわち支援や介護を受けなくては生きていけない状態になる……。

健常者であると認められるために努力しているひともいれば、障害者に認定されて支援されようと努力しているひともいる。とはいえ、実のところ、われわれはみな神経症なのであり、その意味で障害者である。過去に対して責任をとろうとする神経症、未来に対して展望をもとうとする神経症――人間であるということは、自己意識という神経症の患者であるということなのだ。それが健常者とされているだけではないだろうか。

†異例のもの

生きていること自体が、もろもろの生きにくさに遭遇することであるのならば、すでにそのこと自体、人間がみな障害者であることを示している。

とはいえ、標準ないし平均値が忘れ去られるところでは、すべての障害は消え去るであろう。ひとを生きさせているものは、眼に見える身体の形状や言動といった指標の統計によって説明されるものではない。それを障害者といわず、「異例のもの」が現に多く生きているということであるといえば、そのことは、その社会が豊かで安全であることを示している。

ドゥルーズ／ガタリは、『千のプラトー』第一〇章において、「異例のもの（アノマル）」を「異常なもの」から区別することを要求して、「異例のものは、個体でも種でもなく、情動しかもたず、飼い慣らされた感情あるいは主観的な感情も、種の形質あるいは意味を表わす特徴も含まない」と述べている。ちなみに、アノマルとは、「ちぐはぐな」というのが原義である。「異常なもの（アブノーマル）」は、平均値があってそれから外れた極端としてあるが、データをとるまえのどの検体も、それぞれに出会えば「異例のもの」である。そしてまた、すべての〈わたし〉なるものも、市民としてであれ、患者としてであれ、他人にとって「異例のもの」である。それは、――分類するときに「その他」に入れるほかはないものであって――、「例外のもの」ほどちょっとした差異ではないし、「特異なもの」というほど顕著な特性があるわけではない。ただ、表やグラフや正規分布に対する特異な差異があるだけである。

群れの総体は、異例のものに出会うことによって、イルカに襲われたイワシの群れのように、なにがしか揺さぶられ、全体の姿は、——異例のものの側からしか見えないものの——、変幻自在の姿をとる。それはちょうど、クマに出会って睨《にら》みあったひとが、クマという種の代表としてのクマに畏怖を感じながら、この眼のまえの匿名のクマの空腹や恐怖を情動として受けとるようなものである。

ヒトはクマに神を見るとさきに述べたが、その「クマ」は、種でもなければ個体でもない、クマのうちの、自分に出会ったというかぎりでの「異例のもの」である——そのときわれわれは、逃げるべきか戦うべきか、パニックに陥らないで思考するには、どこまでも相手を具《つぶさ》に見つめること以外、なすべきことはない。

事物や生物は、われわれのまえに、物語のなかでしゃべるようにしては出現してはくれない。ペットがそうするように見えるのは、そのように適応させられた哀しい生き物なのだからである。異例のものである本来の事物や生物は、異様であり冷酷であり、何をしでかすか分からない不気味さをもっている。そしてそれは間違いなく、相手からしても、まさにあなたは、そのような不気味なものなのである。

人間に即していえば、ひとが出会うのは、一人の典型的な、あるいは特殊な匿名のひとである。帯電のようなもの——そこに説明し難い情動（アフェクト）が生じるとすれば、その群れの個体のすべてが別のひとであって、たまたま自分のまえに現われて、全体を体現しているだけであるにもかかわらず、他の個体がおなじであるとはかぎらない特定の「異例のもの」であるようなひとだからである。そのことを意識することが、障害者かどうかを正しく判定しようとすることよりも、もっと重要なことである。

出会うひとのそれぞれに対して、博愛の精神によって人間性や個性を見出だすべきだといいたいのではない。ただ、いつも出会いは異例であるといいたいのである。

†出会い

日本のサル学では、サルの顔を識別して研究しているそうであるが（立花隆『サル学の現在』参照）、それはサルを人類と同様に扱って、いわばサル民俗学をしているということではないか。それゆえにこそ、サル山に、ボスの交替や王国の盛衰という人間の物語を読みとってしまう。それでサルの群れの研究となるかは疑問である。

ホッブズが、群れは代表者をもって一個体とすべきであると述べているが（『リヴァイアサン』第一六章）、それは間違いではない。古来、群れを見る平凡な方法は、どの個体も、その群れの代表として見ることだった。その顔を個体識別できないということは、動物の顔が一様だからなのではない。種を代表する異例のものとしてしか知覚するつもりがないからである。

出会う動物は、みなその生物種の代表である。クマやサルと出会うのだが、それは名のないクマであり、名のないサルである。狩猟や分類のためではないかぎり、そのクマがクマの生態と行動のすべてであり、そのサルがサルの生態と行動のすべてである。

とはいえ重要なことは、われわれも、そのクマ、そのサルにとっては、ヒトの代表であって、ヒトの生態と行動のすべてであるということである。そこでは二頭の個体がではなく、二つの群れが出会っている。群れに帰って、われわれが「クマというものは……」と語るように、クマは「ヒトというものは……」と、もし言葉がしゃべれるのなら語るであろうようにである。

これとおなじことが、ヒトの群れ相互でも起こる。われわれは、たとえば病院に行き、あるいは役所に行って、医師たちの群れ、役人たちの群れに出会う。その窓口に立ったひとは、病院や役所といった組織全体の単なる構成要素ではなく、その統計上の平均値のひとではなく、窓口という、その組織全体とされるものの縁に、突如として出現した「ひと」である。とはいえ、向こうからしても、われわれは、患者たちの群れ、住民たちの群れのなかから、突如として出現した「ひと」にすぎない。

アランが指摘していることだが、市役所を訪れた若いカップルの婚姻届を出す感激を受けとめて、「おめでとう」という窓口の担当者にとって、それはつぎからつぎへと起こっているひとつの出来事でしかない(『幸福論』)。つまり、お互いに、それぞれの群れのその異例のものとして接しているだけにすぎないのである。「異例のもの」とは、群れの個体ではなく、その例外でもなく、たまたま群れを代表して出会うもののことである。

そのことは、とりわけ男女の出会いにおいて顕著である。男性一般のバリエーションがあり、女性一般のバリエーションがある。婚活のような市場があるとしたら、その特性のどこを評価するかで自分がパートナーにしたい男性ないし女性が決まるだろうが、しかし人間は商品ではない。恋愛は、比較上位の異性を選ぶことではない。恋愛においては、たまたま出会った男性ないし女性こそ、男性の代表であり、女性の代表なのである。

出会ったひとたちは、群れに戻ってから「女性というものは……」、「男性というものは……」としゃべりながら、それを受け容れて、その男性の所属する群れのなか、ないし女性の所属する群れのなかに入っていくかどうかについて葛藤する。あるいは、その出会いを通じて、『ロミオとジュリエット』（シェイクスピア）の場合のように、自分の群れ、家族や友達や地域に属するヒトの群れを激しく動揺させたりもするであろう。映画『ダンス・ウィズ・ウルブズ』（ケビン・コスナー監督、一九九〇年）は、アメリカン・ネイティヴの女性と白人男性の出会いを描いていたが、主人公は、アメリカン・ネイティヴから、まさにオオカミの群れを象徴する名まえで呼ばれたのであった。

そのようなことは、恋愛や結婚ばかりではない。勤めていた企業から転職しようとするときや、外交交渉をするときや、外国に旅行者として行ったときなど、いたるところで起こる。

いつのまにか自分が何かを代表させられ、それをもち返ったときには自分の群れを動揺させ、場合によっては自分が群れから押し出されたり、群れのリーダーになってしまったりもする。だれが権力闘争や、人徳や、合意の有無について語りたがるだろう——それらはマジョリティの貧困な政治的意識の主題にすぎない。このことは、サル山の群れにも、あたりまえに起こることなのではないだろうか。

†群れのリーダー

ドゥルーズ／ガタリは、そのような事情を示すものとして、メルヴィル作『白鯨』のモービィディックと、カフカの『歌姫ヨゼフィーネ、あるいは二十日鼠族』を取りあげている。ヨゼフィーネというハツカネズミの歌姫は、群れのなかで、あるときは特権的なポジションを占め、あるときは群れをはずれたポジションにあり、またあるときは群れの集団的な叙述における匿名性へと潜り込んで姿を消す。「異例のもの」というのは、そのようなものである。

われわれは、それにジャック・ロンドンの『白い牙』や映画『プレデター』（ジョン・マクティアナン監督、一九八七年）のシュワルツェネッガーをつけ加えておきたい。エイリアンであるプレデターの遮蔽スクリーンが壊れて主人公が初めてそれに対面するとき、二つの種族が出会うのだが、それはヒトが、ヒトに捕食されてきたイノシシやシカのようなものに成った瞬間でもあった。

「異例のもの」は群れの縁《ふち》に出現し、群れのなかに舞い戻っていく。そうなれば、もはや群れのどの個体であったかも見分けがつかないほどである。しかしまた、それは群れのそとに出ようとしたものなのだから、そのことで群れ全体を動揺させ、群れの縁《ふち》に「境界」（赤坂憲雄『境界の発生』参照）を析出させ、ときには群れのあり方を変えるリーダーないし「トリックスター」（山口昌男『道化の民俗学』参照）として再び姿を現わす――悪徳商人と結託した悪代官のまえで、隠居した越後のちりめん問屋であるはずの老人が、突然、葵の御紋がついた印籠を振りかざしたときのように。

ニーチェは群れを「畜群」と呼んで軽蔑し、それに対して「超人」の出現を待望したが、畜群と超人とは、共犯関係にあるのではないだろうか。そこには、ヒロイズム（大衆が憧憬する人間に成る野心）」があるのではないだろうか――人格的自由を目指す主人と奴隷の弁証法ではなく、群れの暴力に操られた「英雄と大衆の弁証法」がある。

超人は、映画『ハッピーフィート2』（ジョージ・ミラー監督、二〇一一年）のなかの、「個体的進化」（ニーチェ）を遂げようとするオキアミのように、畜群の群れの論理のなかから生まれてくる。すべての個体が同時に「異例のもの」であるのではなく、ある個体が「異例のもの」となることが、群れにとってこそ重要である。

さきに、自我とは他人の自我に想定されて自我であり、それを意識させられることは暴力だと書いた。それは、このようなことだったのである——異例のものに出会って群れから出ようとするときにだけ、ひとはみずから群れの他人となり、自我という経験をもつ。それは、太陽の角度という偶有性によって殺人を犯す『異邦人』（アルベール・カミュ）のことである。

マナーのところで述べたように、群れとは、すべての個体が類似した振舞をすることであるが、同時に、突出した振舞をする個体が出現することが、そのことと矛盾なく成立することなのである。

†普遍化可能性

以上のことは、受け容れやすいことであろうか。R・M・ヘアが、快の総量が苦の総量を上回ることをもって幸福とする功利主義道徳の限界を示すものとして、つぎのような例を提示していることに注目させられる（『理性と自由』第二章第七節）。

それは、あるコーラス・グループがあって、そのなかに音痴の人物が一人いるとして、グループとしてはその人物をどう遇するべきか、というものである。脱退させ、その人物の大きな苦を犠牲にして、より高度なコーラスを実現すべきなのか。単なる趣味グループとして、多数のひとの小さな苦の総和を犠牲として、仲間として楽しくやっていくべきなのか。

ヘアはそこで、相互の快や苦をどこまで想像できるかということを考慮に入れると、どちらの選択肢がそのグループにおける幸福の量を極大化するかは決めかねると述べる。かれが前提としているのは、事前に幸福計算が実証的なものとして可能でなければならないということである。だが、やってみなければ分からないことは多い。それが日常的なことではないだろうか。

功利主義の元祖であるベンタムは、幸福は、行動してみなければ分からないことを承知していた。かれによると、行動が継続されているということが、快が苦を上回っているという事実なのであって、事前の計算と合致していなければならない必要はない。事前の計算は、単なる「予期」にすぎないのである。

ところがヘアは、道徳的命題が「指令的なもの」でなければならないというかれの言語論から離れられないために、予期された命題が、確定された必然的な命題でなければならないと考えた。そしていわゆる「普遍化可能性」として、その命題が普遍的なものとなるかどうかと問うのであるが、しかし、道徳が普遍的命題にならなければならないという前提は、一体どこからきたのだろうか。

実のところ、ヘアは、この例によって、最大限に、群れの論理に近づいていたのである。コーラス・グループという群れとして、一人を排除するか一緒にやっていくかは、群れの論理においては宙吊り（サスペンデッド）である。アンビヴァレント（両義的）だというのではない。その強度、ないし緊張状態（ストレス）は、サスペンスがはじまる契機である。それなのに、なぜヒチコック映画を観るようにして、そのさきの展開におけるハッピーエンドやバッドエンドにまでつきあおうとしないのか――そうすることが、ギュイヨーもいう「生きる」ということなのではないだろうか（『義務も制裁もない道徳』）。

わたしは、このヘアの例に対しては、――それでどうなるかは分からないが――、その音痴の人物を指揮者に指名することを「勧告」したい。ハッピーエンド、すなわち幸福の極大化を目指すひとには賛成してもらえるのではないかと思う。それが「もしあなたがわたしだったら」という、第二の自然法に従うということなのだ。

群れが、類似した個体の集まりに留まるか、異例のものを産出するかは、まさに出来事というフーガ（遁走曲）の主題である。この強度の差異こそ重要である。異例のものは、ヒーローであったり、ヒトラーであったりと、それ自体、よいものでも悪いものでもあり得るし、個体の意識の問題ではなく、まして普遍的命題としての「指令」を求めるような問題ではないのである。

†真の道徳

普遍的命題、ましてカントの定言命法としての道徳は、定めるべきルールという意味では政治の主題にすぎないといわざるを得ない。それに対し、最大幸福を説いたベンタムは、人格や理性を基準としないその原理の基本的枠組において、近代最初の「群れの哲学者」であった——のちにそれが生命政治へと進んでいくのは不本意であったろうが。

カントのいうような道徳の最大の難点は、特定のひとの行動に問題がある場合に、それをすべてのひとの問題として捉え、ルールとそれを遵守《じゅんしゅ》する義務を創出しようとするところにある。ルールは、それまで当該の行動をしなかったひとに問題を意識させ、他人たちの行動の問題性を知覚させ、それをやめさせようとする行動を呼び起こす。それでいて、白い眼で見るといった程度の罰則しかないので、問題行動をとるひとを、そのルールに従わせることは難しい——カントは、それでいいのか？

そうした、原理的に、完全に遵守されることがなく、かつ侵犯され得るものとしての「道徳」、それは言葉をもった群れにおいて生じるという点では「普遍的な」、しかし政治的な現象である。クロソウスキーが、そのことを暴露した作家としてサドを論評しているが（『わが隣人サド』）、サディズムという性衝動の現われは、身体が傷つけられてひとが苦しむのを見る快楽としての、権力を求める政治的衝動でもあるというわけだ。

もとより道徳は、中国儒教思想における「修身」として、仁の心をもって他人に接することであったが、これは封建社会の倫理規範にすぎない。他方、西欧におけるモラル（道徳）とは、習俗や志気といった意味の語であったが、近代になって、タブーやマナーやルールのなかに着地点を探してさまよってきた。

思うに、もし「真の道徳」があるとすれば、それはカントのいうのとは反対に、仮言的であってしかるべきであろう。しかも、勧告の言説にとどまるであろう。ヘアが気にした「〜べし」という表現は、――「もしわたしがあなただったら」という同一性の発想（本書四一二頁）に由来するのだが――、せいぜいその程度のパロールであって、その真偽は、それを聞いた本人の決断と、その決断によって惹き起こされた出来事の結末に応じて決まるのである。

†マイナーであること

以上からすると、マイナーなひとは、どう行動すべきなのか。

アメリカンドリームのようにして、マジョリティの一員となるべく学問したり、勤勉に働いて貯蓄したりと、「努力」すべきなのだろうか。しかし、統計が教えているように、それでうまくいく確率は極めて低い。女性の場合、もし高い地位についたとしても、そのような女性がいることがその企業の宣伝になるからで、そこにはまだ「ガラスの天井」があるという。

それでは、国家社会を論じることによって、マジョリティを打倒する新たな体制の建設を目指すべきなのだろうか。マルクス主義をはじめとして、革命の思想はそのようなものだった。

「平等な社会」がそのスローガンだったが、歴史は、国家社会主義という名のファシズムがその理想を横領する次第となったことを教えている。あるいは、共産党という別の名まえの新たなマジョリティが生まれてきただけだった。

インターネットについていえば、──「アラブの春」や「雨傘運動」などの運動が起こったように──、マイナーなひとたちに場を与える革命の媒体であると思われていたのだが、今日では、そこに噴出するフェイクニュースとヘイトスピーチが、マイナーなひとたちを窒息させるメディアになろうとしている。

だが、マジョリティになろうとするのではなく、またマイノリティになるのではなく、ひたすら「マイナーであれ」と、ドゥルーズ/ガタリは呼びかける。

今日イノベーションが大切だといわれ、新たな知識を獲得すべきだと盛んにいわれているが、それを妨げているのは、やる気のない若者や、個性を認めない組織や、出る杭を打つ世間なのではない。発明も芸術も理論も、天才や天啓から生まれてくるのではなく、他方、デカルトのいう方法や枚挙から生まれてくるのでもなく(『方法序説』第二部)、そのひとの生き方から生まれてくる。その生き方とは、マイナーであるということである。

群れは外部と内部をもっており、外部の個体との出会いが可能になるためにはマイナーであることが必要である。自分とは異なったものを認め、「もしあなたがわたしであったら」と、みずからがそれであるかのように想像することは、群れのなかでは「異例のもの」、マイナーになることである。デカルトに対していいたいが、それが「自我」という経験なのであり、そうすることが「思考」と呼ばれるものなのだ。

思考は、いつも一人である。マジョリティのひとは、真には思考しない。国家間の問題をわがことのようにあげつらう世界地図嗜好者たち。個人が知恵と教養とを身につけて、最後には国家社会を論じるようになるべきとする近代啓蒙思想の残影のようなもの――そうした「政治」としてではなくて、ひとは思考するし、思考しなければならない。「天下を取る」とか「山を動かす」というのは、そうした英雄物語を作りたいとする「文学」であって、真の政治は、思考するひとの眼のまえにある。家族、地域、企業、国家――その規模がどの程度のものかはそのひとそれぞれに偶然であるが、どれもおなじだけの熱情と努力を要求する。

思考するのは、だれもマイナーな一人としてであり、群れから離れようとしながらも、群れ全体が何であるかを見つめ、体現しようとする異例のものとしてである。異例のものであることは、政治的にはマイナーであるということなのである。

思考するのは、性格や能力によるのではない。思考するタイプのひとがいるのでもなければ、思考するのが得意なひとがいるのでもない。思考するかどうかは、そのひとが置かれている状況による。すなわち、事故にあったり、病気になったり、あるいはいじめや失恋など人間関係の縺《もつ》れに出会ったなら、ひとは思考せざるを得ないであろう。思考するとは、簡単にいえば、群れから出ようとすることなのである。

黒澤明監督の映画『生きる』（一九五二年）は、ガンになって死を自覚した一人の役人が、暗渠《あんきよ》のうえに一台のブランコを作るために役所の手続きの慣例を打ち破るという、異例のものに成るストーリーであった。同監督の『七人の侍』（一九五四年）も、野盗の群れと対決するために集められた七人の異例のものが、しかし最後には農民の群れからはじき出されるというストーリーであった。

ひとは、異例のものとの出会いをきっかけとして、経験と実験と見聞と伝聞から、首尾一貫した言説を作りあげようとする。それを思考と呼ぶのだが、思考するかぎりにおいて、〈わたし〉もまたその単なる主語ではなく、そうやってはじめて〈わたし〉に成るのである。〈わたし〉とは、クマに出会ったときのように、異例のものとの出会いを通じて別の自分に成ろうとするかぎりで見出だされる「何ものか」である。「なぜ何ものかがあって無ではないのか」とライプニッツは問いにしたが、自分の群れも相手の群れも、いちいちそのことによって動揺し、〈わたし〉に対して別の新たな全体を表象するようになったりするからなのである。そのような出来事においてこそ、真に思考といえるものが生まれるからなのである。

＊

ショーペンハウアーは、人生を巨大な車輪に喩《たと》えている（『意志と表象としての世界』第三巻）。非常に微かな差異の識別から、否応なく着々と進む時間のなかで、生活をたえず組みたてなおしていく生き方と、袋小路のぬかるみに嵌《はま》って身動きできなくなってしまう生き方とが別れてくる。その差異を識別させるのは、思考である。

とはいえ、栄光と同様に、滅びもまた生の姿である。生を根底にまで遡《さかのぼ》ると、組織や政界にもある財産や地位や名声や情愛や健康といった世間の基準に従って合理的に生活を形成していく以外の、得体の知れない情念に出会う。

したがって、知恵とおなじくらいに不条理もある。合理性の言説はひとつの思考の成果ではあるが、それよりももっと深い思考、生の冥《くら》い内奥から呻《うめ》きだされてくる群れの声があって、合理性そのものも、その声に淵源《えんげん》する。すべて思考すべきであることとは、その声をふまえてこそ思考されなければならないであろう。

第六章

思考

――統計と確率のあいだで決断せよ

思考は必然的なものを見出だすこととされてきたが、確率論の発展により、蓋然的なもので替えられるようになった。この章では、統計に欺かれて平均上位を目指すような生き方に対して、みずからに信念を与える確率論的思考について講じよう。

1　統計革命

†自殺論

われわれは、社会を不完全な国家、欠如した秩序としてではなく、群れという積極的な論理をもった実体として理解しようとしてきた。国家は理念（イデー）ないしイデオロギー（虚偽意識）、あるいは大衆にとってはファンタジーにすぎず、社会を説明するフォーマットのようなものか、あるいは群れが凝固してファシズムとして姿を現わしたものかのいずれかでしかない。このような群れとしての社会の理解は、しかし、新説というわけではない。すでに一九世紀末からはじまる大衆社会論の陰に隠れていただけである。

大衆社会論は、国家の理念を当然のように前提し、群れを秩序の欠如として捉えていたが、その一方では、群れを積極的（ポジティヴ）に捉えていた理論があった。ハッキングが、そこに焦点を当てている。かれによると、その新たな見解は、当時の社会学者としてはタルドと双璧であったデュルケームの『自殺論』からはじまったという。

自殺は、キリスト教徒にとっては、神の意志に反して神から与えられた命をみずから捨てることなのであるから、あってはならないことであった。とはいえ、法律で罰しようとしても、せいぜい死体を損壊するような、子どもじみた処罰をしかできなかった。

自殺は周囲を巻き込むし、自分は生きている以上、支持することも肯定することもできない。本人も、確信をもって決めた行動というよりは、一時《いっとき》の気の迷いからとり返しのつかないことをしようとしているのかもしれない。命の電話のボランティアのひとたちは、自殺を何とかやめさせようと、今日もなお献身的な努力を続けている。

それで、当時、自殺の原因を調べた方がよいということで、統計が集められることになった。ところが、ひとびとはそこで、つぎのような、新たな奇妙な考え方に出会うことになったのであった。

すなわち、集めたその統計から、統計学が結論として教えたことは、なぜひとは自殺するかということではなく、どんな社会的条件が自殺者の数を規定しているかということであった。そして、社会には大なり小なり自殺者は出るのであって、ある一定数の自殺者が出る社会が、普通の、つまり正常な社会であるというのであった。

一人も自殺者が出ないようにと尽力するボランティアたちを尻目に、統計学は、自殺者が生じることは「正しい」と説明した。どんなに引き止めても自殺するひとが出る。だが、社会のあり方としては、それで正しいというのである。

とすれば、一切の自殺者が出ないようにするという政策目標は虚しいものとなる。一切の自殺をやめさせる方法をではなく、どのような政策が自殺者の数を減らすかというように考えなければならない。統計学のもとでは、自殺という極めて個人的で倫理的な問題はあっさりと通り過ぎられ、個人の手からは届かない社会政策へと飛び去ってしまったのであった。

以上の点に関しては、自殺者ばかりでなく、犯罪者についても、異常者についても同様であった。何であれ従来はなくすべきとされてきた現象が、一九世紀末には、あって当然とされるようになる。そうした、考え方の大きな変化が起こっていたのである。社会の統制を目的とする従来の政治学と法律に対して、群れとしての社会の統計学と社会政策が出現した。

このころから、いたるところで数的データが集められ、蓄積されて、統計学は、当初「国勢学」とも呼ばれたように、政策科学となって威力をふるうようになっていた。諸個人の行動が、統計学の対象のなかに組み込まれはじめた。

宮川公男によると、しばらくのあいだ、統計学は学問なのか、それとも単なる社会科学の技法なのかと論争されていたという（『統計学の日本史』）。その決着がつかないまま、最後には、それらの思考すら、データに圧倒されて、沈黙を余儀なくされるようになったそうである。

統計学においては、諸個人の「個性」は、過去の行動についてのデータベースから算出された統計値にすぎないとされるのだが、その趨勢《すうせい》は、現在、コンピュータによって、なお一層徹底的なものになっている。それは、ネットと監視カメラと、一人ひとりの顔までも読み取るAIによって、特定個人の行動レベルにまで到達した――一人ひとりにお勧め商品を案内したり、クーポンを送ってきたりするのは、まだかわいい方なのである。

AIとは、まさに群れを対象として、従来よりも圧倒的な量で測定と計算とをして、人間がする判断の統計に従って、判断を自動的に生成する技術である。AI化された機械のネットワークの普及によってこの社会に何が起こるかと心配されているが、それは、統計学的思考によって社会はどのように変わってきたかという問いに答えることで、おのずから見えてくるであろう。

最後の章になるが、この章では、群れの論理が現代社会でどのような展開を見せているか、そのなかで、われわれはどのように思考すべきかについて論じようと思う。近未来社会の絵を描いてみせて、そこにタイムスリップしたかのような生活を説くことに意味はない。明確な姿を現わしつつある新たな社会に対応して生きる、その思考の仕方が重要である。

ひとびとはまだ近代主義の用語を使って政治を語っているが、近代の発想をすべて頭から洗い流そう――その背後では、すでに群れを対象とした政策が、群れの論理をふまえて施行されているのである。ピープルとは「民衆」と訳して、群れを表現する語であるが、リンカーンの有名な宣言をもじって、現代の政治を、「群れのための、群れによる、群れの政治」と呼ぶのがふさわしい。

†統計学的事実

デュルケームが社会を解明する技法として見出だした、統計学の歴史からはじめよう。

一九世紀末には、すでに「統計学的事実」という概念が成立していた。歴史的事実と対立する概念である。だれかが目撃したとか、証拠があるとかいう「事実」ではない。一つひとつは取るに足らない多くの事実を集めて、確率論的に推定された事実のことである。その統計学的事実を重視する新しい歴史学が生まれてくるが、そこでは、信長や光秀のした決断のようなものではなく、疫病の死者の数や、米の生産量や、暴動や新宗教の発生率が重視されるようになったのであった。

従来、歴史学が主題にしてきた「歴史的事実」は、一回かぎりの出来事について、証言と証拠によってあきらかにされるべきものであった。そうしたタイプの事実は、文学者たちも想像を巡らせて歴史小説を書きたくなるような、いわば藪《やぶ》のなかの出来事を再構成するものであったが、それに対し、統計学的事実は一人ひとりの思考や判断を控除しても成りたつ社会の出来事を表現していた。その方が間違いないものとされるようになった。

近代歴史学を出発させたピエール・ベイルが、一七世紀、デカルト主義にのっとって、理性によって批判（判別）できるとした「歴史的事実」は、具体的には、それを記述する言葉が指示するものが、実在するかどうかということを基準としていた（『歴史批判事典』）。

かれは、物語られるまえに実在する事実から出来事が成立すると前提していたのであるが、それは、デカルトが、言葉に表現するまえに観念が実在すると前提していたのと同様であった。かれは、歴史には唯一確実な「事実」の記述があってしかるべきだと考えていたのである。

ベイルの歴史批判の意義は、それまでは物語られた言葉にすぎなかった歴史（ヒストリー）に対して、「事実」を確定しようとするところにあった。かれは、言葉はただ事物や思考を描写しているだけだとみなし、歴史を言葉から分離することができると信じた。そのことを通じて、フィクションの混淆した博物誌のような歴史物語ではなく、事実を集積した知識の書としての百科事典、言葉と事実とが一対一に対応させられた書物が可能になると考えたのであった。

もし事実の集積という意味での歴史が存在するとすれば、それは、それを物語る言葉が指し示す対象として、確定された事実をもつはずである。しかるに、歴史の出来事は、反復するものとしての自然法則とは異なり、一回かぎりのものである。反復する現象であれば、実験によって「あり得ないこと」は証明できる。だが、一回かぎりであるならば、事実がどのようであったかの証明は難しい。黒澤明監督の『羅生門』(一九五〇年)に描かれたように、多くが状況証拠にとどまるが、その点に歴史学の限界もあった。

それに対し、一九世紀、確率という数学によって、歴史が統計学で編纂《へんさん》されなおしはじめたとき、歴史学はすっかり別の姿をとるようになった。歴史の主題は、出来事の主人公の行動ではなく、その性格や動機や決断ではなく、出来事が起こる諸条件であり、その出来事の蓋然性(確率)、つまり「それがどの程度に起こり得ることであったか」ということになったのである。

†出来事の論理

そもそも出来事はどのようにして起こるのか、哲学的な議論に入ってしまうが、少し検討しておこう。

出来事を分類するとすれば、①一つの原因から一つの結果が生じるものと、②一つの原因から複数の結果が生じるもの、および③複数の原因から一つの結果が生じるもの、④複数の原因から複数の結果が生じるものの四種類がある。

デカルトは、①の、原因が結果と一対一に対応する関係を因果論的必然性によるものとみなし、世界の出来事は、すべてその組みあわせにすぎないと考えた。これに反対して、世界の現象は偶然であると考えたひとびとがいたが、かれらは、サイコロの現象をもってその証拠とみなした。一つの原因に対して、結果がどうなるか分からない典型的な事例としてである。

しかし、サイコロは、②の、一つの原因から複数の結果が生じ、しかもその結果がある比率で与えられるような確率の現象であるから、正しくは偶然の現象ではなかった。そのことは、③についても同様であった。複数の原因から一つの結果が生じるものとしては、たとえば人間の作る機械がある。機械が故障するのは偶然であると考えられるが、それを修理するためには、やはり①の、因果論的必然性からそれを理解することができるのである。

それでは、最後の④の、複数の原因から複数の結果が生じる現象はどうであろうか。それこそ、「偶然」なのではないか。なるほど、そのような現象がわれわれの経験にとって日常的であり、ありとあらゆる出来事がそのように経験される。だが、そのような現象であっても、実験においていくつかの原因を見つけ、それによって結果を変更することができる。とすれば、それは「偶然」なのではなく、ただ原因を完全には知らなかっただけであるといえる。

原因が知られていなくても、デカルトの考えたように、すべては①の因果論的必然性の複合であるとみなすことはできる。ただし、それを分析することができるのは、自然現象として反復しているものについてだけである。人間の出来事については一回かぎりが普通であるから、因果論的必然性があると主張しても、内容は空疎である。

しかしまた、そのようなところでこそ、確率が意味をなすようになる。確率とは、知られていない微小な無数の原因が惹き起こす結果を教えるものなのだからである。

確率論的な観点からは、従来の①の因果論的必然性は一〇〇%の確率で生じる特殊な事象であり、他の事象は〇～一〇〇%のあいだで、総和が一〇〇%になるようにしていくつかの結果が生じる事象であるとみなすことができる。そしてその組みあわせのなかで、実際にどんな結果が生じるかは、確率として定まっていると考えることができるのである。

そして、①の因果論的必然性の方が、宇宙がそういう必然性によって成りたっていると、だれも証明したことがないことを前提しているのだから、単なる仮説にすぎないと主張することもできるのである。

†正規分布

出来事のこうした確率論的な捉え方は、一七世紀、パスカルやベルヌーイによって推進された。ところが、ハッキングによると、そのころ、その確率を具体的事象に適用しようとして、論争が生じたという（『確率の出現』第一八章）。

当時から、男女の出生《しゅっしょう》比率が一三対一二で男児が多いということが知られていたが、二分の一となるはずの単なるコイン投げの事例と異なっている理由は何かというのである。ウィルキンズの、男性が事故や戦争で死にやすいから、神がそうした技を使っているという説すらあったそうだが、男性の死亡率は出生率を超えて高いのだから、その説明は成りたたない。

実際に生起するこのような現象は、サイコロを振ったときの現象とは異なっていた。産む女性も遺伝的要素もみな違うのであるから、出産は、おなじサイコロをくり返し投げているのとは違う。それは、形も重心も異なった多様なサイコロを一斉に投げるようなものなのである。

とはいえ、それにもかかわらず、そこにも一定の比率が見出だされるということが重要であった。一人ひとりにとっては特別な出来事でありながら、統計をとるとおなじ比率で起こる。しかも、コイン投げで現われるような二項分布、天文学における誤差分布などと同様に、人間の関わる多様で複雑な現象において、統計は、ことごとく、いわゆる正規分布（ベル型分布）の曲線を描いた。たとえばクラスの生徒たちの身長など、平均をとれば、中央に多くが集中し、低い方と高い方へと、なだらかに人数が減っていくようなグラフである。

実は、宇宙のすべての現象は因果論的必然性によって起こるとする「決定論的思考」が明確に意識されたのは、確率論が知られるようになったのに応じてであり、一八世紀のカントやラプラスからである。のちのアインシュタインの言葉、「神はサイコロを振らない」にもあるように、確率論は、宇宙を創造した神にはふさわしくないと考えられたのであろう。

しかしその思考も、一九世紀には、宇宙のすべての現象は正規分布になるという確率論的思考に取って代わられた。実際の現象としては必ずしも正規分布にならないものも多いというが、しかし、そこから因果論的必然性の宇宙像に戻らなければならないとする理由はない。宇宙に必然的法則が存在するとするのは仮定であり、それは神の力を前提してのみ成りたつ。「神は死んだ」（ニーチェ）以上、カント以降の哲学者たちを悩ませた「自由か必然か」の論争は、もはや意味をなさなくなった。

確率論は、必然性を与えるわけではないので、機械論的な自然科学に属するわけではないが、歴史学や社会学や心理学の学説に対し、歴史的事象におけるある種の確実性を与えることができる。今日、量子力学において、「力」を説明するヒッグス粒子のような実体が確率論的に証明されるが、それは、量子力学がビッグバンからはじまる歴史学の一部門だからなのである。

同様にして、生物進化論でいう自然淘汰も、こうした確率論的思考によって見出されたのであった。それは、「必然性なき過程」である。生物の形態分類はアリストテレスによって創始されたが、ダーウィンの進化論は、時間軸に沿って変化していく歴史的事象として生物を捉えなおしたものであった。進化論における生物身体の多様な形態の系統的分布は、眼に見える確率空間の風景だったのである。

確率論とは、その意味では、いわば「出来事の分類学」なのである。デカルトは、すべての現象を機械仕掛という、単純に一〇〇％反復する出来事の組みあわせとしか見なかったが、しかし、確率に応じていくつもの結果が生じてくる出来事も間違いなく存在し、今日では、それを理解することが、このうえなく重要なことだとされるようになっているのである。

†確率論的出来事

それにしても、統計が正規分布を描く理由は分かっておらず、ただ経験から、多くの事象において成りたつとされているだけであるという（ハッキング『偶然を飼いならす』第一三章）。正規分布は、エネルギー保存則やエントロピー増大則と同様に、証明することはできないが、前提すればさまざまな現象が理解できるようになるといった意味での「宇宙の原理」なのであろうか。量子力学が前提しているように、新たな自然科学の原理なのであろうか。

いいかえると、宇宙におけるすべての出来事が、膨大な数の微小サイコロの組みあわせによって生起しているということなのであろうか。パスカルは神の存在までも確率論的なものとみなしたが（『パンセ』二三三）、確率は「存在するものの論理」を示しているように思えなくもない。

人類は、有史以来、出来事を一つひとつ理解しては、歴史として言葉にしてきたが、無数の出来事のなかには似たような事例が多々あり、そのような事例をどのように一般的に理解しようとするかは、ちょうど星を観測するときに、――まさに星座からなる神話的宇宙論を数学的に捉えなおすためであるが——、その光度や位置を間違いなく測定しようとするのに似ている。そして、正規分布の中央のような、ある一定範囲に入ってくる事例は、その出来事が真に起こっているとしていい理由になると考えられる。

なぜそうしていいのか——当時、すでに確率論的思考の立場に立っていたヒュームは、『人間本性論』の第一篇で、以下のようなことをいいたかったのではないかと思われる。

一般に、個々の出来事については、ひとは、想像も含めて恣意的な推理をするものだが、それは単なる「信念」である。本当にそういうことが起こったのかと尋ねられれば、似たような事例が増えれば増えるほどその信念は強くなると答えるしかない。しかしながら、その信念の強さが一定水準を超えれば「確信」となり、ひとは、もはや「そう信じている」とはいわず、「事実である」と述べるようになる。信念がいつのまにか事実となってしまうのだが、ところが、それを「錯覚」と呼ぶ必要はない。それは確率論的規則（ルール）として正しいのである。

その規則（ルール）こそ、正規分布が表現しているものなのである。何と整合的なのか（！）、この「経験が反復するに従って信念が事実になる」という信念そのものについても、経験が反復して確率論的規則（ルール）という「事実」になったものなのだからである。

この規則（ルール）は、ベルヌーイによると、いわば「確率の確率」である。さまざまな現象について、どこまで調べればその確率を確定できるかということについても確率がある。いいかえると、一定頻度で起こることを、これはもう事実だとして対応することにして、それで何も問題ないという水準があるが、そうした判断の確かさの水準を与えてくれる確率がある。正規分布とは、その意味での、もろもろの確率論的な判断について成りたつ確率の現象を表現していたのである。

出来事の起こる徴候をいくつか見つけるだけで何かが起こっていると示すのでは、魔術的ないし迷信的といわれようし、実際、当てにもならない。ところがデータをとり、数値化し、平均をとって表を作ると、そこで何かが起こっていることが示される。多くのひとがそれに納得し、「事実」であると理解する。騙《だま》されているのではない、それが統計学的事実である。

そこでは、確率とは、出来事に備わる法則ではなくて、ひとが出来事を理解する形式である。幾何学の点や線と同様に、あるいは論理学の矛盾律や同一律と同様に、経験において証明はできないが、公理として与えられる原因と結果の蓋然性についての思考の規則なのである。

したがって、出来事が確率論的なのは、蓋然性（ありそうなこと）が宇宙の秩序だからではない。人間精神が宇宙を認識して、確率をその論理として見出だすわけではない。「神はサイコロを振らない」（アインシュタイン）というのは、本当である。ただ、「法則とはルールである」（ベーコン『ノヴム・オルガヌム』アフォリズム第一巻）。宇宙を認識する人間精神自体も宇宙に生起しているのであり、正規分布は、それが宇宙を認識するときに出現する認識限界における実践の公式なのである。

これはデカルトも強調していたことなのだが、自然を対象として認識しようとするとき、それが可能になればなるほど、そのことは、それ以上に、精神のあり方を教えている（『省察』第二）。これがまた、ヒュームが、人間こそ哲学の真の主題であるとした理由である（『人間本性論』第一篇序論）。

それは、映画や小説で描かれる出来事も同様であって、出来事それ自体というよりは、すべてが精神を物語っている。われわれの周囲で起こっているどんな出来事も、事物相互の関係を理解させること以上に、われわれの精神がどのようなものかを見させてくれているのである。

われわれの精神が「分かった」と判断する仕組を与えている法則が、脳を含めた自然科学的対象の法則以前に存在するのであり、その精神の法則は、因果論的必然性を与える機械論的なものではなくて、確率論的なものなのである。だから、そこに自然科学的な法則を見出だそうとするのは、あたかも霧のなかでライトを点灯させて、霧の向こうをよく見ようとするようなものなのである。

デカルトは、われわれが「完全」という観念をもっていることが、神の存在を証明すると論じていた（『省察』第三）。あるひとが素朴に「分かった」と判断するおなじ内容について、別のひとは「まだ分からないことがある」と考える。完全性は、前者の判断にではなく、後者の判断に備わっている。前者には妄想の可能性があるが、完全性の観念をもっているならば、どんな判断にも「まだ分からないことがある」ということが伴うということが分かる。そのことを目下《もっか》の判断に適用するときに、無限に「まだ分からない」を反復したあとに収束する無限級数の和のようなものとして、目下の判断として「分かった」といえることが起こり得る。それがヒュームのいう「事実」なのである。

†統計学と蓋然性

以上は、認識論的な問題であった。つまり、真理とは何であり、どのようにしてそれを認識できるかという問題であった。確率論によって、真理は可能であるといっていい。

しかし、今日のわれわれは、プロバビリティ（確率）という語から「蓋然性」という、「確かではない」というニュアンスも受けとっているのだから、確率論を信じているわけではないといいたくなるかもしれない。

これはデカルト主義の影響であって、デカルトが「蓋然性の原理」、すなわち聖人の秘跡や自然の徴候のような蓋然性をもって知識とすることを否定して、「本当らしいものは偽である」としたからである。だがそれに対して、その少しあと、パスカルやヒュームが、デカルトの批判した旧《ふる》い蓋然性の原理と、それを偽とするデカルト主義的機械論における必然性の原理の双方を否定しながら、蓋然的な現象をただちに偽とするのではなく、確率論的に真としたり偽としたりする新たなタイプの思考のあり方を示したのであった（拙著『いかにして思考するべきか？』参照）。

しかしながら、この、パスカルとヒュームの新しい学問的方法論が、正しく受け継がれたというわけではなかった。

一九世紀になって、確率論を活用した統計学の出現によって、正規分布を根拠とみなす新たな「蓋然性の原理」が復活してくる。統計学は、歴史とされるものの意味を変え、エビデンスという概念を基盤とする現代的な思考法を確立した。それによって、一回かぎりのものであった「歴史的事実（ファクト）」が、「統計学的事実（エビデンス）」に取って代わられるのだが、エビデンスは、因果論的必然性に基づく「証拠（プルーフ）」ではなく、状況証拠として、せいぜい「間違ってはいない」という程度のことをしか示さないものであった。

問題となるのは、そのタイプの「事実」の受けとり方であった。つまり、プロバビリティ（蓋然性）を「確率」と訳して、パーセント付きの一種の「事実のようなもの」として受けとるやり方である。そこからは、いくつもの「オルタナティヴ・ファクト（代替的事実）」が可能になる。

統計学の入門書は、しばしば不十分なデータや偏《かたよ》ったデータのとり方、表やグラフにおける誤解させやすい表示を告発しているが、それは正しい。しかし、それらのことが行なわれないように細心の注意を払って統計がとられたとしても、統計が根拠にされるときには、それはすべて、ひとびとの思考を誤らせる。統計は、確率論的思考にとっての傍証にはなるが、そこから思考できるものは何ひとつない。むしろ、ひとびとが思考することの妨げとなるのである。

なぜなら、個々人が蓋然的な状況に対して自分なりに態度決定するのは普通のことであるが、統計が「事実」と断定されてしまえば、その状況を思考する余地がなくなってしまうからである。現代のわれわれは、統計学によって、デカルトの時代の、だれもが公平にもっているという「良識（ボンサンス）」（『方法序説』第一部）を、剝奪されてしまっているのではないだろうか。

†統計の威力

われわれは、なぜ統計学的事実（エビデンス）に、抗《あらが》い難いのであろうか。

統計のなかったとき、ひとは想像によって出来事の蓋然性について思考していた。それは自分の身の回りで起こる出来事や、知りあいから聞いた出来事の反復から、目下《もっか》の出来事の結末を感じとろうとする確率論的な思考であった。

それに対し、一九世紀末以降、統計学によって広範に調査されて作成されるようになったさまざまな表は、会ったこともないひとびとの経験を説明していた。自分の経験よりも広範に調査されたデータに基づいて数学的に処理された統計は、信じざるを得ないのではないか。というのも、その圧倒的な量のもつ意味を否定するほど、自分の経験した出来事が決定的だと主張することは難しい。自分で確率論的に思考するよりも、統計学的データによって知らされた諸条件を応用する技法を身につけた方が、判断するのに容易なのだからである。

もし、統計を否定するひとがいるとすれば、それは自分が経験したことのみを信じ、知りあいからの伝聞をも否定するひとであろうが、そのようなひとは、統計をとってみれば（！）少数派であろう。統計の、個人的ではなく、しかも数という言語によってなされる一般化——大多数のひとびとは、この、伝聞の一般化されたものとして統計を信用するしかないし、自分の経験を否定するまではしないにせよ、相対化はするに違いない。

なぜか。そこには自分の経験と、他人の経験を表現する言語のあいだに成りたつ公理のようなもの、「身体の自然法」があるからである。

感覚は自分自身に対してしか現われないのだから、色であれ音であれ、他のひととおなじかどうかはいえない。ただ他人の振舞から、それが似たようなものだと想定される。ひとはなぜそのように想定するのか。それは、そう想定して食い違うことの方が珍しいからであるし、おなじ身体をもっている以上、似たようなものになるはずだとの推定が働くからである。そのようなところから、統計における多数の見知らぬひとびとの証言が、自分の経験に由来する想像を圧倒する。

こうした、身体の同一性についての推定は、――あたりまえといえばその通りだが――、病院では不可疑の前提となっている。一つひとつの身体が特殊な構造になっていると仮定すると、医師はどうやって診断することができるであろうか。統計は、病院において効率的に患者の病気を治療するために不可欠であったが、ハッキングによると、それがさらに、一九世紀後半にはさまざまな社会制度の設計や更新のために使用されるようになったという。

かくして、統計は、政府において政策の資料ともなれば、根拠ともされるようになった。たとえそれがどんなに曖昧な主題で集められたどんなにいい加減な調査の、どんなに精度の悪い統計であって、しかも、因果性を無視した空想的恣意的な分析であったり、ごまかしを含む数字と図表だらけのプレゼンテーションによって組みたてられた理論であったりしてもである。

それぞれの統計について、確実性をあきらかにするのは難しい。ひとびとは、数字と権威に幻惑されてしまう。そのような次第で、一九世紀の政治リーダーたちが手に入れたこの新たな「蓋然性の原理」は、まもなく、デカルト主義的な「必然性の原理」を凌駕するにいたった。この原理は、やがて自然科学にも導入され、二〇世紀後半には、原理と因果性の探究よりも、シミュレーションが中心となる自然研究が一般化する。

クーンやフーコーといった科学哲学者たちが、近代自然科学の目指した絶対的で必然的な真理は不可能であり、時代とともにそのパラダイム（説明概念のセット）やエピステーメー（思考と認識の枠組）が変わっていくと論じているが、実際、一九世紀末に、一部では「統計革命」といわれるほどの、重大なパラダイム変換、ないしエピステーメーの変化が起こっていたのであった。知識は、もはや因果論的必然性においてではなく、確率における正規分布に従って規定されるようになっていた。

そのころ、カントを批判したパースやジェイムズといったプラグマティストたちが、科学的真理には、必ず社会的バイアスが伴うことを指摘していたが、実態は、それどころではなかった。正規分布が示しているものは、人間の群れの特性なのであった。そこでは、個人を人格や理性的主体として捉えるのではなく、正規分布上の位置で捉えるという観点が優先されるようになっていた。キルケゴールがそれを「水平化」といって嘆き（『現代の批判』）、それを受けた二〇世紀前半の哲学者たちは、「実存」とか「他者」という語を使って、人間の不抜性を訴えようとしたが、それはまさにそうした群れとしての人間の捉え方への抵抗であった。

だが、今日のひとびとは、いまだに、そこに問題を感じてはいないように見える。せいぜいハイデガーがしたように（『存在と時間』）、「有用性」の概念を告発して、功利主義をやり玉に挙げてみせるのだが、それは近代主義の復興を目指してなされる見当外れの批判にすぎない。いまのひとたちは、有用かどうかを思考するまでもなく、ひとの「いいね！」に殺到する。それでいて、かれらの真理観は、デカルト主義的な「必然性の原理」のままである。だから、「ポスト・トゥルース」などというようなことをいわれると、驚いてしまうのである。

2　生命政治

†エリートたち

近代哲学における認識論では、真の知識が獲得され、ひとは、それをふまえて正しい判断をするはずであった。より正当な意見が議論を主導し、民主主義的プロセスを経て、正しい政策が決定されるはずであった。知識はだれにとってもおなじものなのだから、だれもが教養を身につけさえすれば、一人ひとりが平等にもつ知性の働きによって、社会はよりよいものになるはずであった。それが啓蒙思想である。

しかし、一九世紀末、教養の身につけ方によって知性が異なるのであるからには、一部の知的なひとたちがリーダーシップをとって政策を立案し、他のひとびと、すなわち大衆はただそれに従うのがよいといった思想が広がっていった。エリート主義である。

近代国民国家が市場と植民地を巡って争う帝国主義の時代には、強力なリーダーが出現して、その国の国民の利益を拡大してくれることが期待された。大衆社会論は、一方で大衆の情動性や暴力性を批判しながらも、他方では、そうしたエリート主義によって、社会があらぬ方《かた》へと導かれていくことを憂慮してもいたのである。

実際の利益は一部資本家たちや地主たちに集中し、貧しい階層の出身者たちは、一兵卒として戦場に駆りだされるばかりにすぎなかったのだが、「愛国心」という掛け声のもと、国家のファンタジーがそうした矛盾を見させないようにしていた。

ひとびとは、ホッブズのいうリヴァイアサン、人間を集めてできた架空の人格としての国家名に自分のプライドを重ねあわせ、たとえ自分が悲惨な状況に置かれようとも、その架空の人格が戦う国際関係における勝敗に一喜一憂するようになっていた。

このエリート主義は、当時一般化されつつあった統計学に、――それが「国勢学」とも呼ばれたほどに――、ただちに結びつけられた。いろんなタイプのエリートがいたであろうから一概にはいえないが、すでに当時、ひとびとは、圧倒的な量のデータをもち、その統計学的分析を駆使するエリートたちの言説にすこぶる弱かった。それらのデータをちりばめたエリートたちの理論によって、ひとはみずからの思考する立脚点を失った――「近代の超克」を論じた思想家たち、西田や和辻、また、日本にはエリートがいなかったと述べながら、上から目線で日本の社会と伝統を論じる戦後「批評家」たちも同様である。

戦後、エリート主義は否定されたものの、データをもっているひとが強く、その結果として根拠なき数字が亡霊のように徘徊するという事態に変わりはなかった。エリート階層の出自ではない田中角栄の日本列島改造論がその典型である。高度成長は通産省のメリトクラシー（能力と知性によって支配する体制）と、敗戦から立ちなおるために身を捧げた企業戦士たちによって達成された。

今後、戦争であれ、原発事故であれ、エリートたちの独断的な発想のおかげで、どんなにかひとびとが悲惨な状況に導かれていくとしても、ひとびとは、こうした統計学的技法自体に疑問を抱くことはないであろう。そうした技法がまた、ＡＩの基礎であり、それがいまやＡＩ機械に実装されて、ついには政策すらもが自動生成されるようになる日が来ても、だから、驚くほどのことではないであろう。

†国家主義

二〇世紀初頭の帝国主義時代、各国の国策を主導したエリートである政策立案者たちは、統計データの国際比較によって、国力と国民の程度を主題とし、社会を「改良」しようと企《くわだ》てていた。

たとえば兵士の身長を測るとき、一つの集団のなかでは、兵器や制服の規格からして、高すぎるひとや低すぎるひとは規格外であり、軍装品の調達において不経済である。しかしながら、他の国と較べれば、戦闘行為においては身長の高い方が有利であろう。とすれば、国民の平均身長をどうやって高くするかという政策課題が生じる。

そこで、体操の仕方や栄養のとり方を考慮して、子どもたちに訓練を施す制度が作られ、それぞれの国の標準（平均値）についての架空の国際トーナメントが開催されるようになった。ひとびとも、民族や国家の名まえのもとで、自分たちがその一変数として、そこに喜んで参加するようになった。オリンピックもその一種である。人間は、国家のデータの一要素にすぎないものとして、「国民」という名で呼ばれるようになったのである。

とすれば、トーナメントなのであるから、その平均値が右側にずれればずれるほどよいということになる。その際、右（ライト）を優位とするのは、それを「ライト（正しい）」とする西欧の伝統であろうが、いずれにせよ、国家のさまざまな統計を見て、国際的に優れているのはどこかといった比較がなされたのである。

身長は身体における差異であるが、それでは、精神の差異についてはどうであろうか。これも検査をしさえすればあきらかになるであろう――どんな非人間的な検査であるのかは、聞くのも恐い気がするが、文化の特質やモラルよりも、精神の優秀さに関するその国の平均値が、その国の社会のよさを表現しているとみなされた。そこでは「民族」という、血統に依拠する概念が幅をきかせた。

かくして、何であれ、社会の違いは、ほかの要素は黙殺されて、各種平均値の違いであるとみなされた。そして政府は、国民の生活条件に働きかける政策を通じて、この値を右へと移動させようとした。国民のあるべき姿は「文明の進歩」という理念で規定されていたが、その達成のために、ひとびとに文明の理念を教えるよりも、愛国心や競争心など、各人が平均値を越えようとする動機を活用しようとしたのであった。

それは、すでに存在する国民たちばかりでなく、学校に通う子どもたち、これから生まれてくる未来の国民たちに対しては、なおさらであった。

一旦樹立された政治権力が、みずからを正統化するために歴史を書きなおして、学校で子どもたちに教え込むのは普通のことであるが、統計学的な意味での「事実」を手に入れた新しいタイプの政治権力は、過去ばかりでなく、未来を操作するものとしても歴史を活用することができた。すなわち、未来の子どもたちを選別することができた。それが優生学である。

優生学は、統計学を利用して、エリートを増産しようとするための政策技術として出発した。優生学を創始したゴールトンは、統計によって才能に優れたひとが子どもを作らない傾向があることを分析して、優れた子どもを産ませるための、結婚の制限や劣ったひととの隔離の政策の提言をした（『遺伝的天才』）。

その結果として施行された、数々のおぞましい政策については周知の事実である。ナチスのホロコーストをはじめとして、知的障害者やハンセン病患者の断種など、何という簡潔なアイデアだったことであろう、それは正規分布の左端のひとたちを抹消することによって、平均値を右側にずらすという画期的な政策であった。

以上のようにして、生産力であれ、軍事力であれ、学力であれ、国民総動員で一定の目標に向かって勤勉に努力するという、奇妙な倫理が出現した。国家主義である。そこでは、ひとびとが社会の優れた一員になるようにと、そして国家の精巧な部品となるようにと、とりわけ標準化された言葉としての「国語」によって、アメとムチ、優しい声と厳しい声のレトリックが自在に使い回された。

†世論

ここに、社会の捉え方の激変が見出だされる。近代の民主主義は、社会が個人から成りたっていると前提し、各人の政治的意識に働きかけ、その応答としての「国民の意見」を得ることによって、正しい政治が機能するとみなしていた。しかし、もはや各人の意識はどうでもよい、群れとしての社会のひとびとの発想や行動を調査して、条件を変えてその変数を操作した場合に、賛同されるという調査結果が出ることが、正しい政治であると考えられるようになった。

社会とはポピュレーション（人口）、個々の数値を関数的に操作すべき母数なのである。

そこでは、ひとびとがどう考えているかよりも、どういう政策が、ひとびとのどのような行動を社会に生じさせたかの統計と、ひとびとが政策に賛同しているかどうかの世論調査の統計が重要になる。

こうした統計があきらかにするのは「正しい意見」ではないのはあきらかであるが、ひとびとは、その調査結果が自分の意見に反している場合でも、それで不正が行われているとは考えない。政治リーダーたちは、その数字を操作して、自分たちに都合のよい資源の配分を行っているのにほかならないのだが、他方、かれらもまた、統計でとられた支持率が低下するだけでその立場を追われることになる。

そしてもし、かれらが、支持率の上がることばかりを考えるようになるとすれば、それがポピュリズムをもたらすのであろう。さらにもし、支持率が上がることを通じて、パラノイアのエリートたちが登場してくるとしたら、それがファシズムを生みだすのではないだろうか。

実際、ヒトラーが、一九二三年、ミュンヘンのビアホールで、「ユダヤ人移民が流入してドイツ経済が崩壊しつつある」と演説し、「ユダヤ人を排斥しろ」と絶叫したということは、よく知られている。ミュンヘン一揆である。ハッキングは、そのとき、実際にはユダヤ人移民の統計がとられてはいなかったことを指摘している（『偶然を飼いならす』第二二章）。

これは象徴的な事態である。というのも、そこに出現していたのは、因果論に基づく歴史的事実に依拠するのではなく、統計学的事実に依拠する現代の思考様式（エピステーメー）だったのだからである。

ヒトラーの演説に対しては、そのときだれかが「ヒトラーは嘘つきだ」と告発すべきだったのであろうか。否《いな》、当時のひとびとも、おそらくは、それをしようとはしたのである。だが、ヒトラーのような人物は、歴史的事実や言語表現の真実など、はなから問題にしてはいなかった。どんなフレーズがひとの心を捉えて、信念を自分と共有させるかをしか考えてはいなかったし、聞くひとびとは、統計がありそうだと思うだけで、事実であると判断してしまったのだろう——それが統計学的事実の特性なのである。

ヒトラーのしたような差別表現に対しては、人権という観点からたえず批判はされてきた。しかし、人間が生まれながらにしてもつ権利というこの理念には、はっきりとした根拠はない。人権という理念は自然法に由来しており、そこには一神は人間を自由で平等な存在者として創造した」とするキリスト教思想が含まれている。人権の理念は、キリスト教徒にとっては普遍的であるが、非キリスト教徒にとっては一つの考え方にすぎない。

非キリスト教文化圏においては、市場経済および民主主義の制度を受け容れ、それに馴染《なじ》んでいるかぎりにおいて、その制度を支える思想として共通の前提とされ、そのうえで議論がなされるにすぎない。議論における効力はあるとはいえ、人権の理念を申し立てるばかりでは、ひとびとは合意をするにはいたらないであろう。

では、人間とは何で、どうしてそのような権利があるといわれるのか。人間であるとはどういうことか——しかしフーコーが「人間の終焉」と述べたように、ひとは、このような、人間についての問いを、もはや抱かなくなっている。差別表現が、どれほど叩《たた》かれようとくり返し出現してくるのは、ひとびとが、人権よりも正規分布の方を選ぶのだからである。

国家主義の理念が問題なのではない。ひとびとが国家主義の理念に説得されるのではない。現代の社会には、国家主義を生みだすエピステーメーがある。統計を背景としたひとびとの思考法が、もっと身近なところで社会を揺さぶっている。統計学が優生学を発展させ、平均、ないし平均の右側に向かおうとする巨大な奔流《ほんりゅう》をなす現代人の群れを作りだしているのだからである。

†正常と異常

ハッキングは、一八三〇年ころのJ・S・ミルとマコーリーの論争を最後として、人間についてはもはや語られなくなったということを指摘して、その理由がフーコーのいう生命政治にあると論じた（『偶然を飼いならす』第一九章）。生命政治とは、まさに現代の群れの政治を解明する概念である。

フーコー『臨床医学の誕生』によると、現代の医療体制は、一八世紀末、産業組織や政府機関に従事する科学者階層の出現と平行して、野戦病院における効率的な治療技術および医師教育法を社会で活用しようとする政策の結果として生まれてきた（第四章）。そこでは、統計学がその重要な手段とされるようになったと説明されている。

ハッキングは、それに対し、統計学は手段というばかりではない、生命政治とは切り離せないものだったと主張している。というのも、統計学を通じてこそ、「正常」という概念が、二〇世紀の最も強力なイデオロギーの道具となったのだからである。すなわち、統計学によって、もはや「人間とは何か」ではなく、「正常か異常か」ということがすべての議論の基準にされるようになったのだというのである。

どういうことか。現代医療体制の原型である野戦病院では、多数の傷病者を効率よく治療しなければならない。ある兵士は戦闘に復帰させ、ある兵士は帰還させ、ある兵士は無駄に治療するのをやめて「名誉の戦死」としなければならない。そこに「トリアージ」の思想が生まれてきた。

戦争を首尾よく遂行するという明確な目的のもとで、すべてのひとの命を救うのではなく、最も死に近いひとには黒いタグをつけて放置して、医師や器具や薬品といった医療資源を効率的に分配し、最大数の命を効率よく救うのでなければならないのである。

では、どのように選別してタグをつけるのか。身体の状態の識別基準は、一人ひとりの人生やそれへの想いによってではなく、「公正な」検査による測定結果の数値でなければならない。そのために、病院では、熱を測り血液を採り、その他、さまざまな数値が平均の一定範囲に収まっているかどうかをチェックする。

平均とは、「正常」であるという意味である。逆に病気とは、それからずれているということである。身体のさまざまな器官のどこかで、具体的には指摘できないにしても、その数値を平均から逸脱させる問題事情が生じているから平均から外れるのであり、その数値が「異常」の徴候となって現われているとされるのである。

ルネサンス期においても、発汗など病気のさまざまな徴候（しるし）が、病気の経過を示すものとして理解されていた。それは医師それぞれの見識による判断であった。しかし、一九世紀以降になると、徴候間の関係が数値に置き換えられるようになり、正規分布（ベル型曲線）で表現されるようになった。だれにでも一目で分かるグラフによって与えられるようになったのである。

とはいえ、そこで「正常」とされる数値自体は、病気でないことの保証ではないのはもちろんのこと、身体の何らかの状態についての根拠でもない。そのベル型曲線の中央、平均値に隣接するある一定範囲にあるということにすぎないが、しかし同時にまた、平均に近いその範囲にあることが望ましいとされる。「正常」とは、そのような奇妙な概念である。ヒュームが「存在から当為を引きだしてはならない」と警告していたが(『人間本性論』第三篇第一章第一節)、まさに統計学的判断は、現象を説明しているだけではなく、目指すべき目標を示している。「正常」は、事実でもあれば、価値でもある。正常であるからといって、身体の各器官がそれぞれ完全に機能し、相互に調和している状態なのかどうかは分からない。それは調べようがない。ただ、検査によって数値を得て、その統計をとり、十分に多くのひとの平均値に応じて「正常」と判定されるだけである。しかも、正常とされる数値が「よい」とされるのは、患者の身体の状態に対してだけではない。健康であるとされる平均的なひとの数が統計的に増えるという意味によってでもある。

この思考様式(エピステーメー)は産業界においても同様であった。大量生産が普及するにつれて「標準」という概念が成立する。これは、たとえばボルトのネジの精度が、どのナットともかみ合う一定範囲に収まるように製作されなければならないところから生じた概念である。

それぞれが交換可能なボルトとナットとして製作される場合、精度には限界があるのだから、真に完全に合致するボルトとナットは存在しない。しかし、それを目指して製作すると、誤差は正規分布に応じた結果となる。それを一定範囲に収め、交換可能であるように、すなわち相手を変えてもかみ合うように製作されたものが標準、すなわち「正常」であり、そうでないものが不良とされる。その関係が確立されたのが、一九世紀末、ロンドン万博におけるコルト社の拳銃においてだったという。

さらにそれは、社会の諸制度や諸基準についても同様であった。たとえば身長が平均に近いひとには、電車の吊革の長さの標準が対応しているので、それを摑《つか》みやすいという利点があるが、そのような意味で、社会には学歴や給与など、多数の指標による「吊革」があって、どれを摑むかによって人生が決まってしまうほどのものになっている。平均に近いか、できたら平均の右にずれた方が有利な場合が多い。「正常」とも「標準」ともいうが、現象を表現する単なる統計学的概念が、それ自体、いまの社会の一つの価値となっているのである。

†正常人

それにしても、すべての指標が完全に平均に合致するようなひとは、現実にはまず存在しないであろう。「正常である」とは、一体何のことだろうか。一体だれのことであろうか。「正常である」とは、一体どんな認識なのであろうか。

ハッキングは、これをある種の「イデア（プラトンのいう現象を超えて彼岸に想起される真実体）」であると述べている。つまり、だれも経験したことはなく、見出だされる具体的な人物も対象も、どれも平均値からずれているにもかかわらず、ただちに理想像として理解され、前提されてしまうような概念なのだからである。

実に「正常」とは、奇妙な概念である。正常なものとして完全に平均的なものを提示する必要もないし、それがよいものである理由を示す必要もない。身体の器官や機械の部品や人間の振舞の規格に適用され、平均に近づくようにするとうまくかみ合い、効率的であるということで、社会に受け容れられている。それは、自動車が左側通行と決められているようなものである。左側と右側のどちらがよいかとは無関係に、どちらかに決められていないと正面衝突するのだからである。

おなじようにして、「正常」という概念は、精神についても適用可能な概念である。そこでは、「人間とは何か」という問いに代わって、「正常か異常か」という問いが第一義的な問いとなる。

今日の医学的な検査では、因果的な根拠がなくても、相関する症状を数値によって判定することができる。それゆえ、精神についても検査して、何らかの数値を出すことができさえすれば、そこで正常と異常とを診断することができる。精神科医たちは、脳などの器官のうちに原因を探しだすことができないのに、仮想の精神器官を想定しながら、あるいは脳に異常があるはずと強弁しながら、多種多様な検査を考案して、さまざまな病名を発案してきた。

精神病者とされるひとたちは、確かに社会的には平均的な言動をしないひとたちである。ある意味では、ただそれだけのことであって、場合によっては宗教や芸術や発明において、異能のひとなのかもしれない。そういうひとたちに「異常」という診断が下されたなら、その場合、かれらは病院に収容され、薬物を処方されて、その依存症によって凡庸な言動を身につけさせられる運命のなかに放り込まれることになる。そのとき、ひとの思考はもはや「人間とは何か」ではなく、「それは精神の病というべきか、才能（精神の能力）というべきか」という二者択一の監獄に閉じ込められてしまうのである。

以上のようにして、現代においては、確率論的思考が数学的言語と結びつき、統計学によって正規分布曲線が描かれるようになり、それが社会の具体的実践に適用された結果、「正常」が判断基準となり、かつ道徳的価値となったのであった。

そして、その反対としての「異常」に位置づけられるひとびとを、排除であれ救済であれ、抹消する政策がとられるようになった。排除の場合には優生学と呼ばれていまは忌避《きひ》されているが、救済としても発想は似たようなものである。人権を守るというよりは、極端なひとを見えなくするためであろう、実際にも、鍵のかかった施設に収容されることが多い。

統計学という学問自体に問題があるわけではない。測定の精度を調整するためには、産業においても自然科学においても、有効な道具である。問題は、統計学が政策に適用されるときに生じる。人間を群れとして測定し、「正常人」という、処理しやすく、互いにかみ合う標準的個体を増産する政策が策定される。政治において、なぜそれが有効なのか？——それを受け容れるひとびとの側の倫理、およびそれから派生する思考がそれを支えるからなのである。

3 人間の終焉

†統計学の主題

「人間とは何か」という問いについては、この時代、もはやその内容について論じる必要はなくなった。そのような議論は時間の無駄であり、ただ人間の諸要素のいろんな平均をとってきて、そこから一定範囲にあるようにすればよい、そしてその規格外の不良品、それは異常なひと、障害者、病的なひととすればよい——フーコーのいう「人間の終焉」とは、そんな意味だったのだ。

ひとはみなそれぞれに個性的であり、大なり小なり平均とは異なるものなのだが、「みんな違ってみんないい」と声をあげてみるにしても、それは「イヌの遠吠え」のようである。統計学は、平均の一点のみを肯定するのではなく、七割程度、平均に近い一定範囲を正常として、その他の両極端を異常として、盲目的に排除しようとするだけの、紋切り型の、反論を許さない思考なのだからである。

ところで、正規分布曲線に、左右の極端が存在する理由は何であろうか。しかし、その答えは難しいものではない、そのような曲線を描くような主題についてしか調査されないのだからである。左半分、ないし右半分が存在しないような事象としては、たとえば芸術作品などがあって、平均が無意味になるようなものがある。無理して芸術作品の統計をとるとすれば、大きさや色がどうかといった、芸術性とは無関係な説明をしか得ることはできないであろう。

では、何が調査されるのか。それは、極端な事例が話題となるような種類の出来事である。たとえば、給食費を払えない貧困家庭の小学生がいるといった話題である。身近にいる小学生の例からだけ議論しても説得力がないということで、親の所得と給食費の未払いの相関性に関する統計がとられることになる。

このようにして、社会的に話題になるような極端なことが、一般的にはどのようになっているかと調査される。とすれば、社会には、調査に先行した「不安」が存在するわけである。「それは氷山の一角だ」とか、「あってはならないことだ」とか、ひとびとが口々にささやく出来事がある。

「氷山の一角」は例外の単なる逆、「極端な事例」のことではない。「例外」が原理に対立するものであるのに対し、「氷山の一角」には対立する原理がないからである。
それは推論というよりは想像であり、そして想像とはいっても「思いやらなければならないかわいそうなひとがいる」といったような、あるいはその裏返しの、「どこかで猟奇的な事件が起こった」といったような、情動に訴えかけることで世間のひとびとを巻き込もうとするタイプの議論である。そこにある不安は、匿名の想像のもとで醸成《じょうせい》され、情動となってひとびとのあいだに浸透し、白か黒かというようにしか判定できない二項対立的な思考によって、ひとびとの怒りに着火される。

統計学のしていることは、この、どこかで何かが起こっているという得体の知れないものについての想像を具体的に調査して、裏付けたり否定したりすることである。統計のデータが提示されるのは、話題になった不安要素が、政策的に解消、ないし解決されるためである。

ファシズムを批判したフロムは、それを受け容れたひとびとの性格として「権威主義」を問題にした（『自由からの逃走』第五章）。白か黒かというように、二項対立という、相互に無関係な二分法を集めて括《くく》ってしまうような性格である。権威主義的性格は、ライヒもアドルノも主題にしているが、しかし、問題は「性格」なのではない。何であれ、事態はベル型の正規分布になっており、それを受け容れるのは、どのひとびとにも共通したことなのだからである。

†平均の原理

こうした統計学的な技法は、現代の社会にすっかり定着して、すでに市民権を得てしまっている。一人ひとりがまずは平均に向かって努力して、一定数は右の極端に向かって名声と富を得、一定数は左の極端に落ち着いて、隔離されたり生活保護を受けたりしている。そこに、どんな問題があるのだろうか。

もし統計学に問題があるとすれば、それは、「みんなとおなじでそれでいい」という発想、全体における自分の立ち位置が分かればそれでよいとする発想が蔓延《まんえん》するという点にある。いいかえると、ひとびとが思考しなくなるという点にある。ひたひたと押し寄せる統計の波に、われわれはみな溺《おぼ》れかけている。

ひとびとが読む本は、身体の調子をよくする本、人間関係をよくする本、出世するための本、成功するための本、金持ちになるための本、子どもを育てるための本、老後の暮らしを設計するための本……、すべて、ひとびとが気にしていることだ。しかも、そのなかのベストセラー、みんなが読む本だけが読まれるのだ。

ひとびとを襲う不安の想像は、数えきれない統計によって、あたかも霧が晴れるように消散し、それぞれのひとは自分が平均に近ければ安心し、自殺であれ、犯罪であれ、極端なものがあってもやむを得ないと考える——それが、いわば自殺論的思考である。ひとが何を感じ、何を考えようと、その行動や生活は、いずれにせよ正規分布のなかに納まってしまう。極端なものに問題があるとすれば、それを解決するのは行政や国会の仕事なのである。

したがって、今日では、正規分布が神の位置に取って代わって君臨しているといっていい。人間の生き方でも、出来事の起こり方でも、すべて統計をとれば正規分布のカーブを描き、ひとびとはそのカーブの中央付近に位置づけられれば安心し、そこから離れるにつれて不安になる。そうでないひとが隣にいたら、自分から切り離そうとしていじめたくなりすらする。

ＡＩ機械のネットワークが広範に普及し、ありとあらゆる機械と人間とがその部品としてそれにぶらさがるようになりつつあるいま、写真や動画を通じて与えられる快とおなじ快を追体験することで、「みんなおなじでみんないい」と呼びかけあうＳＮＳの世界があたりまえになってきた。

こうした世界——生命政治が国家主義に見えるのに対し、ＳＮＳはモラルハザード、いわば道徳的アナーキズムに見える。一見、対立しているかのようである。ＳＮＳのメッセージは、統計に対抗して個人の意見を発しているともいえるわけだが、しかしその統計がとられ、とられた統計が前提されることで、「個人」が相殺されてしまう。生命政治は統計を使用した政策を構想するが、ＳＮＳはそれ自体が統計的現象であって、それをも対象に政策が構想される。

生命政治によって優生学的に社会的弱者が選別されることと、社会的弱者に対するSNSの差別や炎上やヘイトスピーチは、なるほど連動しているわけである。

それを「みんな」と呼ぶのだが、ひとは、自分のことを理解するときも、出来事がどこへ向かうかを知ろうとするときも、統計が教える確率によって判断する。事実よりも、経験を共有することに価値がある。悩みがあれば、専門家のところに行くのではなく、ネットで探し、悩んでいるひとたちと、それに回答しているひとたちの断片的な物語で安心する。

これが「ポスト・トゥルース(脱真理)」の実態である。エリートたちの統計重視がひとびとを訓育し、専門家たちの知識の価値が失墜した。ひとびとは、コンテンツ連動型やターゲティング型の配信によってキュレーティングされて、自分が読みたいニュースのみを送り届けるネットニュースや、ネットの友人の友人たちによる噂話を信じようとする。そして、ジャーナリズムの、専門家によって裏づけられたニュースを否定して、それを「フェイクニュースだ」といったりするのである。

ひとびとは、実際の統計調査なしにでも、それぞれの自分の意見が正規分布の中央にくるものと想定し、他の意見の一切を、その両端に位置づけて見ているようである。その結果、自分の身の回りでしかいえないことが、自分は平均的であるとの信念だけで、真理とおなじ扱いを受ける。因果論的必然性ばかりでなく、論理的必然性までもが捨てられる。

それは、管理社会における思想統制の正反対である。オーウェル『一九八四年』における「真理省」や、ブラッドベリ『華氏四五一度』における「消防署」のようなものがあるわけではない。管理社会とは、軍隊の規律を社会に適用したようなイメージの社会だが、個人の自由というイデオロギーの、裏返しにされた恐怖を描く物語にすぎない——とはいえ、中国の「グレート・ファイヤウォール」は、現実にもそれを目指しており、もし完成したとしたら中国がハクスリーのいう『すばらしい新世界』だったということになるわけであるが。

しかし、それよりも早く、しかも深く、すでにポスト・トゥルースは、「真理はどうでもいい」という真理の到来を告げている。ニーチェが、真理とはひとが生きるのに必要な誤謬であると述べていたが（『力への意志』四九三）、それが生命政治の真理であり、生命政治によって訓育された精神にとっての真理である。思想統制に対しては、自由を求める闘争が可能であるが、社会的弱者が排除されることからは何としても外れておこうとする思考にとっては、闘争は、主題にすらならないであろう。

†価値とは何か

われわれが戦うべきなのは、権力に対してではない。自由のためではない。われわれの敵は、統計であり、数である。数一元論の社会である。自分の行動が統計の数のうちに入ってくることから逃走し、「異例のもの」と成ることが重要である。

ところが、ひとは、自分が平均よりも左側、社会的弱者の側にいないように注意しておくだけではなく、平均のさらに右側へと、自分の数値を移行させようとする。この動機は、——「意識高い系」の動機でもあり——、さきにも述べたように、現代社会のもう一つの原理、国家主義に由来する。

それはちょうど、偏差値によって志望校を決めるようなものである。もし成績がよいことで誉められたいのであるならば、進学校ではない方が目的に適《かな》っている。しかし、成績のために努力するひとびとは、よりよい組織に所属することを目指し、偏差値の高い学校を目指す。数値で表現されるありとあらゆるポジションに関して、それとおなじことが目指される。それが「主体性（サブジェクト性）」と呼ばれてきたものの実態である。体制に迎合し、みずから「従属する（サブジェクト）」姿勢のことである。

「善とは何か」とは、多くの哲学者たちが思考してきたことであるが、ここでは、「よい（グッド）」とは、平均よりも右側（ライト）にあるということである。それが「正義（ライト）」である。平均の右側に「価値（バリュー）」がある。価値は数値（バリュー）であって、——順位のように小さい数でもいいが——、その大きさによって与えられる。

価値とは、もとより金銭の量を示す数値のことだったが、一九世紀、すべてが金額に還元される資本主義的社会になって、一般に使用される概念になった。価値が「よい（グッド）もの」とみなされるのは、――ヴィンデルバントが「真善美」について哲学的にどう語ろうとも（『哲学概論』第二部）――、そうした事情を背景としてである。そのうえでこそ、ニーチェのニヒリズム（価値否定）の意味があって、かれはすべての「価値の転倒」を要求したのであった（『力への意志』）。

価値の分からないひとが価値を知っているふりをするという「虚栄」があるのだから、「真の価値とは何か」が問題であるように見える。しかし、「価値」という概念は、もとより真偽をいうようなものではない。それは、一九世紀、群れとその統計のもとで生まれてきた尺度にすぎない。ひとびとは、何であれ行列に並び、あるいはベストセラーを買うように、数によって決定する。購入者数、投票者数、利用者数が、その価値を決定する。それは、「もの」でもないし、「こと」でもない。理由は必要ない、数が大きいということにこそ意味がある。

もちろん、それぞれのひとが数として取りあげるものは食い違う。それゆえにこそ、どんな数であれ、一定数が整いさえすれば、それなりに「価値」として認められる。その数は、客観性ではないし、現実性でもない。質や内容や根拠はどうでもいい。ある一定数が必要なのである。多くのひとがするということ自体が、価値であるからだ。

「価値観」とは、個性を表現するなどといわれるが、所詮は何を取りあげるかという観点にすぎない。一方で価値を産みだすひとがいて、他方でそれを評価するひとがいる。評価は、ニーチェのいうように、その評価をするひと自身の価値をも示す。だから、——翻訳書や紹介本で有名になるひとのように——、宣伝によってある作品の価値を高めれば、その宣伝をするひと自身の価値を高めることになる。

これは、作品の剰余価値である。チケットを買って、それをオークションで高く売るようなものである。消費者としてではなく、他の消費者に向けてその価値を示すことを通じて、自分の価値を高めようとするひとたちがいる。もはや「虚栄」というよりは「実務」である。

宣伝とは、その作品を知るひとの数を増やし、その結果として、市場での価値（数値）を高めることである。それゆえ、たとえ評価するひとが、いかに質や内容や根拠について宣伝しようとも、それは数を大きくすることにおいてのみ意義がある。最終的には収入という価値（金額）においてこそ意義がある。

その意味では、価値ある作品の享受は、作品の個体に対してあるのではなく、作品の「評価」に対してあり、作品への愛着は、価値とは関係ない。恋人など、とり換えようのないもの、かけがえのないものは、価値ではない。恋人がいるということには価値があるかもしれないが、その恋人自身は価値ではない——混同しないようにしてもらいたい。

あらためて問おう。ひとが、正規分布の右側へと進んでいこうとすること、それは正しい行動なのか。それで何を得られるのか。

その裏返しとしての大衆嫌悪、つまり平均に向かうひとたち、平均のままにとどまろうとするひとたちへの嫌悪が生じ、とりわけ平均よりも右側に行けなくてじれているひとが、平均以下の、自分よりも弱い立場のひとを差別して、憎悪表現（ヘイトスピーチ）をしたり、その返す刀で、——事実は大衆である自分への嫌悪を打ち消すためか——、とりわけネットを活用して、自分よりも右側にいるひとたちの誹謗《ひぼう》や中傷をしたり、あたかも自分がセレブであるかのようにして、虚栄や偽善を行ったりする。

それにしても、である。平均の右側へと進むことは何を意味するのか。

それはただ、所得や地位や名声の統計のさらなる右側への移行の可能性を高めるということをするのである。確かに、ある確率で、努力すればそうなるだろう。しかし、所得や地位の統計の平均よりも右側への移行は、——「勝ち組、負け組」などといったいい回しがはやったが——、つぎにどんな統計の右側への移行を可能にするのだろうか。

そこには正規分布の、出口のない迷宮がある。右側へと進もうとすることは、正規分布のグラフのなかに潜り込み、むしろ囚《とら》われ、それによってみずからが価値づけられることを欲望することである。統計を当てに努力しながら、自分が統計上でのみ価値ある存在になることを欲望することである。

正規分布には根拠がないのだから、その群れが波のように凝縮拡散をくり返すのはあたりまえなのだが、そこに国家の政策や差別の表現が働きかけると、群れは突如として一つの全体へと向かって凝固しようとし、二つの極端を排斥しはじめることがある——正規分布の右側のひとびとといえども、実は、それなりに危険な群れなのだからである。

もとより、統計が教えるべきものは、その平均値自体が右側に移行するように努力する立派な「国民」の列ではなく、ひとびとが群れとして、てんでばらばらに行動している単なる結果としての平均とその両極端である。

それを妨げているのは、「異例のもの」を異常や例外や障害にしてしまう思考、「わたしとは何か」を、平均値を基準として測定しようとする思考である。そこでは、どんなに特別なことや独自のことも、統計誤差の範疇に入れられてしまうだろう。ひとは、統計の教える真理が自分の将来を保証しているかのように錯覚する。そうした、「確率の雲」のなかの〈わたし〉の存在を信じているわけである。

あなたがどんなに抜きんでた生き方を目指しても、その結果は、いつしか疥癬《かいせん》虫のようにして統計の数字のしたに潜《もぐ》り込んでしまい、——出身高校や大学の名まえのように——、飲み屋で語りあう旧《ふる》きよき栄光の記憶にしかならないだろう。あなたが、どんなに独自の作品を目指して仕事しても、その作者名としてひとびとの言説のうえを浮遊するばかりで、あなた自身は忘れられてしまうだろう。

映画『バック・トゥー・ザ・フューチャーPART2』（ロバート・ゼメキス監督、一九八九年）において、主人公が過去に行ったとき、自分が産まれなくなりそうになる度合いに応じて、現在の〈わたし〉が濃くなったり薄くなったりするように描き出された。そのような事態を、多くのひとが、量子力学の教えるのとおなじ自然として受け容れているように見える。

どうして、そのようなことにリアリティがあるのか。だれがあなたを、その存在が霞《かす》みかねない「欠如」として捉えさせようとするのか。欲望のためか、あるいは障害のためか、あなたには何かが欠如しているとだれかが指摘する。どこにでもそのように責めたてて働かせようとする社会的組織があり、身体組織に必要だと強迫して商品を買わせようとする広告《ぎ》がある。

†群れの論理

組織には、「全体とその代理」という論理がある。「全体」とは、異例のものに出会ったときに、知覚される相手の群れの表象のことである。ところが、ひとはその異例のものの個体性を黙殺して、これにどう対応すべきかとか、どう分類すべきかとか問い、その表象を、最大の利益や完全な統合が欠如したものとして捉えようとする。それが「全体」とされるものなのであるが、それは出会いの驚きを、利害や規則の連関に移し変えた偽りの表象なのである。

ついで、ひとは、身体の自然法において、その相手の身体が自分の身体とおなじであると思考して、相手が見出だした全体のなかに、自分という分子が含まれるというように捉えることになる。そうとなれば、それは分子というよりも、——全体についての意識をもっているのだから——、ライプニッツのいう「モナド」である(『モナドロジー』)。ライプニッツのいうように、モナドに窓がない場合には、その結果、国家のために自分が努力する、ないし自分が滅びることまでをも、ひとは受け容れることがある。

ひとが、もし熱力学的な意味での分子ならば、群れのなかの分子でしかないのだから、群れの全体を知るよしもない。ところが、ひとは分子でありながら、「その全体の分子であるのだから、全体に従って行動すべきである」というように、自分自身を意識する。この思考は、全体を知ることによって自分を規定し、そこに指し示された道を歩もうとする「有機体論的思考」、すなわち組織の思考である。

このような、自分を個人と捉え、個人が所属する全体、あるいは個人と対立する全体を思考するのは、近代主義のイデオロギーである。どう対応すべきかとか、どう分類すべきかとか問うことによって、何かが欠如している全体の欠如を埋めるべきものとしての「自己意識」をもつようになる。そのようにして見出だされた虚構の自我が、「主体性」なるものとして、過去に責任をもち未来を構想するような存在として「人格」と呼ばれてきた。

そのとき、国家など、そのようなファンタジーとしての「全体」のなかに入るのか、あるいは、そのそとに出るかが問題である。多である分子の一つとして、自分が全体の一に帰依《きえ》するのか、多であり続けるかが問題である。

それにしても、真にあるのは数多《あまた》性である。「一」は、近代主義のイデオロギーにおけるように、——もとはプロティノスの新プラトン主義に由来するが（『エンネアデス』）——、「全体」としてあるのではない。一とは、数多《あまた》性から身をもぎ放とうとする個体のことである。出会った異例のものもそうであるし、出会う自分もそうである。どのような思考であろうとも、国家など、一なるものとしての全体に融即《ゆうそく》するような多はあり得ない。どこまでいっても分子である、多における一は、多に対する一にとどまる。

なるほど、「一なるもの」が思考するときは孤独であり、その不安から、思考を停止するための思考を求めるだろう。しかし、それは欠如しているからではない。欠如を満たすべき欲望や障害のもとにあるわけではない。「ひと（一なるもの）」は、元来充溢している。だから、ひとが思考するのは、作品の完成を示す完璧さとして「画竜点睛《がりょうてんせい》」といわれるものがあるが、——

完全性に対する欠如を満たすことではなく——、最後につけ加えられる一なるものが、「充溢した一」を作品として外部へと曳《ひ》き出すためである。

では、「充溢した一」とは何なのか。一は、多を代表するのでも統合するのでもない。だから、それは「全体」ではない。多から溢《あふ》れ出し、それ自身が他の多に付け加えられるという意味での「個体」である。そうやって、群れは組織へと凝集しようとする。その一によって数多《あまた》の一が群れという多を振り返り、それぞれに群れを知覚するのだからである。

「全体と部分」、「多と一」を、ひとは反対物であるとみなす。しかし、互いに否定しあう「反対」とは異なって、ねじれの位置にあって関わりあうことのできない対立としての「特異な差異」があると考えるのは、難しいことだろうか。

たとえ群れから組織が凝集してきたとしても、多は一に較べて、劣ったものでもなければ、一の欠如したものでもない。多が多のままであることは、悦ばしいことである。というのも、標準や平均値さえなければ、どんなひともそれなりに多のなかの一であり、全体である多を浮動させるポジションにあるのだからである——それが「オオカミの群れの夢を見る」ということなのである。

†群れの本性

一般に、認識（テオリア）と実践（プラクシス）には乖離があるものだが、それは個人の意識を経由するからである。社会には、いわば「不確定性原理」のようなものがあって、――株式市場の動向や新法の制定などはその典型であるが――、認識を通じてひとびとの実践の仕方が変わり、結果として認識が誤っていたとされる現象が生じる。経済学も、法学も、政治学も、社会学も、教育学も、普遍的真理を与えるという意味での科学とはならないわけである。

しかしながら、われわれは群れを知覚し、群れの個体として行動する。群れを知覚したからといって、それに即した行動をとるわけではないし、場合によってはそれに反する行動をとるのだが、だからといって群れに反していることにはならない。なぜならば、群れにはそういう個体もいることが前提されていて（！）、それで「群れ」として知覚されるのだからである。したがって、群れには、認識と実践の乖離はない。

しかし、統計を利用する権力は、正常と異常という対比によってひとびとから思考を奪い、群れの認識をさせまいとする。そこには、統計における「平均の原理」がある。「平均」とは、本来対象が個々ばらばらにあって、異例のものとして振舞う結果としてしか意味のない値である。価値の源泉ではない。あるいは、「価値」には価値はない。ところが、国家は、マジョリティになりたいひとびとが、平均値に近いところを国民として価値あるものとみなすようにして、両極端を排除しようとするのである。

最近よく唱えられる「ダイバーシティ」という概念も、訳語としては「多様性」のことであり、同一性が先立つ概念である。多様なひとを採用した方が、そうでない場合よりも生産性が高くなるという統計上の経営戦略にほかならない。それは、個性という概念が、「キャラ」という語に呼び換えられ、少しずつだけ異なる多様性の一要素という意味になっているのと同様である。

それは、「差別はよくない」という意味でもないし、「差異に価値がある」という意味でもない。そこでは極端の、異常や例外のひとびとは、最初から存在しないことにされている——組織の同一性を確保するために、それらのひとを、スケープゴートにしたり、ハラスメントしたりして、組織から追い出すよりはいいかもしれないが。

つまるところ、現代に生きる群れとしてのわれわれは、国家主義のもとにある。国家主義は、「全体」として平均自体を右に動かそうとする。それがわれわれに右側に行こうとするという意味での「主体性」を吹き込んで、それに従うこと、ないし従わないひとへのハラスメントをすることを促進する。それで、平均的なひとびとを軽蔑するひとたちや、平均以下のひとびとにヘイトスピーチをするひとたちが出てくるのである。

それは、分子としてのわれわれには、本来関わりのないことである。平均値の周辺にのみ凝縮堆積して例外を許さず、おなじ標準的な行動をしかしないひとびとの群れなど、よほどのことがないかぎりあり得ない。全体がどうであろうと構わない、それぞれの分子が異例であることこそが、群れの本性（自然）なのである。

すなわち、それが「人間本性（ネイチャー）」（ヒューム）なのであり、統計は、そのデータをとるものにすぎなかった。その結果として描かれる正規分布の滑らかな曲線が、こうした群れのなかの数多《あまた》性と異他性を覆い隠し、ひとびとに、匿名の、あるいは政策や差別の、奇妙な倫理的圧力をかけるようになっただけである。

最近は、ＡＩが小説や映画の分野にも進出し、人間の創る作品を凌駕《りょうが》しつつあるというひともいる。しかし、ＡＩはどこまでいっても統計が基礎であり、統計に入ってこない生の要素を発見する機能をもたない。将棋や囲碁のように、ルールに適《かな》うものについては人間よりも優れた判断ができるのだが、ＡＩにはルールを作ることができない。統計に表現された「正常人」のルールを、暗黙のうちに押しつけてくるだけで、——どこのネット配信とはいわないが——、せいぜい正常人の気晴らしになる小説や映画を作ることくらいしかできない。統計的に楽しめる筋立てに作られていることが、すぐに看《み》て取れてしまうのである。

ＡＩには、どうしても作れない作品がある。わたしがいいたいのは、産業に結びつけてしか語られない「創造性」のことなどではない。どうしても作れないものとは、異例のものとの出会いである。われわれは、そのようなものをこそ、「作品」と呼ぶべきなのではないだろうか。

4　なぜひとは思考しないのか？

†四つの生き方

人間は終焉するが、ヒトの群れは存続する。向かいつつある近未来社会において、ひとはどう生きるべきか、それを書いてから筆を置くことにしよう。

現代のひとには、四つの生き方がある。第一に、統計を検証することなく信じて平均を目指すひと、「人並み」に生きるということである。第二には、全体の動向を知ってマジョリティになるために平均の右側を目指すひと、「価値ある人物」になるということである。そして第三に、病気や障害や老齢によって、あるいは発達障害やうつ病などと呼ばれながら平均の左側に落ちこぼれてしまうひとがいて、第四に、それとはまったく別物であるが、「異例のもの」として統計自体から逃れ出るひとがいる。

落ちこぼれてしまうひとたちは、いわば群れから離れる「はぐれオオカミ」のようなものである。一匹オオカミは、アウトローとかアウトサイダーというイメージによって、ヒーローとして描かれることが多いが、実態としては、排除されて生きていけなくなる個体のことだそうである。落ちこぼれてしまうひとたちのなかには、中世では、追放されて森を彷徨する人狼もいたというが、現代では、生命政治によって隔離され排除されるひとたちのことである。

　そのようなひとたちのなかには、わたしが第二の自然法と述べた、「あなたがわたしであるとしたら」と想像することができず、「わたしがあなたであるとしたら」としか想像しないことによって、そうなってしまうひともいるのではないかと思う。そこに自我を巡る複雑精巧な、迷路のような精神分析の理論が作りだされることもあるが、それは、群れにうまく属していないことの正当化の目論見であるように見える。

　ただし、そのようなひとが、しばしばパラノイアとなって、「組織」についての空想をすることがある。すべてが自分の双子であるようなひとびとから成る組織。そして首尾よくいきさえすれば、村長となり、市長となり、首相となって、やがては国家をも横領し、ヒトラーのごときものに成るということすら起こる。組織は結晶のごときもの——同一の人格を規則正しく配列したものとなる。

　とはいえそれは、群れが、そのような人物をヒーローとして呼び出すかぎりにおいてでしかないであろう。どんなに回転のよい頭脳をもち、パズルを解くようにして、目的へと向かう優れた手段や技法を思いつくことができるとしても、自分とは異なるひとびとの知覚や思考の多元性を知らないひとは、問題を解決することも、人間関係を調整することもできないだろう。なぜなら、一人ひとりの目的は、似ていたとしても微妙に異なっているものなのであり、完全に合致した目的をもつことができるのは、真に危機的な状況においてのみだからである。確かにヒーローはそうしたときに出現するが、それでヒーローはいつも孤独なのである。

真に思考するためには、ついには群れから出るとか、出されるとかですらなく、群れという概念自体をも捨て去るべきであろう。群れという概念は、自分が群れの分子でありながら、全体のことを考慮してそれに従おうとする主体性をもつ場合の、全体の秩序の欠如の概念なのである。群れは実体であって、思考すべき概念ではない。なるほどわれわれは群れの分子ではあるが、熱力学の分子のように、勝手に動き回る分子であり、他の群れの個体と勝手に出会う分子である。異例のものに対面するときこそ、真の意味の思考が、この分子の意識に出現し、みずからも異例のものと成るのである。

†確率論的思考

「真の意味の思考」とはどのようなものか、もっと丁寧に説明しよう。

ひとが統計を信じるのは、確率論的思考が正しいとみなしているからであるが、正規分布に従おうとする思考は、まったく確率論的ではない。統計学を可能にしたのは確率論的思考なのであるが、それをみずからの思考にとり戻さなければならない。

「確率論的思考」とは、——パスカルとヒュームがその基礎を与えた思考であるが——、第一に、進行中の出来事の結末が必然的であるとは考えず、それとは反対の結果を惹き起こす原因がいくつも伏在していると想定して、それを見つけだそうとする思考である。第二には、唯一の望ましい結末を想定せず、期待値として、望ましくない結末も計算に入れながら結果を予期する思考である。第三に、といって徹底的に調査しているとそれには無限の時間がかかることをふまえ、ある程度の段階で考察を打ち切って、決断しようとする思考である。

「確率論的思考」は、一つの目的に対し、それを必然的に実現する手段を判断するという機械論的因果論的思考とは対立する思考である。判断を、一つの目的に限定してそれに対する最も合理的な手段を決定するために行うのではなく、多数の目的に対して、それらを蓋然的に実現する多様な手段のなかから、——マックス・ウェーバーが「価値合理性」と述べていたことでもあると思うが（『社会学の根本概念』）——、いずれかの複数の目的を調和させるのに適《かな》う、確率の高い手段を選ぶためにする思考である。

それは、見出だされた出来事の一回かぎりの意味を捉えようとするのではなく、また逆にすべての出来事は反復であるとして、必然的法則をしか捉えないのではなく、漠然としたもののうちに多様な出来事の生起を感じとり、また、ひとびとのざわめきの声を聴き取って、それらが展開する差異を識別しながら、その出来事がいずれの結末へと進んでいくかを見抜こうとする思考である。この感覚と想像からする思考を、漠然としたものどうしの関係に対してどの程度重ねあわせるかということで、より確かな判断を識別するのである。

では、なぜこのような思考が統計学的思考に席を譲ってしまうのか。そのわけは、ほかでもない。思考しようとするひとにとって、多数の原因を同時に捉えるのは疲れるからであり、結末がどちらに転んでも仕方ないと面倒臭くなるからであり、思考を自分で打ち切るのは辛《つら》いからである。疲れること、面倒なこと、辛《つら》いこと、これらは思考という行動一般の特性である。だから、少数の事例からあっという間に一般的法則を見出だしてしまうひともいるし、問題の複雑さに気づいただけで「答えはない」と判断するひともいる。それは思考を放棄しているわけである。

思考することは難しいが、その難しさは、思考しにくいことを思考しなければならないということに由来する。その点では、パズルも難しいといわれようが、——たとえ「理論」と呼ばれようと——、人生や政治の問題をパズルのように扱う場合には、それを思考と呼ぶことはできない。思考には、しばらくのあいだの努力、つまり「逆らって進むこと」が必要なのだからである。

†情報と決断

その際、「決断」もまた、必要になる。決断とは、思考を自分で打ち切って、最もよいと思われる結末にいたる行動をとることである。もし思考が論理的ないし因果的な必然性の原理に基づくなら、結果は推論によって決まってしまっている。目的に迷いがあるのでないかぎり、決断する必要はない。もし偶然がすべてを支配すると考えるなら、ギャンブルのぞくぞくする熱情が臨界に達するまで沸きあがるのを待つだけでよい。その場から立ち去ることができるのなら別だが、やはり決断は必要ない。

必然性を信じるひとも、偶然において生きるひとも、――それは「運命」という概念の両義的意味なのであるが――、蓋然性（確率）に対しては等距離である。決断が必要なのは、行動の正しさを与えるものが蓋然的だからであるが、とはいえ、そうした思考は疲れやすい。そのとき、それを解決するものとして、統計学的な図表や系統樹や図式が呈示されると、それが思考の努力と決断の瞬間の頼りなげな気分を埋めあわせてくれる。それが想像のもつ曖昧な気分に置き換えられ、想像に伴っていた不安を見えなくしてくれる。簡単にいえば、ひとが統計を信じるのは、思考しなくて済むからなのである。

しかし、それでも決断は必要である。何人もの哲学者たちが、これまで決断の重要性を説いてきたが、それは理性的判断に対抗してというだけであり、かれらはなぜ決断が重要なのかをいわなかった。しかし、決断すべきなのは、理性に反してではない。ギャンブルのようにして自身を偶然に委ねるべきだからというのではない。決断が必要なわけは、多様な原因の相互作用がどのように結末に向かって働くかを、無為によって結果が出てしまうまえまでの一定時間のうちに完全に見出だすことが不可能だからなのである。

「二つ二つの場」（『葉隠』聞書一）というものが、思考にもある。人生には、裏表が五〇％ずつの完全なコインは存在しない。いずれかの側に、確率論的な重さがある。

そのとき統計はヒントにしかならないだろう。統計にはエビデンスがあるが、決断はエビデンスを裏切るところにある。出来事の予兆が現われ、不安な想像がいずこからともなく湧きあがってくるが、それでもなお、数の大きさよりも、生の重さが重要である。ひとは確率論的思考と論理的思考とによって、「異例のもの」に成ることを怖れずに、それに対処するための確かな行動を見出だそうと努めるのである。

今日しきりにいわれている「情報を取捨選択する」——だが、どうやってかはだれも説明してくれていない。あたかもその判断基準となる知識をしっかりもっておくべきだという、近代主義的な意味での教養を要求されているかのようである。教養も大事である。しかし、知識がないからこそ情報に参照するのである。とはいえ、最も重要なことはネットには書かれていない。「情報を見極める能力」とは、――フェイクニュースを拡散するのは群れの特性であるが――、くり返し出会う情報の反復に対し、未来の自分の変化も計算に入れて、その正しさの蓋然性を測ること、つまり確率論的思考をして、適切なタイミングで決断する能力である。

決断して「異例のもの」に成ろうとしても、結局は統計から離れられないのではないかと思われるかもしれない。しかし、それで差し支えない。重要なことは、「統計から当為（～すべきこと）を引き出さない」ということである。統計上の値にふさわしい、ないしはそれに逆らった言動や振舞をしなければならないと思い込むことが躓《つまず》きの石である。群れからは、体罰やいじめやハラスメントの嵐が襲いかかってくるであろうが、統計への盲信から解放されること、それこそが「異例のもの」と成ることなのである。

†感性の総合

具体的に考えてみよう。ダニス・タノヴィッチ監督『鉄くず拾いの物語』（二〇一三年）という映画がある。廃棄物置き場で鉄くずを拾い、それを売って生活している貧しい男が、妻が重病になり、合法非合法、将来を考えることなく行動して、妻の命を救おうとする物語である。やむにやまれない状況に巻き込まれたとき、ひとはどう振舞うべきなのか……。

もっと端的な例を挙げるとすれば、たとえば、川を流されている子どもを見たとする。川の流れの激しさと、自分の泳ぐ能力と、その他温度や服装や子どもの状態をもふまえると、その瞬間をすぎたら飛び込んで助けようとすることが無意味になる時点がある。

だから、完全解を求めようとすることが、すでに飛び込まないことを選ぶという意味をもつ。完全解ではなく、実践解が必要である。実践解は、その表現から示唆されるようには、必ずしも日常生活に限定されるものではない。「画竜点睛《がりようてんせい》」というものもそれであり、それは、それ以上に手を加えても、それ以下でも、台無しになってしまう一点のことである。

アリストテレスに反していえば、テオリア（理論）よりもプラクシス（実践）の方が重要である。理論を求めているときですら、そうである。理論それ自体が無限を含み、完全を要求するものであるにしても、その理論を形成するときには実践解が必要である。真理としての「理論的総合」からすると、次善のものとか暫定的なものとか呼ばれるかもしれないが、その意味ではある種の「断念」でもある。決定しなければならないということで、それ以上の探求をやめることだからである——それは、倫理学理論においてもいえることである。

しかし、それは「総合」ではないというわけではない。総合とは、思考において経験を超えるものを見出だすことであるが、数式や言葉で表現される理論のしたに、「感性の総合」がある。この総合は、仮の総合、そのときその場で成りたつかぎりでの総合でしかない。それ以上の追究を行うと、ましてや理論的総合のように無限なものにまで到達しようとすると崩壊する。

感性の総合といって、しばしばグラフや図表やCGのように、理論や統計や論理や分類を図示したものと取り違えられるが、それらは理論的総合を受け容れさせるためのレトリックのことにすぎない。パワーポイントなどを使って、理論が分からないひとに「分かった」との錯覚をさせるために使用される手段である。

ここでいう「感性の総合」とは、諸感覚のそれぞれが、異なっているままに一つのものを指し示している事態を受け容れるということである。観ること、聴くことのように、諸感覚の質は相互にまったく無関係であり、その都度、量ないし強度はまちまちである。それらを互いに調整するとき、一つの対象が姿を現わしてくる。それを、ひとは知覚と呼び、知覚を、自動的にだれにでもおなじように機能する精神の能力の効果のように理解してきた。

しかし、諸感覚が一致して一つの対象が与えられるという「共通感覚」のようなものはあり得ないし、まして各人が共通して、そのおなじ知覚をもつということもあり得ない。何であれ、何ものかを知覚できるひとと、できないひととがいる。何かを指してあれかと思う「あれ」は、方向や距離はおなじかもしれないが、そうやって知覚しているものはおなじではない。そもそもパースペクティヴ（角度によって見える像の形）からして違うのである。

では、どうやったらそれを知覚することができるのか、それは理論によるのではなく、感性の総合によるのである。その総合は、決して一つの感覚をもって決めてしまうことなく、一つの感覚を指標とすることでもなく、――ホワイトヘッドが「抱握 prehension」と呼んだが（『過程と実在』）――、ちょうど五本の指で何かを摑《つか》むように、すべての感覚が動員されて、その相互の差異を、差異のままに保ちつつ、潜在的に描き出されていた可能な知覚を、自分の振舞の対象として実現することである。

そのきっかけを摑《つか》むために重要なのは、ヒーローになるための勇気ではない。まして、ギャンブル精神などではない。それは人知れずする訓練と習慣であり、経験における感性の精練である。それが真に異例のものを知覚させてくれる、ただそれだけのことである。

†発見すること

そうした知覚には、「概念」が必要であるとカントは考えていたが（『純粋理性批判』Ⅰ第二部第一部門第二章第一節）、それはこの知覚が記憶によって与えられると考えたからである。なるほど記憶された知覚が精神のなかで整理されて、新たな対象を知覚できるように準備されているにしても、しかし、もっと重要なことは、初めて感覚するものを知覚するときである。過去に知覚したものの、類似でも近接でも類比でもない、そうした知覚があるはずである。

何かが「発見」されるとき、知覚は一つの対象を捉える。それを一つの対象にしたものは、過去の知覚ではないし、過去の知覚をふまえて新たな知覚を与えるような悟性の能力でもない。

悟性とは「分かる」ということであるが、「分かる」のは精神の能力によるのではない。「分かる」以上、その前提として分かることを可能にする能力があるとカントは考えるのだが、それは、――拙著『いかにして思考するべきか?』第六章で論じたが――、せいぜい概念を規定する言語のことにすぎない。言語の意味すら感覚との関係においてしか理解されないのだから、そこに理論的仮設として「能力」をもち出しても、問題をずらすしかしていない。

要は、ただ発見することであり、この発見は、いま生じている感覚の相互の差異の差異に由来する。差異の差異を捉えられるのは、中断であり、断念であり、つまり、その不安定な状態を受け容れるということである。受け容れて、知覚から行動へと身を移すということなのである。それが「出来事」と呼ぶべきものであり、あとで言語によって物語られようとする「意味」なのである。

われわれは、視覚の能力を測定するためのランドルト氏環を見るときにすらそうするのであって、視力検査のとき、限界的な小ささに対して、見えているのかいないのか曖昧なままに、カンで答えを出している。それは、直観でもなければ、第六感でもない。それは、ヒュームのいう「知覚原子」(『人間本性論』第一篇第二部第一節)である。答えがあっているかどうかは確率の問題ではあるが、その確率の高いひとが、視力のよいひとであるということなのだ。このカンは、精神の能力ではなく、知覚の本来のあり方であり、せかされることを通じて、はっきりしないことを、断念しつつ判断するという経験のことである。

それは、カンで答えをいってみて、視力があるかないかの判定をひとに委ねるという断念であり、判断である。とはいえ、われわれの経験がみな視力検査のようなものだというのではない。視力検査は、やはり抽象的で形式的な測定にすぎない。街のいたるところにランベルト氏環が浮いているなら別であるが、決して「視覚の能力」を示しているのではない。

視力検査は、ギブソンが従来の視覚理論を批判して述べていたように（『生態学的視覚論』）、視線を固定した視野の特性を調べるものにすぎない。

それはいわば、照準器を覗《のぞ》くようなことなのである。なるほど敵を識別する「視力」は必要であるが、撃つべき相手と撃ってはならない相手を、兵士や警官は、瞬時に知覚しなければならないであろう。そのような、視力とはまったく別の能力を必要とするがゆえに、たえざる訓練が必要とされる。

職人仕事も、そうである。さまざまな工芸的な作業において、知覚し得ないものを知覚することのできるひとびとがいる。それを、視覚やその他の感覚の能力で測定することはできない。知覚することは、習慣や訓練によって容易になるとはいえ、過去の習慣や訓練だけで可能になるとするわけにもいかない。

知覚されないものを知覚するようになるためには、ほかに何が必要なのか。理論をいくら勉強して記憶しても、知覚できないものは知覚されない。

必要なのは、理論を理解する能力ではないし、まして盲目的な記憶ではない。必要なのは、——「なんだこんなことか、されればもう一度」(ニーチェ『ツァラトゥストラはかく語りき』)というように——、何度でも発見することであり、差異相互のバランスを感じとることである。それを感じようとする姿勢のようなもの、「生きることの強度」とでもいうべきものがある。それが感性の総合である。「おいしさ」についての判断のように頼りなげなものではあるが、だからこそ、そのことについて、よくふまえておかなければならない。

というのも、視力検査で視力を測定するということは、それもいまの社会の一つの政治、生命政治の一端なのである。キューブリック監督『時計じかけのオレンジ』(一九七三年)の主人公は、道徳的映像を見ることを強制する装置を眼のうえにとり付けられる。視線を固定されるということは、単に「能力」が調べられているのではなく、統計的な意味での正常さ、および社会の正しいとされるマナーを強制されようとしているということである。それに抵抗するためにも、みずから思考しなければならないのである。

†哲学と知恵

それでは、思考するとはどういうことか。とはいえ、思考しなければならない必然的な理由はない。「理由」というもの自体、生活において、他人から要求されるものにすぎない。それでも思考すべきことがあるとすれば、それは、自分の生活であり、周囲の人間関係である。

ひとは、衣食住や人間関係といった、いま眼のまえの事象に対して、たえずなにがしかの判断を下している。それを正しくできるのは、生活の知恵である。さらには、衣食住の将来について、それをより安定させる健康や安全や収入や支出について短期的長期的に考えておかなければならないが、それも生活の知恵である。人間関係の未来について、協力しあえるか裏切られるか、一緒にいた方がいいか離れた方がいいかについて、短期的長期的に考えておかなければならないが、それも生活の知恵である。

しかし哲学においては、生活そのもの、人間関係そのもの、時間そのものについて考える。「どうしたらいいか」ではなく、「何が正しいか」と考える。なぜそのようなことを考えなければならないかと思われるであろう。そのことを考えておけば、生活上の知恵がより優れたものになるのかと思われるであろう。しかし、ヒュームも述べていたが、賢者（知恵のあるひと）と哲学者とは違う（『人間本性論』第一篇付論）。賢者は生活を豊かで幸福にするが、哲学はそうしたことがどのようにして起こるかを思考する。それは、別の目的をもっている。世間的には考えてはならないとされることをも考えるという点では、「悪魔的思考」ですらある。

人生訓が必要であれば、哲学よりも時間と睡眠が役に立つ。哲学的なことを考えていれば生活上の知恵も優れたものになるかどうかは何ともいえないし、哲学的思考に優れているひとが、生活を上手にやりくりできるひとであるとはかぎらない——ウィトゲンシュタインが有名である。

その意味で、本書の全体は、哲学的思考のために書かれたものであることを白状しなければならない。どんなに具体的な問題を扱おうとも、——自然の真理や歴史の事実を述べようとするのではなく——、事態を明晰にするために概念の相互関係を整理して、新たな観点を与えようとするのが哲学である。では、何のために哲学をする必要があったのか。

哲学が生活上の知恵に働き得る有用な場合があるとすれば、それは生活上の知恵が前提しているもろもろの知識や思考が、そのひとの生活を困難にし、いわば人生の袋小路に陥らせているといった場合である。そのようにさせている思考の枠組（エピステーメー）の柵を乗り越え、そこから、自分が知らないうちにもっていた意見がイデオロギーであることを見出だして、これを破壊しようとする場合である——それは言葉に可能な最大限の寄与としてである。

†イデオロギー批判

ひとは白紙状態のもとで自由に思考しているわけではなく、アルチュセールのいうように、自分が産まれてきた社会の、時代と文化のなかで培《つちか》われた常識と思考態度を土台にしてしか思考できない（『イデオロギーと国家のイデオロギー装置』）。とりわけ学校など、正しい言葉を覚えさせられる場所において語るべき概念を身につけたあとは、概念を正しく語ることがそのまま思考することとされてしまう。それはいわば、言葉のうえで踊ることである。決まった踊りを何度でも練習して、上手に踊ることである。

時代のイデオロギーに適《かな》っているメジャーなポジションにあるひとは、その社会で気ままに生きていくことができるだろう。だが、そうでないひとは、自分の生活条件について思考せざるを得なくなる。健康や安全や収入の手段や支出の意味について思考せざるを得なくなる。

自然のことについてであれば、気候や風土や災害や病気に用心し、準備するというので事足りる。だが、それが人間相互のとり決めのようなもので、ひと次第で決まることであり、修正可能だと思われるようなことであれば、それを変えさせるためにはどうしたらよいかと、ひとは考えないではいられない。それが政治についての思考である。

しかし、生活から政治の思考への次元の移行は、たいていの場合、うまくいかない。政治の思考は紋切り型であり、どこかで教えられた通りの、紋切り型の物語をすることしかできないからである。イデオロギーによって物語のその筋が、記憶に埋め込まれているからである。

そこに、哲学することの意味がある。哲学とは、イデオロギー批判である。それは、すべてを白紙に戻すリセットである。単に否定するのではなく、一から考えなおすことである。

われわれは、——ホルクハイマーがマンハイムを批判しながらいうのと同様に（『新しいイデオロギーか』）、二〇世紀前半に話題になっていたような「歴史的全体性」（サルトル）といった認識を問題にしているわけではない。そのような全体を見出だすことが重要なのではないし、可能であるとも思わない。

そもそも、すべて政治を思考することが重要なのではなく、生活がより重要である。その生活も、衣食住のような生物学的条件によってのみではなく、人間の相互関係によって成立しているのであり、そのなかでこそ、生きることの意義を受け取ることができる。

政治は党派活動のように見え、闘争のように考えられたりもするのだが、それは、政府のすることが、所詮《しょせん》権益と義務の配分を変更するようなことなのだからであり、政府が本来なすべきことは、そこでは戦争と内乱を防止することでしかない。政治は、もとより生活の人為的条件のことであり、生活を安定したものにするものについての思考なのである。

たとえば、ひとと協力するかひとを裏切るかは、生活上の利害によってのみではなく、ひとの生きる姿勢に依拠している。一緒にいるか離れるかは、生活上の便宜によってのみではなく、ひとの群れ方についての姿勢に依拠している。紋切り型の政治的な思考が、何とひとびとの思考を囚《とら》え、歪《ゆが》めてしまうことか。

哲学とは、国家社会、倫理宗教についての自説を展開するような場ではない。哲学は、社会のイデオロギーを暴露して、生活の思考と政治の思考に橋を架ける思考である。思考が文化によって規定されているという「構築主義」に与《くみ》しているわけではない。それも、時代を超えて断定する普遍主義にすぎない。ただ、時代のエピステーメーに抵抗しながら、自分たちの置かれている政治状況が、どのように自分たちの生活に影響を与えており、その状況のどこをどう変えれば自分たちの生活をよくすることができるかについて、根本的に理解させようとするのが、哲学なのである。本書において論じてきた、社会が人格によって形成された組織ではなく、ただ人間の群れであり、その意味ではぼろ屑であるということも、そのような意味で述べたかったのである。

*

ピエール・ブールは、一九六三年、小説『猿の惑星』を書いて、進化したケモノの群れに捕《とら》えられた白人男性の不安を描き出した。その不安は、具体的には、「理性的な個人」という近代主義的な人間像が、日本人などのような、他の人種の単なる群れに圧倒されつつあることへの不安だった。

そうした群れは、それより以前、アメリカ大陸に渡った西欧人たちが居留地（コロニー）へと排除監禁したインディアン（アメリカン・ネイティヴ）たちのことでもあったが、やがてひとびとは、アジアにも、西欧の内部にも、各地にそうした群れが一斉に出現してくるのを目撃することになった。

二〇世紀、西欧文明の「進歩」の足取りはふらつきはじめ（シュペングラー『西欧の没落』参照）、カート・ヴォネガット・ジュニアが「知性は人間だが心はサル」（『猫のゆりかご』）と書きつけたように、爆弾で遊ぶ子どもたちのような、科学的成果が装塡《そうてん》された群れの論理が姿を現わした。

西欧的人間像を前提する近代主義者たちには、これを抑え込むことは不可能なのではないだろうか？——というよりは、その人間像が、——我が国の国債のように——、ただ進歩のさきの遠い未来を担保にしていただけのものであって、本来の人間の姿を隠していたということが分かってきたというべきだろう。それは、一八九五年、H・G・ウェルズの『タイム・マシン』のなかでも、すでに予想されていたことであった。

われわれは、いま、自分たちがケモノの群れであるという現実に閉じ籠められている。もはや、力と理性をあわせもった理想主義的なヒーローが登場する文脈は見つかりそうもない。『猿の惑星：創世記』（アマンダ・シルファー／リック・ジャッファ監督、二〇一一年）の主人公のチンパンジーであるシーザーに対し、——それはブールが恐れたケモノの群れのなかの「異例のもの」にほかならないのだが——、人間によりも共感する観客たちは、近代をまだ信じている人間たちの愚かしさに、すでに気づいているように思われる。

エピローグ　近代の発想を頭からすべて洗い流そう！

†個人から大衆へ

「社会とはどのようなものなのだろう」と疑問に思ったとき、「たくさんの個人がいて、それが相互に関わりあって暮らしていて、そこにさまざまな約束事ができてきて、究極的には国家が形成された」と考えれば、何と分かりやすいことでしょうか。

これはイギリスの哲学者、トマス・ホッブズが発明して、それ以来、一般的となった社会についての捉え方です。それ以前には、社会とは「ただ大きな家族のようなもの」と考えられていたのですから、それは画期的なことだったのです。

そのホッブズの枠組に倣《なら》って、スピノザやロックやルソーやカントなど、多くの哲学者たちが、多様な議論をしてきました。かれらの考え方は少しずつ違いますが、それは、その人間観や、人間の相互関係、制度、法律の捉え方が違っていたからです。

逆に、かれらに共通していたのは、人間には理性があって、それぞれがみな最大限に思考することで、社会のあり方が決まると考えていたことです。しかし、そのようなことがいえたのは、一九世紀末になって、大衆と呼ぶべきたくさんの「思考に乏しいひとたち」の群れが社会の大勢を決めてしまうという、大衆社会論という観点が生まれてくるまででした。

大衆社会論を唱えたのは、ル・ボンやタルドなど、当時新興の社会学の研究者たちでしたが、かれらも、──自分には少なくとも理性があるからなのでしょう──、「人間は、本来は理性があって思考するものだ」という考えを捨ててはいませんでした。それで、情動的で暴力的な、理性が乏しいひとたちもいるということを示して、それにどう対処したらよいかということを考えるように、他のエリートたちに向かって呼びかけたのでした。その呼びかけの声は、二〇世紀前半、ライヒやオルテガやサルトルやハイデガーにまで反響しています。

そこには、エリートで、マジョリティである立場からの、精神貴族主義的な大衆嫌悪が含まれていました。

二〇世紀後半になると、リースマンの「他人指向型」やミルズの「新中間層」という性格づけのように、大衆を社会の大勢として客観的に見ようとする社会学的立場、さらにはマルクーゼやボードリヤールなど、決して肯定しているわけではないですが、社会の実情を深く理解しようするという観点で、大衆を高度資本主義社会における主人公として捉えるような思想家たちも出てきました。ネット事情までふまえたラインゴールドの『スマート・モブズ』は別格ですが。

それにしても、その間《かん》、ファシズムや第二次世界大戦が起こり、学園紛争やソ連崩壊がありました。現代では、9・11以来のテロ騒ぎや、先進各国で進むポピュリズムなどの現象が起こっています。

わが国でも、戦後、集団就職で都会に出てきた大量のひとびとが、高度成長によって豊かになり、都市に人口が集中した生活がすっかりメジャーになっていますが、こうした、二〇世紀後半以降の社会は、もはや、「個人と社会」というホッブズ流の枠組では捉え難くなっているのではないでしょうか。

†人格から人口へ

ホッブズ流の社会の捉え方を「近代主義」と呼ぶならば、近代主義が前提している「人格」、つまり理性的な人間がそれぞれに十分な思考の末に制度を作るという説明は、どこかピントが合ってない気がします。現代でも、アーレントやハーバーマスやロールズなど、その理論を前提して議論する、人気のある思想家たちも多いのですが……。

それにしても、人格とは何でしょうか。人格とは、ロックのいうように、過去の行為に全責任をもち、現実感をもって未来をしっかりと構想していくひと、ないしカントのいうように、決して他人を手段として扱ったりせず、社会全体をよいものにする行為をしかしようとしないひとのことですが、「あなたは人格者ですか」と尋ねられれば、だれしも後ろめたいものがあるのではないでしょうか？

そうやって自分を振り返るひとはまだ誠実です。ですが、ほかのひとたちを見ると、どうもそうではない「ざんねんな」ひとたちがいるように感じます。特に、ひとに向かって、「責任」とか「規範」などという言葉を使って非難してくるひとたちにかぎって、自分のことは棚上げという傾向が強いのではないでしょうか。そんなひとたちからは、大急ぎで距離をとるのがいいでしょう、なるべく大きな距離を。

ところで、二〇世紀の後半、社会が実際にはどのようにして運営されているかということについて、フーコーという哲学者が、「人間は終わった、生命政治が行われている」といいだしました。

近代主義の考えだと、政治の対象は個人、すなわち理性をもった人格としての人間であり、そのひとたちに向かって政策の意義を説いて、賛同されたらことを進めていくということになっているのですが、フーコーによると、いまの政治が対象にしているのは、人格ではなく「人口」だというのです。

人口とは「ポピュレーション」の訳で、その地域のひとの数ですが、もっと広い意味、ポップなもののことです。食料を消費する口であり、もの言う口の数のことです。数としてしか見られない、一括りにされたひとの総数のことです。それから成る群れの全体が健康であること、正常であることを政策目標とする政治が一般化しているというのです。

政治のテーマとしては、せいぜい受動喫煙や地球温暖化の対策などしか出てきませんが、他のテーマであっても、近代主義の立派な諸概念を使いながら、そのたてまえのもとで、年金問題や社会保障、高齢化したひとたちの生活や子どもをもつひとたちの生活のゆくえといった人口関連の問題について、どうこうしようとする議論をしています。せいぜい予算との関連においてしか争われておらず、美しい言葉で作られたルールでもって、それが一旦できたら、政府が好き勝手するという印象は免《まぬが》れ得ませんが。

†個と全体の乖離

これに対して、「人権が尊重されるべき個人に対してすることとか」みたいな反発は当然でしょうし、逆に、「そのことが何で問題なのか」と思うひともいることでしょう。

わたしとしては、議論の主題と、それによって結果として出来てくる政策のずれは、いかがなものかとは思うのです。一人ひとりが決断しなければならない家族や個人や学校や国家や外交の話ばかりをしながら、結局は、一人ひとりを多数のなかの要素として、どう効率的に処理していこうかという話ばかりなのですから。

なにせ人数が多いのだから、結局そうなるのは仕方がないと思われるかもしれません。政治とは所詮《しょせん》そのようなものなのであって、「選挙の日だけの国民主権」ということなのでしょうか……、そうしたあきらめのようなものの蔓延《まんえん》、それが現代の社会状況のように思えます。

こうした、個と全体の乖離《かいり》。しかも議論はいつも「全体」を巡ってでしかなくて、直接自分の意見が通ることもなく、意見が尊重されることもない状況。多くのひとがそれを黙って受け容れているのは、政治リーダーたちの思う壺だという気もするのです。

それをフーコーが、それぞれのひとが自分の身の回りのこと、特に健康ばかりを気にするようにさせる政策によって、一人ひとりが社会についてどう思考しようと関係ないという気分にならされていると、説明したのです。それが福祉社会ならまだしもなのですが、一人ひとりの幸福は、どうでもよいことらしいのです。

だれが、どうして、どのようにして、こんな風にしたのだろうかと思うのですが、その答えは見つかりません。そんなスローガンで選挙に出るひともいませんし、そんな意図をもって登場した独裁者は、聞いたことがありません。

なぜ社会の大勢《たいせい》が、いつのまにかそうなっており、だれも疑問に思わないままに、その状況で暮らしているのでしょうか。その仕組がどのようにして出来上がってきて、どんな理由で、ひとがそれに従って生きるようになったのでしょうか。

†近代主義者たち

そのようなわけで、わたしは、本論のなかで、「群れのための、群れによる、群れの政治」ということを述べることにしたのでした。人間は、人格ではなく、かつては大衆と呼ばれた「群れ」なのだからです。

太古から、ヒトは動物たちとおなじように、ずっと群れであって、その群れのあり方を変えてきただけなのではないか、と考えてみます。そうとすると、近代の一時期は、理性主義的な少数エリートが強力だったという点で、ちょっと特別だったのであって、現代は、人類がずっと目指してきたことを、こんな形で実現しただけだったということになります。

それなのに、まだ、近代主義の前提のもとで「人格」とか「国家」とか「家族」とかいった理念を振りかざし、制度を改変しようとするひとたちがいます。そんなひとたちが方々にいて、もしかすると大多数は望んでもいない戦争をしたがっているということはないでしょうか。

ひとびとが揃《そろ》って「一抜けた」といって、ガンジーが勧めていたように、戦争に対する不服従運動のようなことをすれば、戦争は起こらず、国境も曖昧なグレーの線になってしまうのではないかと、わたしは夢みたいなことを考えてしまいます——それはルソーのいう「一般意志」ほどのファンタジーでもないのではないでしょうか。

しかし、近代国民国家も、そして実はそれに深い関係のあった核家族も、われわれの世代がすっかり馴染《なじ》んでしまっている制度なので、太古から、また未来永劫にあるものだと錯覚して、絶対に引かないという決意のひとも多いかもしれません。それが近代主義者たちです。

そのひとたちが前提している「人格」とは、古代ギリシア悲劇の演者がつけた仮面（ペルソナ）のことです。その仮面のひとたち（パーソン）が、近代の名残《なご》りの諸概念を使って、社会に毒を撒《ま》き散らしているということはないでしょうか。

一般に、事故やトラブルのようなことが起こっていない場合には、ひとが注意して行動しているというだけでなく、多数多様な条件が重なってそうなっています。ところが、事故やトラブルが起こった瞬間に、近代主義者たちは、その原因としてパーソンの行為を追及しはじめます。映画『ハドソン川の奇跡』（クリント・イーストウッド監督、二〇一六年）に描かれたように、必ずだれかに責任があるはずだと前提するのです。

確かにだれかに責任がある場合もあるのですが、このように、ペルソナの行為だけですべてを論じ切ってしまおうとするのが、近代主義者たちです。しかも、それに対応して、他方には、そのことにストレスを感じつつ、ペルソナのしたにある本当の自分、「自分探し」をする近代主義者たちもいます。前者が後者を糾弾《きゅうだん》することで、うつ病とか発達障害など、精神障害になるひとが増えてきているように思われるのです。

ここに、もう一つの国境、内在的な国境線が引かれています。そこでは、いわば、前者による後者の掃討戦が行われているのです。うつ病になって離職して、生活保護を受けながら、薬漬けになり、定職につけない人生を送るようなひとたち。定年後のひとたちも含め、社会から追いやられ、排除、監禁されるひとたちが増えてきました。働こうとすれば、生活保護費や年金が減額されます。かれらは、特定の場所にしかいられないという状況に追いやられているのです。

†精神と群れ

ところで、われわれは、顔で相互に個体識別をしていますが、身体の他の部位によってでは、それは困難です。動物は裸で暮らしていますから胴体の特徴も見分けられますが、人間は衣服を身に着けています。衣服は、女性らしい服や若者らしい服などというように、個体よりも群れを表現しています。そして、衣服は「はだか」の身体、――裸体とはデカルトやライプニッツにとっては事物それ自体のことでしたが（『省察』二、『モナドロジー』）――、身体の生を隠しつつ、衣服をつけない部分としての顔、ペルソナを強調してもいるのです。

顔が表現している人格は、レヴィナスが何といおうと、いまの社会では「お約束」にすぎません。みんな共犯となって、人格があるというふりをしながら互いに関わりあい、人間関係や組織内の関係を成りたたせています。しかし、実際には人格的でないひとがあまりに多いので、社会は息苦しいものとなっています。

フロイトは、合理的に振舞うことのできないような自我のペルソナのしたに、無意識的なエス（それ）を想定し、人格的ではないながらにもそのひとの行為を決めている「合理的な」機械仕掛によって、精神を解明したと称しました（『自我とエス』）。それによって、人格からのみ精神を捉えようとする近代主義的な考え方を否定したのです。

それを受け継いだユングは、——結局はフロイトに破門されてしまいましたが——、さらに、無意識的なものは個人的なものではなく、「類的なもの」、人類に共通した象徴的なものの働きだと考えました（『変容の象徴』）。精神は、ペルソナのしたを探すよりも、人類の生物としての進化の過去に求めるべきだというのです。

しかしながら、ユングのように捉えたとしても、まだ不十分なのでした。かれはフロイトと同様に、どのひとにも備わる普遍的な「精神」があると前提していたからです。

もとより大衆とは、何を思いつくか分からない、情動的で暴力的な存在だったはずではないでしょうか。大衆は、その生い立ちの貴族主義的葛藤のもとにはありませんし、だからといってみな共通の象徴的なものをもとにして思考するわけでもありません。エリートの思考をいくら分析してみても、時代と文化の反映しか見つからないのです。

群れにおいては、精神の内実は、普遍的精神の多様な現われのようなものではありません。それは古今東西、群れによって異なります。星の数ほどの群れがあり、土地、すなわち経度や緯度、地形や気候や高度のような偶有性によって千差万別の精神が生み出されます。

群れのなかでは、まさに進化論的な意味で、何でもテーマになり得るのであって、だれからともなく「〜べし」という勧告がなされ、――道徳のようなものにされるまえに――、それぞれの偶有的な条件に応じて、他の諸個体に対する「類似のもの」か「異例のもの」かという肯定と否定がなされる――それだけのことではないでしょうか。それが群れの論理です。個体の意識と振舞の合理性も非合理性も、群れの伝達の反響、ないし表現にすぎないのです。

†ペルソナを経由しない社会

したがって、「人格はフィクションである」というところから話をはじめなければなりません。個人に人格があって、そのうえで家族と国家がある、ということになっているのに対し、人格というものをほとんどだれも実現できてはいないし、そうあるべきだという根拠もないということを示さなければなりません。

さきに挙げたハイデガーが、「アンチ・ヒューマニズム（反人間主義）」ということで先鞭をつけていたのですが、それ以前に、ヒュームという一八世紀の哲学者がいて、「人間は知覚の束」にすぎないと主張していました。人格であるような人間は実在しないというのです。しかし、それが正しいとするためには、〈わたし〉として捉えられている「このもの（個体）」とは何かということを考えておかなければなりません。「人間とは何か」とみずからに問うているこの〈わたし〉です。

その答えとしては、わたしは、「存在を思考する」としたハイデガーと正反対ですが、〈わたし〉とは、認識の対象ではなく、「プライド」と呼ばれる情動であると考えます。情動は、情念とは違います。情動はアフェクトの訳語ですが、情念はパッションの訳語です。

デカルトは、情念を精神の受動として、理性の操作対象になるものであると解しました。そのことによってひとは、自分の人格を実現するというのです。パッションはもともと「被《こうむ》るもの」、事故などの、その場で一斉にひとびとが襲われる状況において、それぞれの身体に降りかかってくるもののことです。デカルトは、すべて自分の身体に降りかかってくる欲望や感情として、情念が精神に現われてくるのだから、それを制御すればよいと考えたわけです。

パッションは「受難」とも訳せる概念で、天変地異として、天や神や、あるいは、――キリストの磔刑のことでもあり――、ハイデガー的な「存在」からも降りかかってくるものですが、それに対して、情動は、複数の身体のあいだで起こる感情のことです。性衝動などがいい例なのですが、それ以外にも、悪くいえば、まさに群集心理的なもの、横並び的な集団主義的なものを惹き起こすさざ波のようなもののことです。

わたしは、それを進化のなかで人類が獲得してきたものとして理解したいと思います。従来の進化論は、人間には人格を前提し、ヘッケルがしたように、一切の生物が人類に向かって進化してきたかのような系統樹を作ってきました。しかし、身体を個々に形成する遺伝子によってよりも、生活上関わりのある動植物との連関において、人間はいまのようになってきたに違いありません。とりわけ人間は、イヌとともに暮らすことで、人格としてではなく、「群れの個体」として進化してきたのに違いありません。人間と呼ばれるものは、その本性において群れなのです。

だから、社会をありのままに見るためのわたしの方針は、こうなります。第一に人間身体相互をバラバラにせず、群れとしてまとめて捉えること、第二に人間だけを特別にせず、周囲の動植物や事物もまとめて捉えることです。

こうやって、人格を飛び越えて、ペルソナを経由せずに、群れの個体がいきなり社会に直結しているようなあり方を想像してみてはいかがでしょうか。

具体的にいえば、人格を基準に社会を捉えるときには、一方に、もろもろの社会的組織と、それを制度と法律によって秩序づける国家があり、他方には自分の身体と、その生活を支えあう家族がいます。それが公私の区別です。パブリックなものとプライベートなものを区切る線ですが、今日では、それがペルソナ（人格）によって、社会的組織と身体組織を区切る線へと切り詰められているのです。

それに対し、ペルソナを経由させずに、つまり仮面をはずした匿名の人間の群れから社会を捉えるとどうなるか、です。上部に社会的組織、下部に身体組織があるというのではなく、社会的組織と身体組織は渾然一体となっています。公式的で事務的な社会的関係のあいだに、衣食住や性の情動が空気として漂い、突如暗転して一人ひとりを襲ってきます。それを通じて、社会的組織がたえず動揺しているのです。

†思考と人格性

わたしは近代主義の理想を否定したかったわけではありません。全員が人格であるとするような社会の捉え方では混乱させられるだけだと考えて、こうした議論をしてきました。

人格的な人物であろうとすることに、意味がないと考えているわけでもありません。むしろ、そのためには思考をしなければなりませんが、どうやったら思考しているといえるのでしょうか。

フーコーのいう生命政治とは、群れに由来する情動を抑え込むために、それぞれのひとがパッション（情念）の源泉としての身体に専念するように、病気への不安を蔓延《まんえん》させるという政策技法のことでした。この生命政治に逆らって進むためには、もとより人間が群れであることをふまえて、社会的組織と身体組織を区切る線を抹消するような思考をすべきではないかと思います。

しばしば勘違いされていますが、群れにとって都合のよい言語表現をすることを、思考するとはいえません。ひとに思考をさせないようにする言語表現もあるのです。生命政治とは、その意味で、いかにひとに思考させないかという仕組であり、それというのも、――生命政治も群れから発しているわけで――、もともと群れとは、思考するような個体を追放するような本性をもつものなのだからです。

しかし、そのことも含めて群れなのです。群れは思考する個体を通じてその姿を現わし、その形態を変えていきます。もとより、群れのなかでしか見ない「全体」は、みなファンタジーです。思考するとは、人格的なヒーローとなって群れの「全体」を救済することなどではなく、群れから外れること、異例のものに成ることなのです。そのような人物にこそ、――夕暮れとはいわず――、ミネルヴァの梟《ふくろう》が飛びたって、群れの真の姿が見えるようになるはずだと、わたしは思うのです。

あとがき

最近わたしの接する若いひとたちに感じられるのは、切羽詰まっていない感である。未来に起こりそうな暗い予想についてはよく知っている。なるべくそのことは頭から振り払っておこうとしているかのようである。しかし、その態度も含めて近未来は形づくられる。もう少しいまの社会状態を直視して、未来に関わっていってはどうだろうか。

とはいえ、社会を直視しようにも、どの教科書にもバイアスがかかっていて、近代主義的なたてまえのようなことしか書いてない。そこで説明されているような立派な仕組があるのなら、なぜこうも社会の未来は暗いのか……。

若者たちがゲームばかりやっていて政治に対して発言しないせいだとか、未来が暗くなるのは、理性的になろうとしない若者たちの「自己責任」だとかいうひともいるかもしれない。

三十年まえならば、近代的なさまざまな観点、「自由」や「平和」や「人権」や「国家」といった理念に基づく観点が、時代と社会とを教えてくれていた。だが、リオタールが『ポストモダンの条件』で指摘したように、そうした「大きな物語」が力を失って久しい。今日の社会状況を理解するためのキーワードとなっている諸概念について、学校教育での「社会」や「公民」とは別様に、少し考えなおしてみるのはどうだろうか。

現実の社会をまっすぐに見ること、自分の経験と照合すること、背後にあるものを徹底的に考究すること——本書を読んで賛成できなかったとしても、それを目指す姿勢に共感していただければ、それだけでうれしい。資料というよりは、「考える材料」にしていただきたい。

一昨年『現代思想史入門』を書き、去年、大学でテキストとして使用したとき、半年では講義できる章が限られているので、どの章をやってほしいかと尋ねたところ、多くの学生が第五章、「暴力」の章を選んだ。やはり若者たちは近未来社会がどのようなものになるのか、それはなぜかを知りたいのだと意を強くした。

また、昨年、『いかにして思考するべきか?』(勁草書房)を上梓したが、その初校段階で、そこに含まれていた第七章を削除することにした。

その本の趣旨は、思考と言語が切り離し難いがゆえに、真理をそのまま表現できるわけはないし、そもそも言語の思考への影響によって、真理が思考できるかどうかも疑わしいというものであったが、結論は、言語のある特殊な使用によって、それはかろうじて可能であるということになった。その具体例として現代社会を論じたのが第七章だったのだが、初校を読んでみたとき、その部分は、新書のようなメディアで語る方がふさわしいと思ったのだった。本書第六章に当たる部分である。

それで、その本を出したあと、七月ころから書きはじめ、『現代思想史入門』第五章を精密詳細に書きなおそうという気持で毎日のように書き続けた。ようやく十二月になって完成したら、再びこのようなぶ厚い本になってしまっていた。それは申し訳ないことではあるが、新書は今日、思考をより多くの読者に送り届けるのに最善のメディアである。快く引き受けていただいた編集の松田健氏に感謝する。


哲学することとは、入り口は困難ではあるが、ゲームよりも楽しい。というのも、ゲームのなかで問いが生まれたとしても、それを作ったひとたちのルールに行き着けばそれで終わりだが、哲学は、われわれが生きていることの謎に対して、自分の知性の最大限を試みることができる。

その意味で、わたしは本書を楽しみながら書くことができた。これまで長い時間をかけて読んできた思想家たちのいくつもの言葉が、「社会とは何か」を巡ってひとりでに結びつき、わたしのなかで別様に産まれなおし、育ちはじめたかのように、気がかっていたさまざまな事象の説明相互のあいだに、みるみるいくつもの橋が架けられるように感じられた。

とはいえ、謎解きの楽しみ以上に、哲学には、「どうしてわたしはこのような世界に生まれてきたのか」という、自分の全生活が懸かる問いに対して、一つの答えを見出だすという喜びがある。哲学は、パズルでもなければ、人生訓でもない。生きていることの意味を知ることは、他のもろもろの知ること以上の価値があるということは、いうまでもないことなのではないだろうか。

二〇一八年一月

船木　亨

人名・書名索引

＊神話上の人物等を一部含む

か行

さ行

た行

な行

は行

や行

ら行

わ行

事項索引

あ行

か行

さ行

た行

な行

は行

ま行

引用映画リスト・索引

あ行

『アバウト・シュミット』（アレクサンダー・ペイン監督、2002年） 270
――ロードムービーとは、時間的に推移してきた人生を、ひとつの旅によって空間的に展開してみせるというものであろう。「人生は旅のようであり、旅は夢のようなものである」（パスカル）。

『生きる』（黒澤明監督、1952年） 39, 441
――志村喬に尽きる。学生時代に観たが、友人のあいだで「今宵メフィストフェレスになって」という劇中人物の台詞がはやった。黒澤明の若々しい理想主義。

『THE WAVE ウェイブ』（デニス・ガンゼル監督、2008年） 128
――高校生たちのあいだでたちまちのうちに起こる差別、いじめ。ファシズムは民族性など関係ない、いつでもどこでも起こると感じさせられる。

『A.I.』（スティーヴン・スピルバーグ監督、2001年） 27
――感情を与えられた子どもの姿のロボットが、人間よりも人間らしく生きようとする切ない皮肉な物語。キューブリックの構想をスピルバーグが継承したというのが、なるほどである。

『エイリアン』（リドリー・スコット監督、1979年） 245
――素早く動いて襲ってくるエイリアンの位置が、画面上でゲームのように表示される。パックマンというゲームのようで、奇妙なリアリティ。

『エクスペリメント』（ポール・シュアリング監督、2010年） 128
――普通に社交的な被験者たちが、次第に状況のなかにのめりこんでいき、実験であることを忘れて残酷な仕打ちに出る。オリバー・ヒルシュビーゲル監督『ES』（2001年）が下敷。

『男はつらいよ』（山田洋次監督、1969～1995年） 112
――どこにでもいそうな、どこにもいない人物の、ワンパターンの物語。そんな人物の物語を好きになれるかどうかとは別に、渥美清という俳優がいてよかったと思う。

か行

『GHOST IN THE SHELL／攻殻機動隊』（押井守監督、1995年） 312
――背景、街並み、建物のなか、近未来という「雰囲気」がいかにもよく

伝わってくる。どちらでもいいことだが、主人公が女性の姿をしていることが気になる。

さ行

『THE GRAY 凍える太陽』（ジョー・カーナハン監督、2012年） 363
―― さまざまな伝承はあるが、現代のわれわれにとっては縁遠いオオカミへの恐怖。オオカミはただの強いイヌではない。襲ってくる群れは、抵抗できるようなものではない。

『猿の惑星：創世記』（アマンダ・シルヴァー／リック・ジャッファ監督、2011年） 518
―― チンパンジーのメイクで、大した表情も出ないのに、意志と尊厳を感じさせる主人公。人間の顔の方が、品性に欠けるように感じられる珍しい体験。

『七人の侍』（黒澤明監督、1954年） 441
―― その筋立ての面白さ、登場人物の際立ったキャラクター。ハリウッドでリメイクされるほどの娯楽作品であるにもかかわらず、描かれているものは深い。土地のものと外部からくるもの。

『スプリット』（M・ナイト・シャマラン監督、2017年） 417
―― 女子学生を監禁する多重人格の男、というのでは変な映画が想像されるかもしれないが、多重人格間のやりとりをする主人公。単なるサイコパスの映画ではなかった。

『スポットライト　世紀のスクープ』（トーマス・マッカーシー監督、2015年） 124
―― ジャーナリズムに対する期待、アメリカの理想主義。宗教界のスキャンダルを暴くジャーナリストの勇気の物語だが、アメリカでは、映画がまたジャーナリストたちを鼓舞するのだろう。

『Z』（コスタ＝ガヴラス監督、1967年） 367
―― 見知らぬ国で起こる生々しいクーデター事件のいきさつ。2・26事件なども、外国人の眼からすると、随分と違って見えることだろう。『戒厳令』（1972年）も観ていただきたい。

『セル』（トッド・ウィリアムズ監督、2016年） 318
―― スティーヴン・キングの手慣れたストーリー展開。ケータイ依存症への嫌味が感じられる。結末の幻想シーンに騙されず、バッドエンドとして捉えればさすがの脚本。

『**卒業**』（マイク・ニコルズ監督、1968年） 229
── 大学を卒業して将来を約束された青年が郷里に戻って、就職までの時間を過ごすあいだに起こるアフェア。時代が移り、男女関係が変わると、こんなにも印象が異なるものか。

た行

『**ダンス・ウィズ・ウルブス**』（ケビン・コスナー監督、1990年） 431
── なぜ主人公が狼と親しくダンスができるのか。映画だけでは釈然としない。だが、白人とアメリカン・ネイティヴの理解を絶した距離からすると、むしろ狼はかれに近い。

『**鉄くず拾いの物語**』（ダニス・タノヴィッチ監督、2013年） 506
── ボスニア・ヘルツェゴビナの混乱した社会状況のなかで、貧しい男が妻の命を救うために奔走するドキュメンタリータッチの映画。「何とかする」ということの意味を考えさせられる。

『**時計じかけのオレンジ**』（スタンリー・キューブリック監督、1971年） 512
── 倫理学がテーマの不思議な雰囲気の映画。悪を体現する冷酷な主人公が、道徳装置に繋がれたあとに「善人」になるのだが、監督はそうしたハッピーエンドを描くつもりなどない。

な行

『**2001年宇宙の旅**』（スタンリー・キューブリック監督、1968年） 39, 188
── 宇宙空間では無重力。それをふまえないSF映画はB級だと感じるようになった。HALというコンピュータの振舞は、現代のAIへの不安の先取り。結末の意味不明なシーンがいい。

は行

『**her／世界でひとつの彼女**』（スパイク・ジョーンズ監督、2013年） 21
── 近未来SFだが、本当にありそうな話。こうなると、いよいよ生涯独身者が増えるだろう。『ブレードランナー2049』がこれを焼き直していたのは少し残念な気がした。

『**バイオハザード**』（ポール・W・S・アンダーソン監督、2002年） 299
── 舞台がいかにもゲーム空間。ゲームをしているひとはこのような光景を想像しているのかと、興味深かった。

『**バイオハザードⅣ　アフターライフ**』（ポール・W・S・アンダーソン監督、2010年） 314
── 舞台は大変広いのだが、登場人物の無機質な一様性は、いかにもゲー

ム的。相手がゾンビということで、ひとを殺しまくる快感の是非が不問にされるのか。

『バック・トゥ・ザ・フューチャーPART2』（ロバート・ゼメキス監督、1989年） 492
――このシリーズは、当時とても楽しかった。マッド・サイエンティストに、クリストファー・ロイドほどの適役はいない。

『ハッピーフィート2』（ジョージ・ミラー監督、2011年） 433
――動物アニメの大多数は、動物の姿を仮りて家族の愛とヒロイズムを描くものであるが、このペンギン・アニメもそうである。しかし、狂言回しのオキアミの描き方には驚いた。オキアミに親はいない。

『ハドソン川の奇跡』（クリント・イーストウッド監督、2016年） 107
――終わってから、いかにもイーストウッド監督作品だと思う。いつも、感情の縺れる複雑な状況を、シンプルで爽やかなものにして見せてくれる。

『ブラック・レイン』（リドリー・スコット監督、1989年） 311
――近未来の風景がどのようなものかを決定的にした作品。スマートで機能的なビルと手作り感のある雑然とした広告や屋台。現実が追いついてきている。

『ブレードランナー』（リドリー・スコット監督、1982年） 48
――フィリップ・K・ディックの小説と雰囲気は違っていて、主人公たちと結末の魅力が倍加されていた。本当はもっと鬱々とした小説で、それはそれでいいのだが。

『ブレードランナー2049』（ドゥニ・ヴィルヌーヴ監督、2017年） 19, 23, 95, 270
――灰色の空、雪のシーン。主人公の表情が、近未来を現実的なものとして感じさせられて、忘れられない。主人公のアンドロイドの深すぎる孤立感と未来の寂寞感。

『プレデター』（ジョン・マクティアナン監督、1987年） 432
――人間狩りの主体が異星人とされることで、犠牲者側に真に身を置くことができる。プレデターの姿が現われるとき、異様な容姿であるにもかかわらず、突如として人間化される。

ま行

『マーターズ』（パスカル・ロジェ監督、2007年） 244

――スプラッター映画としては『悪魔のいけにえ』を挙げるべきであろうが、本作品の気持の悪さが尋常ではないので挙げた。観終わってしばらく気分が悪かったが、そこがすごいのであろう。

ら行

『羅生門』(黒澤明監督、1950年) 450
――「藪の中」というシチュエーションを説明するのに、この映画以外には思いつかないほどである。殺人現場の木漏れ日が美しい。

ちくま新書
1334

現代思《げんだいし》想講義《そうこうぎ》
――人間《にんげん》の終焉《しゅうえん》と近未《きんみ》来社会《らいしゃかい》のゆくえ

二〇一八年六月一〇日　第一刷発行

著　者　船木　亨（ふなき・とおる）
発行者　山野浩一
発行所　株式会社　筑摩書房
東京都台東区蔵前二-五-三　郵便番号一一一-八七五五
振替〇〇一六〇-八-四一二三
装幀者　間村俊一
印刷・製本　株式会社　精興社

〒三三一-八五〇七　さいたま市北区櫛引町二-六〇四
筑摩書房サービスセンター　電話〇四八-六五一-〇〇五三

ISBN978-4-480-07149-1 C0210

ちくま新書

1183
現代思想史入門
船木亨
ポストモダン思想は、何を問題にしてきたのか。生命、精神、歴史、情報、暴力の五つの層で現代思想をとらえなおし、混迷する時代の思想的課題を浮き彫りにする。

1259
現代思想の名著30
仲正昌樹
近代的思考の限界を超えようとした現代思想。難解なものが多いそれらの名著を一気に30冊解説する。知っているつもりになっていたあの概念の奥深さにふれる。

1060
哲学入門
戸田山和久
言葉の意味とは何か。私たちは自由意志をもつのか。人生に意味はあるか……こうした哲学の中心問題を科学が明らかにした世界像の中で考え抜く、常識破りの入門書。

1322
英米哲学入門
――「である」と「べき」の交差する世界
一ノ瀬正樹
夢と現実って本当に区別できるの？　この世界に実は因果関係なんて存在しない？　哲学の根本問題を経験や言語を足場に考え抜く、笑いあり涙あり（？）の入門講義。

482
哲学マップ
貫成人
難解かつ広大な「哲学」の世界に踏み込むにはどうしても地図が必要だ。各思想のエッセンスと思想間のつながりを押さえて古今東西の思索を鮮やかに一望する。

545
哲学思考トレーニング
伊勢田哲治
哲学って素人には役立たず？　否、そこは使える知のツールの宝庫。屁理屈や権威にだまされず、筋の通った思考を自分の頭で一段ずつ積み上げてゆく技法を完全伝授！

922
ミシェル・フーコー
――近代を裏から読む
重田園江
社会の隅々にまで浸透した「権力」の成り立ちを問い、常識的なものの見方に根底から揺さぶりをかけるフーコー。その思想の魅力と強靭さをとらえる革命的入門書！

ちくま新書

008
ニーチェ入門
竹田青嗣
新たな価値をつかみなおすために、今こそ読まれるべき思想家ニーチェ。現代の我々をも震撼させる哲人の核心に大胆果敢に迫り、明快に説く刺激的な入門書。

020
ウィトゲンシュタイン入門
永井均
天才哲学者が生涯を賭けて問いつづけた「語りえないもの」とは何か。写像・文法・言語ゲームと展開する特異な思想に迫り、哲学することの妙技と魅力を伝える。

029
カント入門
石川文康
哲学史上不朽の遺産『純粋理性批判』を中心に、その哲学の核心を平明に読み解くとともに、哲学者の内面のドラマに迫り、現代に甦る生き生きとしたカント像を描く。

071
フーコー入門
中山元
絶対的な〈真理〉という〈権力〉の鎖を解きはなち、〈別の仕方〉で考えることの可能性を提起した哲学者、フーコー。一貫した思考の歩みを明快に描きだす新鮮な入門書。

081
バタイユ入門
酒井健
西欧近代への徹底した批判者でありつづけた「死とエロチシズム」の思想家バタイユ。その豊かな情念に貫かれた思想を明快に解き明かす、若い読者のための入門書。

200
レヴィナス入門
熊野純彦
フッサールとハイデガーに学びながらも、ユダヤの伝統を継承し独自の哲学を展開したレヴィナス。収容所体験から紡ぎだされた強靭で繊細な思考をたどる初の入門書。

265
レヴィ＝ストロース入門
小田亮《まこと》
若きレヴィ＝ストロースに哲学の道を放棄させ、ブラジル奥地へと駆り立てたものは何か。現代思想に影響を与えた豊かな思考の核心を読み解く構造人類学の冒険。

ちくま新書

277 ハイデガー入門 細川亮一
二〇世紀最大の哲学書『存在と時間』の成立をめぐる謎とは？　難解といわれるハイデガーの思考の核心を読み解き、西洋哲学が問いつづけた「存在への問い」に迫る。

301 アリストテレス入門 山口義久
論理学の基礎を築き、総合的知の枠組をつくりあげた古代ギリシア哲学の巨人。その思考の方法と核心に迫り、知の探究の軌跡をたどるアリストテレス再発見！

533 マルクス入門 今村仁司
社会主義国家が崩壊し、マルクス主義が後退した今、マルクスを読みなおす意義は何か？　既存のマルクス像からはじめて自由になり、新しい可能性を見出す入門書。

589 デカルト入門 小林道夫
デカルトはなぜ近代哲学の父と呼ばれるのか？　行動人としての生涯と認識論・形而上学から自然学・宇宙論におよぶ壮大な知の体系を、現代の視座から解き明かす。

776 ドゥルーズ入門 檜垣立哉
没後十年以上を経てますます注視されるドゥルーズ。哲学史的な文脈と思想的変遷を踏まえ、その豊かなイマージュと論理を読む。来るべき思想の羅針盤となる一冊。

1229 アレント入門 中山元
生涯、全体主義に対峙し、悪を考察した思想家ハンナ・アレント。その思索の本質を『全体主義の起原』『イェルサレムのアイヒマン』などの主著を通して解き明かす。

1165 プラグマティズム入門 伊藤邦武
これからの世界を動かす思想として、いま最も注目されるプラグマティズム。アメリカにおけるその誕生から最新の研究動向まで、全貌を明らかにする入門書決定版。

ちくま新書

1119
近代政治哲学
――自然・主権・行政
國分功一郎
今日の政治体制は、近代政治哲学が構想したものだ。ならば、その基本概念を検討することで、いまの民主主義体制が抱える欠点も把握できるはず！　渾身の書き下し。

1143
観念論の教室
冨田恭彦
私たちに知覚される場合だけ物は存在すると考える「観念論」。人間は何故この考えにとらわれるのか。元祖観念論者バークリを中心に「明るい観念論」の魅力を解く。

1281
死刑　その哲学的考察
萱野稔人
死刑の存否をめぐり、鋭く意見が対立している。「結論ありき」でなく、死刑それ自体を深く考察することで、これまでの論争を根底から刷新する、究極の死刑論！

261
カルチュラル・スタディーズ入門
上野俊哉
毛利嘉孝
サブカルチャー、メディア、ジェンダー、エスニシティ、ポストコロニアリズムなどの研究を通してカルチュラル・スタディーズが目指すものは何か。実践的入門書。

469
公共哲学とは何か
山脇直司
滅私奉公の世に逆戻りすることなく私たちの社会に公共性を取り戻すことは可能か？　個人を活かしながら公共性を開花させる道筋を根源から問う知の実践への招待。

819
社会思想史を学ぶ
山脇直司
社会思想史とは、現代を知り未来を見通すための、過去の思想との対話である。近代啓蒙主義からポストモダニズムまで、その核心と限界が丸ごとわかる入門書決定版。

852
ポストモダンの共産主義
――はじめは悲劇として、二度めは笑劇として
スラヴォイ・ジジェク
栗原百代訳
9・11と金融崩壊でくり返された、グローバル危機という掛け声に騙されるな――闘う思想家が混迷の時代を分析、資本主義の虚妄を暴き、真の変革への可能性を問う。

ちくま新書

474
アナーキズム
——名著でたどる日本思想入門
浅羽通明
大杉栄、竹中労から松本零士、笠井潔まで十冊の名著をたどりながら、日本のアナーキズムの潮流を俯瞰する。常に若者を魅了したこの思想の現在的意味を考える。

805
12歳からの現代思想
岡本裕一朗
この社会や人間の未来を考えるとき、「現代思想」はさまざまな手がかりを与えてくれる。子どもも大人も知っておきたい8つのテーマを、明快かつ縦横に解説する。

910
現代文明論講義
——ニヒリズムをめぐる京大生との対話
佐伯啓思
殺人は悪か？　民主主義はなぜ機能しないのか？——ニヒリズムという病が生み出す現代社会に特有の難問について学生と討議する。思想と哲学がわかる入門講義。

1000
生権力の思想
——事件から読み解く現代社会の転換
大澤真幸
我々の生を取り巻く不可視の権力のメカニズムとはいかなるものか。ユダヤ人虐殺やオウム、宮崎勤の犯罪など象徴的事象から、現代における知の転換を読み解く。

1099
日本思想全史
清水正之
外来の宗教や哲学を受け入れ続けてきた日本人。その根底に流れる思想とは何か。古代から現代まで、この国のものの考え方のすべてがわかる、初めての本格的通史。

1292
朝鮮思想全史
小倉紀蔵
なぜ朝鮮半島では思想が炎のように燃え上がるのか。古代から現代韓国・北朝鮮まで、さまざまに展開されてきた思想を霊性的視点で俯瞰する。初めての本格的通史。

1325
神道・儒教・仏教
——江戸思想史のなかの三教
森和也
江戸の思想を支配していた神道・儒教・仏教にこそ、現代人の思考の原風景がある。これら三教が交錯しつつ形作っていた豊かな思想の世界を丹念に読み解く野心作。